궁 금 해 서
밤 새 읽 는

유럽사

THE EUROPEAN HISTORY

궁금해서 밤새 읽는 유럽사

초판 1쇄 발행 · 2018. 8. 14.
초판 2쇄 발행 · 2018. 9. 14.

지은이 · 김상엽 김소정
발행인 · 이상용 이성훈
발행처 · 청아출판사
출판등록 · 1979. 11. 13. 제9-84호
주소 · 경기도 파주시 회동길 363-15
대표전화 · 031-955-6031 팩시밀리 · 031-955-6036
E - mail · chungabook@naver.com

ISBN 978-89-368-1138-9   03900

* 잘못된 책은 구입한 서점에서 바꾸어 드립니다.
* 본 도서에 대한 문의 사항은 이메일을 통해 주십시오.

이 도서의 국립중앙도서관 출판예정도서목록(CIP)은 서지정보유통지원시스템 홈페이지(http://seoji.nl.go.kr)와 국가자료공동목록시스템
(http://www.nl.go.kr/kolisnet)에서 이용하실 수 있습니다. (CIP제어번호: CIP2018023380)

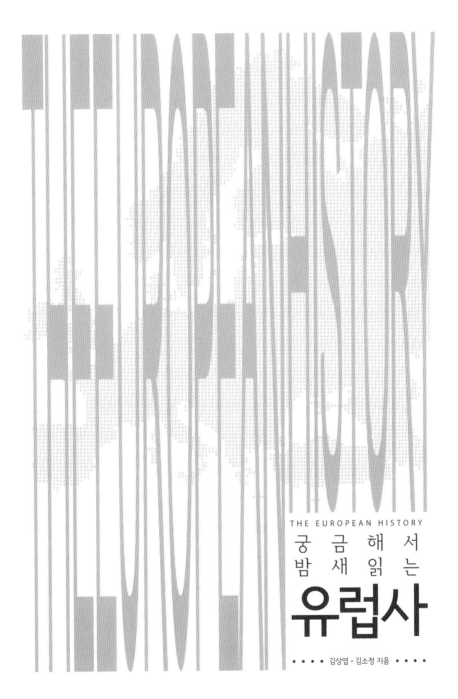

THE EUROPEAN HISTORY

궁 금 해 서
밤 새 읽 는

유럽사

• • • • 김상엽 · 김소정 지음 • • • •

청아출판사

일반적으로 유럽의 영역은 동쪽으로 우랄산맥에서 서쪽으로 대서양까지, 남쪽으로 지중해에서 북쪽으로 스칸디나비아반도까지를 이른다. '유럽Europe'이란 지명은 그리스 신화에 등장하는 제우스에게 납치되어 크레타섬으로 간 페니키아 공주 '에우로페Europe'의 이름에서 유래했다. 페니키아는 오리엔트 문명의 발상지로, 페니키아 공주가 크레타로 옮겨 간 신화는 유럽 문명이 아시아에서 넘어왔음을 짐작케 한다.

현재 유럽의 대다수 국가들은 마스트리히트 조약으로 시작된 EU를 통해 경제·정치 공동체로 움직이고 있다. 비록 경제 악화로 EU 체제의 단점이 부각되면서 2016년 영국이 EU를 탈퇴한 브렉시트Brexit가 현실이 되었지만 EU를 존속하려는 회원국의 노력은 계속되고 있다.

유럽이 어려움을 겪으면서도 EU를 유지하려는 근본적인 이유는 바로 평화다. 인류의 가장 큰 비극인 세계 전쟁이 유럽에서 두 번이나 벌어졌다. 유럽인들은 제1·2차 세계 대전을 겪으며 강대국이 약소국을 점령하는 방법 대신 평등과 평화를 바탕으로 한 통일, 즉 유럽주의를 모색하기 시작했다. 이들이 생각하는 통일의 바탕은 유럽인들이 차이점보다 공통점을 많이 가지고 있다는 믿음 때문이었다. 그 믿음의 시작은 역사와 문화를 공유하며 발전시켰다는 전제일 것이다.

유럽 역사는 300만 년 전쯤 아프리카에서 인류의 조상이 출현하고 그들 중 일부가 200만 년 전쯤 유럽에 도착하며 시작되었다. 4만 년 전에는 현대인의 조상인 호모 사피엔스 사피엔스가 유럽 전역에서 활동했고, 기원전 4천 년경에는 농사가 시작되었다. 지리적으로 아시아와 가까웠던 유럽 남부, 즉 지중해 동쪽 연안과 흑해 주변은 오리엔트 문화의 영향을 받으며 크레타 문명과 미케네 문명을 꽃피웠다. 로마인들은 그리스의 도시 문명을 발전시키며 팍스 로마나[Pax Romana] 시대를 맞았다.

영예로웠던 로마 제국의 문명은 게르만족 대이동과 함께 동서로 분리되며 커다란 변화를 맞았다. 서로마 제국의 멸망으로 새롭게 등장한 카롤링거 왕조는 유럽을 재통합하며 신성 로마 제국으로 발전했다. 동로마 제국은 로마 제국의 적통을 이으며 페르시아 문화를 융합하여 르네상스의 조상이라 할 수 있는 비잔틴 문화를 꽃피웠다.

중세의 긴 어둠을 뚫고 사상적으로 더욱 충만해진 유럽인들은 근대의 찬란한 빛을 받으며 신인류의 날개라 할 수 있는 산업 혁명을 일으켰다. 산업 혁명은 이제까지 인류가 살아온 모든 방식뿐만 아니라 생각마저도 바꾸어 놓았다. 하지만 소외, 인간성 상실, 빈부 격차 등과 같은 만만치 않은 폐해를 오늘까지 수반하고 있다.

이러한 유럽 역사를 몸속 깊숙이 이어 온 유럽인들은 두 차례의 세계 대전을 겪으며 평등과 평화를 바탕으로 한 로마 제국의, 카롤링거 왕조의, 나폴레옹의 유럽 통합을 꿈꾸고 있다.

남북 간의 화기애애한 분위기가 만연한 요즘, 통일을 기다리고 있는 우리는 유럽 각국이 어떠한 난관을 뚫고 오늘에 이르렀는지, 어떤 방법으로 통합에 방해가 되는 갈등을 풀어 가는지 타산지석으로 삼아야 할 것이다.

2018년 7월
김상엽 · 김소정

■ 목차

● 3장 중세 시대

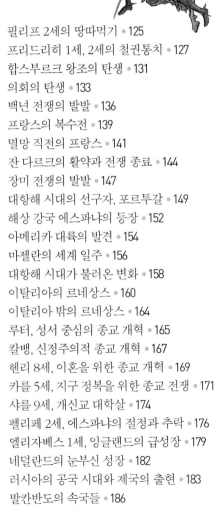

0

시작하기 전에

유럽의 어원

유럽^{Europe}이란 말은 그리스 신화에 나오는 페니키아의 공주 에우로페^{Europe}에서 유래한다. 황소로 변신한 제우스에 의해 지중해의 크레타 섬으로 납치당한 공주는 훗날 그곳의 왕이 되는 미노스 등을 낳는다.

오늘날 레바논에 해당하는 페니키아는 오리엔트 문명의 발상지로, 페니키아 공주가 크레타로 옮겨 간 신화는 유럽 문명이 아시아에서 넘어왔음을 짐작할 수 있게 해 준다. 자신들의 문명의 출발을 크레타에서 찾는 서구인들이 에우로페의 이름을 지역명으로 가져다 쓴 것은 어쩌면 당연한 일로 보인다.

유럽의 지리적 영역은 동쪽으로 우랄산맥에서 서쪽으로 대서양까

지리적으로 본 유럽

지, 남쪽으로 지중해에서 북쪽으로 스칸디나비아반도까지 아우른다. 하지만 유럽이 이와 같은 영역 안에만 갇혀 있는 것은 아니다. 유럽에 속한 러시아의 영토는 우랄산맥을 넘어 극동아시아까지 뻗어 있다. 또한 터키의 경우는 소아시아에 자리하면서도 유럽연합 가입을 준비 중이다.

유럽의 선사 시대

인류의 첫 조상이라 할 수 있는 무리가 300만 년 전쯤 아프리카에서 출현했다. 그들 중 일부는 아프리카 대륙을 빠져나와 다른 대륙으로 퍼져 나갔다. 그리고 200만 년 전쯤 유럽에 도착한 것으로 추정된다.

유럽 일부 지역에서는 50만 년 전 인류인 호모 에렉투스의 화석이 나왔는데, 이는 중국 베이징이나 인도네시아 자바 등지에서도 발견되었다. 또한 1856년 독일 서부 뒤셀도르프 지방의 네안데르탈 계곡에서는 호모 사피엔스의 유해와 주거지가 대거 발굴되었다.

15만 년 전 유럽에 살기 시작한 이 호모 사피엔스는 발굴 지역의 이름을 따서 네안데르탈인으로 불렸다. 네안데르탈인은 돌을 쪼개 만든 손도끼와 칼 등으로 사냥을 하고, 불을 쓸 줄 알았으며, 몸에 장신구도 착용했을뿐더러 죽은 자를 매장하는 의식도 거행했던 것으로 보인다.

네안데르탈인이 자취를 감출 무렵인 4만 년 전에는 현대인의 조상인 호모 사피엔스사피엔스가 등장했다. 프랑스 도르도뉴강 유역의 크로마뇽 동굴에서 처음 발견되어 크로마뇽인으로 불리는 호모 사피엔스사피엔스의 화석은 독일 남부와 스페인에서도 발견되었다. 유럽 전

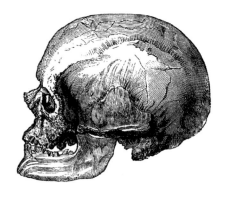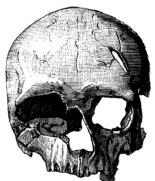

크로마뇽인 두개골(1. 남성 2. 여성)

역이 이 구석기 인류의 활동 무대였음을 보여 주는 증거라 할 수 있다.

　크로마뇽인의 생활상을 엿볼 수 있는 대표적인 유적은 동굴 벽에 그려진 그림들로, 프랑스 도르도뉴의 라스코 동굴벽화와 스페인 칸타브리아의 알타미라 동굴벽화를 들 수 있다. 들소, 사슴, 매머드, 야생마, 염소 등 짐승의 모습이 생기 넘치게 묘사되어 있다. 구석기인들은 동굴 벽에다 동물 문양을 그려 놓고, 사냥이 잘 되도록 비는 의식을 지낸 것으로 짐작된다.

　기원전 1만 년쯤 지구의 마지막 빙하기가 끝나고, 유럽의 기후가 점점 따뜻해지기 시작했다. 이러한 기후 변화로 메소포타미아 지역에서는 기원전 8000년경부터 농사가 이루어졌고, 유럽에서는 그보다 늦은 기원전 4000년경 농사를 시작했다.

　땅을 갈아 농사를 짓는 데다 들짐승을 붙잡아 가축으로 사육까지 하게 된 유럽인들은 수렵과 채취를 일삼던 시절에 비해 먹을거리를 안정적으로 확보할 수 있었다. 아울러 생활에 필요한 석기들도 돌을 깨트리는 방식에서 가는 방식으로 바꾸면서 훨씬 정교해졌다.

신석기 혁명으로 불리는 이런 생활양식의 발전으로 평균 수명이 늘어나고, 다수가 한곳에 정착해서 살게 되었다. 이는 공동체의 확대, 노동의 분화, 소유 개념의 탄생, 빈부 격차의 발생, 계급의 형성 등 사회상의 변화로 계속 이어졌다.

지리적으로 아시아와 가까웠던 유럽의 남부, 즉 지중해 동쪽 연안과 흑해 주변 지역은 오리엔트 문화의 영향을 많이 받았다. 반면에 유럽의 서부와 북부는 그 영향권에서 벗어나 있었다. 그 때문에 유럽의 신석기 시대 유적은 지역에 따라 다른 양상을 보인다. 대표적인 예가 서부와 북부 지역에 남아 있는 거석 기념물이다. 둥그런 기둥 모양의 돌이나 선돌, 또는 우리나라의 고인돌과 비슷한 형태의 돌 등은 유럽 내륙 지방에서는 보이지 않는다.

이것들은 이베리아반도의 포르투갈에서 스칸디나비아반도의 스웨덴 남부까지 대서양과 북해 연안 지역 그리고 브리튼섬의 서부와 북부, 아일랜드섬 등지에서 찾아볼 수 있다. 그 가운데 가장 유명한 기념물이 영국의 스톤헨지이다. 정확한 용도는 모르지만 농사를 짓던 당시 유럽인들이 풍작을 기원하면서 세웠을 것으로 추측된다.

1

고대 그리스 시대

크레타 문명과 미케네 문명

크레타 문명은 기원전 2000년경 그리스 남단의 섬에서 꽃을 피웠다. 청동기 시대를 배경으로 발달한 크레타 문명에 젖줄이 되어 준 것은 오리엔트 문명이었다. 당대의 선진 문물을 받아들여 성장한 크레타는 지중해 최고의 상업 중심지로 자리 잡았다.

신화 속에서 에우로페 공주의 아들로 나오는 미노스왕이 건설했다는 크노소스 궁전은 당시 크레타 왕국의 번성을 엿볼 수 있게 해 준다. 인간의 몸에 수소의 머리를 한 괴물 미노타우로스 전설의 배경이 된 것도 바로 이 궁전이었다. 미노스왕의 자취가 뚜렷한 크레타 문명은 왕의 이름을 따서 미노아 문명으로 불리기도 한다.

크레타 문명이 위세를 떨치고 있을 무렵 그리스 본토에서는 미케네 문명이 일어났다. 기원전 1600년경, 그리스 펠로폰네소스반도 동부 해안에 정착한 아카이아족이 세운 나라가 미케네 왕국이었다.

호전적인 미케네인들은 지중해 세계를 주름잡는 크레타 왕국을 침공할 기회를 노렸다. 그리고 기원전 1400년경에 자신들의 야욕을 실현했다. 크레타가 멸망함으로써 지중해 문명의 패권은 그리스 본토로 옮겨졌다.

미케네의 세력 확장은 다른 지역과의 충돌을 낳았는데, 그 대표적인 사례가 기원전 1200년경에 일어난 트로이 전쟁Trojan war이었다. 소아시아에 자리한 트로이는 그곳의 왕자 파리스가 스파르타의 왕비 헬레나를 납치해 오면서 그리스와의 대결을 피할 수 없게 되었다. 스파르타왕 메넬라오스의 형인 미케네왕 아가멤논은 소아시아를 정복할 야심으로 전쟁을 주도했다.

트로이 목마 행렬을 그린 그림

아가멤논의 그리스 연합군은 10여 년의 전쟁 끝에 트로이를 멸망시
켰다. 이후 미케네의 기세는 하늘을 찌를 듯 높아졌으나 전성기는 오
래가지 않았다. 기원전 1100년경 거대한 불길이 지중해 일대를 집어
삼킨 데다, 그리스 북쪽에서 거칠고 강한 도리스인들이 남하해 왔기
때문이다.

펠로폰네소스반도를 장악한 도리스인들을 피해 아카이아인들은 여
타 그리스 지역이나 소아시아로 근거지를 옮겨야 했다. 도리스인들의
침략 이후 기원전 800년경까지 그리스에는 역사적 기록이 전하지 않
는 이른바 '그리스의 암흑 시대'가 전개되었다.

도시국가의 출현

소아시아로 건너간 그리스인들은 원주민들의 공격에 대비해 성벽을 쌓고 자신들만의 공동체인 폴리스를 건설했다. 이처럼 소아시아에서 먼저 선보인 폴리스^{polis}는 기원전 800년을 전후해 그리스 본토에서도 출현했다.

폴리스는 도시와 농촌으로 영역이 나뉘어 있었다. 도시의 경우는 대체로 성벽이 둘러진 평지에 조성되었으며, 그 안에는 신을 모시는 신전이 들어선 아크로폴리스와 공공 생활 및 상거래가 이루어지는 아고라 광장 등이 자리했다. 농촌의 경우에는 농민들이 촌락을 이루고 살다가 군사적 위협이 닥치면 도시 안으로 피신했다.

폴리스의 시민은 모두가 평등했다. 다만 시민권은 그리스 혈통에게만 허용되었다. 노예는 말할 것도 없고 외국계 주민도 권리에 제약을 받았다. 여자들의 경우도 신분이 낮았다. 그 때문에 기원전 776년 시작된 올림피아 제전에서 노예, 외국인, 여자 등은 참가할 수 없었다.

정치는 대지주로서 군사력도 확보하고 있던 귀족들이 도맡다시피 했으며, 중소 농민으로 생업에 종사하던 평민들은 전시에는 시민군이 되어 참전했다. 노예는 포로 출신이 대부분이었는데, 가난한 평민 중에서 노예로 전락하는 경우도 있었다.

폴리스들은 서로 교통하면서 강력한 경제 네트워크를 구축했으며, 그 과정에서 나폴리, 마르세유, 비잔티움(지금의 이스탄불) 등 많은 도시가 건설되었다. 스페인에서 흑해까지 지중해 연안을 따라 세워진 폴리스들은 한때 그 수가 그리스 본토의 200여 곳을 포함해 1,000곳을 넘길 정도로 번성했다.

수세기에 걸친 그리스인들의 국외 이주와 식민지인 해외 폴리스 건설은 도리스인의 남하에 따른 혼란이 진정되고 사회경제적인 안정으로 크게 증가한 그리스 인구의 변화를 반영한다. 비록 식민지이기는 해도 근대적 개념의 식민지와 달리 자치권을 가졌던 해외 폴리스들은 그리스 본토 폴리스에 잉여 농산물을 공급했다. 그러다 차츰 다른 폴리스들과도 거래하면서 상업망을 구축했다. 이러한 활동들이 활발해지면서 지중해 일대에 거대한 공동시장이 형성되기에 이르렀다.

스파르타와 아테네

1,000여 개나 되는 폴리스 중에서 리더로 꼽을 수 있는 곳은 스파르타^{Sparta}와 아테네^{Athens}였다. 스파르타는 도리스인의 후예들이 세운 폴리스로, 사납고 거친 혈통답게 무력으로 주변 폴리스들을 제압했다. 반면에 아테네는 무역과 네트워크를 통해 지중해 세계를 주도했다.

두 폴리스는 정치 체제에서도 각각 군국주의와 민주주의를 채택하는 등 대비되는 모습을 보였다. 먼저 스파르타의 경우는 기원전 9세기경 만들어진 리쿠르고스 체제를 통해 군국주의 성향을 강화했다. 스파르타를 이끈 전설적인 지도자인 리쿠르고스는 오늘날 '스파르타식 교육'이란 말의 출처가 되는 엄격하고 집단적인 교육과 훈련을 스파르타의 소년들에게 시켰다.

만 6세부터 시작되는 훈련은 읽기와 쓰기, 역사 공부가 기본으로 이루어졌고 행진곡과 합창 위주의 음악 교육이 강조되었다. 그리고 무엇보다 체육과 군사 훈련이 큰 비중을 차지했다. 처음 6년 동안은 기초

교육을 받고, 13세가 되면 다시 6년 동안 본격적인 훈련에 들어갔다.

머리를 짧게 자르고 맨발로 생활해야 했으며, 옷 한 겹으로 봄에서 가을뿐 아니라 겨울까지 나야 했다. 잠자리는 강변의 골풀을 직접 손으로 뜯어다 만들어야 했고, 식사량이 모자라 남의 것을 훔쳐 먹다가 붙잡히면 나쁜 짓을 해서가 아니라 붙잡혔다는 이유로 심한 구타를 당했다.

이처럼 혹독한 훈련의 목적은 강력한 전사 집단을 양성하기 위해서였다. 훈련을 통과한 19세 소년들은 참전이 가능했고, 24세부터는 정식 전사가 되었으며, 30세가 지나서는 시민권을 획득해 병영에서 벗어날 수 있었다.

다음으로 아테네의 경우는 여러 경로를 거쳐 민주정이 자리 잡아갔다. 전설적인 영웅 테세우스^{Theseus} 이래로 왕정을 실시해 온 아테네는 기원전 8세기 이후로는 현직 및 전직 행정관들로 구성된 귀족회의가 권력을 장악한 귀족정으로 바뀌었다.

그런데 기원전 7세기경 무역을

청동으로 만들어진 스파르타 전사 상

통해 커다란 부를 축적한 평민들이 등장하면서 귀족들과 갈등이 생겨났다. 두 계급 간의 갈등이 격해지는 와중에 귀족 세력이 평민 부자들을 집단 학살하고, 아테네를 무력으로 점령하는 사태가 벌어졌다.

이에 아테네 시민들의 강력한 반격으로 귀족들은 궁지에 몰리게 되었는데, 이때 등장한 귀족 법률가 드라콘^{Dracon}이 평민들의 요구를 받아들여 기원전 621년에 그리스 최초의 성문법을 만들었다. 이른바 드라콘의 법이 제정되면서 지금껏 자신들에게 유리한 판결만을 내렸던 귀족들도 법이 정하는 바에 따라 판결을 내리게 되었다.

드라콘의 법이 시행된 결과는 시민권 보호와 향상에 일정 정도 보탬이 되었다. 하지만 그 혜택은 부유한 평민 계급의 몫이었을 뿐, 가난한 평민에게는 별다른 유익이 없었다. 그들 중에는 귀족에게 진 부채 때문에 노예로 전락하는 이가 적지 않았다.

아테네의 개혁과 민주 정치

기원전 594년 행정관으로 임명된 솔론^{Solon}은 과감한 개혁 정책을 추진했다. 빚 때문에 노예로 전락하는 비극을 막기 위해 모든 농민들의 빚을 없애 주었다. 그 결과 빚에 쫓기던 농민이 다시 농사에 전념하게 되었고, 토지가 없는 농민의 경우는 도시로 옮겨와 수공업에 종사할 수 있게 되었다.

그리고 귀족들이 독점해 왔던 정치 문호를 넓히기 위해 400인 협의회를 만들었다. 뿐만 아니라 모든 시민을 재산의 크기에 따라 지주, 기사, 농민, 노동자 등 4개 그룹으로 나누고, 상위 2개 그룹인 지주와 기

파르테논 신전과 고대 건축물이 있으며 유네스코 세계유산으로 지정된 아테네 아크로폴리스

사는 고위직을 맡을 수 있게 했다. 지주부터 농민까지는 국정 협의체인 400인 협의회에 참여하고, 일반 민회에는 모든 그룹이 다 참여할수 있었다. 이른바 금권정치로 불리는 솔론의 개혁은 정치적 영향력의기준을 출생 신분에서 재산으로 바꾼 조치라 할 수 있었다.

솔론 이후 특권을 회복하려는 귀족들과 더 많은 권한을 요구하는 평민들 사이의 갈등과 대결로 혼란이 계속되었다. 이런 와중에 기원전508년 실권을 장악한 클레이스테네스Cleisthenes는 귀족의 권력 기반인 혈연 중심의 4개 부족 체제를 해체해 거주지 중심의 10개 공동체로 재편했다.

또한 400인 평의회를 500인 평의회로 강화하고, 공동체마다 평의회에 참여할 대표 50명씩을 선출하게 했다. 각 공동체는 '데모스demos'라불리는 촌락들로 구성되었는데, 데모스에서는 인구수에 맞춰 할당된대표들을 뽑아 올렸다. 오늘날 민주주의democracy 의회를 연상시키는 평의회는 민회에서 결정할 정책 안건을 마련하는 한편, 재정을 관리하고

아크로폴리스 언덕 옆에 위치한 아고라

정치적 위험인물을 조개껍질에 적어 국외로 추방한 도편추방

행정관 선거를 감독하는 등의 역할을 수행했다.

　민회는 대체로 9일에 한 번씩 아고라에서 개최되었으며, 18세 이상의 남자 시민이라면 누구나 참여할 수 있었다. 외교나 전쟁, 고위직 인사, 식량 조달 등 국가 중대사를 논의하고 투표를 통해 의사결정이 이루어졌던 민회는 클레이스테네스 개혁의 우군 노릇을 했다.

그런 한편 클레이스테네스는 독재자의 출현을 막기 위한 도편추방제도 실시했다. 아테네에 해를 끼칠 수 있는 정치적 위험인물을 뽑아 10년 동안 해외로 추방한 이 정책은 일정 정도 효과를 거두었으나, 나중에는 정적을 제거하는 수단으로 악용되기도 했다.

페르시아 전쟁의 발발

기원전 559년 지금의 이란 지역에서 아케메네스 페르시아가 출현했다. 페르시아^{Persia}는 주변 지역을 차지하고 소아시아로 진출했다. 이러한 움직임은 소아시아에서 세력을 키우고 있던 그리스와의 충돌을 야기했다.

기원전 499년, 그리스의 해외 폴리스로 페르시아의 지배 아래 들어온 밀레토스 등이 반란을 일으켰다. 이를 진압한 페르시아의 황제 다리우스 1세^{Darius I}는 그리스 세력의 본거지인 아테네를 공략할 목적으로 기원전 492년에 함대를 출정시켰다. 하지만 페르시아 함선 300척이 아테네에 닿기

페르세폴리스에 있는 다리우스 1세의 부조

도 전에 폭풍우에 휘말려 수장되는 바람에 원정은 실패로 끝났다.

그로부터 2년 후, 다시 원정에 나선 페르시아 함선 600척이 그리스 본토에 상륙했다. 거침없이 진군하던 페르시아군은 아테네 동북쪽 40킬로미터 지점인 마라톤 평원에서 밀티아데스Miltiades가 이끄는 아테네군과 마주쳤다. 2만 명 대 1만 명이라는 병력의 열세에도 불구하고, 정신적으로나 전술적으로 잘 조직되어 있던 아테네 군대는 방심하고 덤벼든 페르시아 군대에 대승을 거두었다.

육상에서 패한 페르시아군이 다시 함선을 통해 아테네 쪽으로 접근하려 하자 40킬로미터의 거리를 쉬지 않고 달려가 소식을 전하고 죽은 한 병사 덕분에 아테네는 방어 태세를 갖출 수 있었다. 이에 페르시아군은 철수를 결정하고, 제1차 페르시아 전쟁도 마무리되었다.

기원전 480년, 제2차 페르시아 전쟁이 일어났다. 이번에는 다리우스 1세의 아들인 크세르크세스 1세Xerxes가 직접 군대를 이끌고 그리스를 침공했는데, 보병 20만 명에 함선이 1,000여 척에 달했다. 이처럼 대규모의 적군이 침략해 오자 1차 전쟁 때는 개입하지 않았던 스파르타가 참전을 결정했다.

스파르타의 왕 레오니다스Leonidas가 이끄는 정예부대 300명과 그리스 연합군 7,000여 명은 보스포루스 해협을 건너 에게해 연안을 따라 진군하면서 내려온 페르시아군과 테르모필레 계곡에서 싸웠다. 처음에 고전하던 페르시아군은 계곡을 우회해 공격하는 방법으로 스파르타와 그리스 군대를 무찔렀다.

이에 아테네 함대의 사령관인 테미스토클레스Themistocles는 아테네 시민들을 남쪽의 살라미스섬으로 피신시키고, 그리스의 모든 함대를 살라미스만에 집결시켰다. 덩치가 큰 페르시아 함선을 폭이 좁고 물살이

다비드가 그린 테르모필레 전투 장면

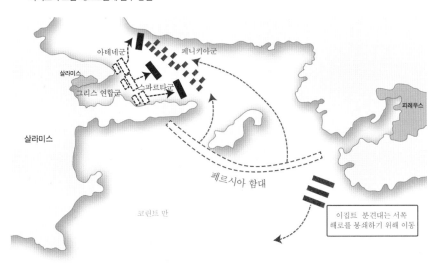

아테네군
페니키아군
살라미스
그리스 연합군
스파르타군
피레우스

살라미스

페르시아 함대

코린트 만

이집트 분견대는 서쪽
해로를 봉쇄하기 위해 이동

살라미스 해전

거친 살라미스만으로 유인하려는 술책이 성공하면서 그리스군은 바다에서 페르시아군을 패퇴시켰다. 이로써 제2차 페르시아 전쟁도 그리스의 승리로 끝이 났다.

이듬해인 기원전 479년, 두 번의 패전에도 미련을 버리지 못한 페르시아는 그리스 땅에 주둔해 있던 육군을 움직여 아테네를 공략했다. 하지만 그리스군의 강력한 반격에 밀리면서 세 번째 패전을 맞보았다. 이로써 20년에 걸쳐 세 차례나 진행된 페르시아 전쟁은 그리스의 최종적인 승리로 막을 내렸다.

펠로폰네소스 전쟁의 발발

기원전 478년, 에게해 일대의 폴리스들은 아테네 주도 아래 델로스 동맹Delian League을 맺었다. 동맹에 가입한 폴리스는 향후 페르시아의 위협에 대비할 수 있는 병력, 함선, 군자금을 분담해서 내야 했다. 동맹군의 지휘와 관리는 아테네가 담당했으며, 군자금은 델로스섬의 금고에 보관되었다.

하지만 페르시아의 위협 가능성이 점차 낮아지면서 동맹 취지도 비례해서 약해졌다. 그런데도 동맹의 주축인 아테네는 폴리스들을 상대로 군자금 납부를 강요했을 뿐만 아니라, 기원전 454년에는 델로스의 금고를 자국으로 옮기고 전후 재건 비용으로 공금을 유용하는 전횡까지 일삼았다.

당시 아테네는 페리클레스Perikles의 통치하에서 전성기를 누리고 있었다. 기원전 471년, 권력을 쥔 페리클레스는 귀족 위주로 짜여진 500인

평의회보다 민회를 더 상급 기관으로 만들고, 귀족이 독점하던 군대 지휘관도 민회에서 뽑도록 하는 등 평민의 권한을 강화하는 정책을 펼쳤다. 그 때문에 솔론과 클레이스테네스에 이어 아테네 민주주의를 완성한 인물로 평가받고 있지만, 대외적으로는 아테네의 이익을 위해 주변 폴리스들을 억압하는 제국주의적인 면모를 보였다.

아테네의 황금시대를 연 페리클레스

이런 페리클레스였기에 기원전 448년 페르시아와 칼리아스 화약Peace of Kallias을 체결한 후에도 아테네로 옮겨 온 델로스의 금고를 열어 동맹 공금을 폴리스들에 돌려주지 않았다. 그리고 계속해서 군자금을 내라고 다그쳤다. 당시 지중해 일대의 해상 무역과 상공업 중심지로 자리하고 있던 아테네 입장에서 동맹의 약화나 해체는 군사적 패권의 상실뿐만 아니라, 잘나가는 경제를 위축시키는 불안 요인으로 작용할 수 있었다.

한편 델로스 동맹과 거리를 두고 지내던 스파르타는 아테네가 펠로폰네소스반도로 들어서는 길목인 코린토스 지협을 차지하고 지중해 서쪽으로 해상 진출을 꾀하자, 기원전 459년 무력 대응에 나섰다. 스파르타는 기원전 6세기경부터 반도 안의 폴리스들과 맺은 군사조약에 기초해 펠로폰네소스 동맹을 결성한 주축으로서 아테네의 움직임을 좌시할 수 없었다.

그리스 세계를 움직이는 두 강자의 무력 충돌은 기원전 446년에 향후 30년간 싸우지 않는다는 내용의 평화 조약으로 봉합되었다. 하지

투키디데스가 펠로폰네소스 전쟁에 대해 쓴 책

만 아테네가 자국의 경제 성장에 필요한 더 넓은 상권 확보를 위해 다시금 지중해 서부로 해상 진출을 시도하면서 조약은 휴지 조각이 되었다.

기원전 431년, 스파르타의 선전포고와 함께 시작된 펠로폰네소스 전쟁Peloponnesian War은 기원전 404년까지 28년 동안 2차에 걸쳐 진행되었다. 이 전쟁은 그리스 세계의 많은 폴리스들이 아테네 중심의 델로스 동맹과 스파르타 중심의 펠로폰네소스 동맹으로 나뉘어 싸우는 내전 양상을 띠었다.

먼저 1차 전쟁은 기원전 421년까지 진행되었는데, 이때 페리클레스는 모든 아테네 시민들을 성안으로 대피시키고 농성전을 펼쳤다. 그러면서 펠로폰네소스반도로 함대를 보내 적의 해군을 공격하는 이중 전략을 취했다. 하지만 성안에서 퍼지기 시작한 페스트로 페리클레스가 병사하고, 그 후계자로 전쟁을 이끌던 클레온까지 전사하자 마침내 평화 조약이 체결되었다.

평화 조약 이후 아테네와 스파르타는 별다른 충돌 없이 자신들의 세력 범위를 유지하거나 확장하는 냉전 기조를 유지해 나갔다. 그러다가 기원전 413년, 스파르타가 아테네의 시칠리아 원정에 개입하면서 다시금 뜨거운 피바람이 불어닥쳤다.

승자를 가리지 못한 1차 전쟁과 달리 2차 전쟁의 양상은 스파르타에 유리하게 전개되었다. 스파르타군은 아테네의 시칠리아 원정군을 격파한 것을 시작으로 육전뿐 아니라 해전에서도 속속 아테네군을 제압했다. 소아시아 지역에 대한 페르시아의 지배를 눈감아 주는 대가로 페르시아로부터 도움을 받아 함대를 강화시킨 결과였다.

전황이 불리해지면서 아테네는 동맹국들의 이탈과 식량난 그리고 과두파에 의한 정변까지 겪게 되었다. 안팎으로 닥쳐든 시련에 휘청거리던 아테네는 결국 기원전 404년 스파르타에 무릎을 꿇었다. 이로써 지중해를 호령하던 아테네의 영화가 사라지고 민주정이 몰락한 자리에는 무단 통치를 일삼는 스파르타의 깃발이 휘날리기 시작했다.

알렉산드로스 대왕의 동방원정

그리스 세계를 제패한 스파르타는 군국주의를 표방하는 국가답게 다른 폴리스에 대해서도 무단 통치를 서슴지 않았다. 당연하게도 불만이 높아졌고, 그리스 전역에서 스파르타에 반대하는 움직임들이 일어났다. 이런 와중에 기원전 371년, 그리스 중부 테베의 반란군이 스파르타군을 무찌르는 이변이 벌어졌다.

아테네에 이어 스파르타까지 몰락한 지중해 세계의 새로운 맹주는 스파르타를 꺾은 테베가 아니었다. 그리스 북부에 자리하고 있던 마케도니아였다. 기원전 4세기 중반부터 마케도니아의 왕 필리포스^{Philippos II}는 트라키아, 테살리아 등 주변국들을 정복하기 시작했다.

야만족으로 취급해 온 마케도니아가 빠른 속도로 세력을 확장하자, 두려움을 느낀 폴리스들은 마케도니아에 공동으로 맞설 연합군을 결성했다. 기원전 338년 마케도니아군과 연합군 사이에 전쟁이 벌어졌다. 연합군은 마케도니아군의 날카로운 장창과 필리포스 왕의 아들인 알렉산드로스Alexander III의 전략을 당해 내지 못하고 1년 만에 백기를 들었다.

그리스 세계를 제패한 뒤 페르시아 정벌을 준비하던 필리포스는 기원전 336년 암살되었다. 그리고 새로 왕위에 오른 알렉산드로스에 대항해서 폴리스들이 반란을 일으켰다. 마케도니아의 젊은 왕은 가장 반란이 심했던 테베를 폐허로 만들고 살아남은 시민들을 모조리 노예로 팔아 버리는 등 반대 세력에 대해 무자비한 응징을 가했다.

준동하던 폴리스들을 다시 굴복시킨 알렉산드로스는 기원전 334년에 보병과 기병으로 구성된 8만 명의 대군을 이끌고 페르시아 정벌에 나섰다. 페르시아와 첫 접전을 벌인 그라니코스 전투에서 알렉산드로스의 원정군은 대승을 거두었다.

원정군의 기세에 눌린 소아시아의 도시국가들이 속속 백기 투항하는 가운데, 알렉산드로스는 이수스라는 곳에서 마주친 페르시아 황제 다리우스 3세Darius III에게 참패를 안겼다. 이때 황제는 가족까지 버린 채 허겁지겁 달아났다. 이후로도 승승장구한 알렉산드로스는 페니키아와 시리아를 차례로 손에 넣고 이집트까지 점령했다. 그리고 정복지에는 자신의 이름을 따서 '알렉산드리아Alexandria'라는 도시를 건설했다.

기원전 331년 알렉산드로스는 티그리스강 유역에 자리한 가우가멜라에서 다리우스 3세와 다시금 일전을 벌였다. 이번에도 승리는 알렉산드로스의 몫이었다. 원정군은 페르시아의 수도인 수사를 장악하고,

페르시아 원정에 나선 알렉산드로스

페르세폴리스도 수중에 넣었다.

이수스 전투^{Battle of Issus}에서와 마찬가지로 알렉산드로스의 추격을 피해 황급히 도망친 다리우스 3세는 이듬해 박트리아 지역에서 현지 총독에게 살해당했다. 이로써 지중해 세계를 불안에 떨게 했던 대제국 페르시아는 황제의 죽음과 함께 역사의 무대에서 퇴장했다.

알렉산드로스의 군대는 페르시아를 멸망시킨 후에도 원정의 걸음을 멈추지 않고 동쪽으로 계속 진군했다. 원정군은 오늘날의 이란 고원을 차지하고 중앙아시아를 지나, 그리스 사람들이 이 세상의 동쪽 끝이라고 믿었던 인도의 인더스강까지 나아갔다. 알렉산드로스는 강

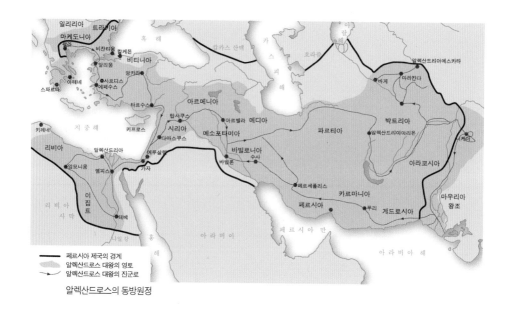

일리리아
트라키아
마케도니아
펠라
비잔티움 칼케톤
흑해
캅카스 산맥
카
스
피
해
호라즘
알렉산드리아에스카타
비티니아
아리울
말카라
사르디스
에페수스
아테네
스파르타
타르수스
시리아
아르메니아
탑사쿠스
아르벨라 메디아
바게
마라칸다
박트리아
키레네
키프로스
다마스쿠스
메소포타미아
파르티아
알렉산드리아아리온
지중해
리비아
알렉산드리아
수사
바빌론
바빌로니아
아라코시아
예루살렘
가자
앙모니움
멤피스
이
집
트
페르세폴리스
카르마니아
페르시아
푸리
게드로시아
마우리아
왕조
리
비
아
사
막
테베
나
일
강
홍
해
아 라 비 아
페 르 시 아 만
아 라 비 아 해

━━━ 페르시아 제국의 경계
　　　알렉산드로스 대왕의 영토
╼╼╼ 알렉산드로스 대왕의 진군로

알렉산드로스의 동방원정

건너 세상으로 행군하고 싶었으나, 오랜 원정에 지친 병사들 사이에서 열병이 번지고 궂은 날씨가 계속된 탓에 회군을 결정했다.

페르세폴리스로 돌아온 알렉산드로스는 이듬해인 기원전 323년 바빌론에서 아라비아 원정을 준비하던 중 열병에 걸렸고, 33세의 젊은 나이로 숨을 거두었다. 이로써 11년 동안에 걸쳐서 추진되었던 알렉산드로스의 동방원정도 대단원의 막을 내렸다.

동서로 인더스강에서 아드리아해까지, 남북으로 이집트에서 다뉴브강까지 광활한 지역을 품은 제국 안에는 젊고 위대한 정복자가 세운 도시인 알렉산드리아가 70개에 달했다. 이 도시들은 그리스 문화와 오리엔트 문화가 융합된 헬레니즘 문화를 형성하는 데 큰 역할을 했다.

이렇듯 문화적으로 동서를 결합시킨 알렉산드로스의 대제국은 불

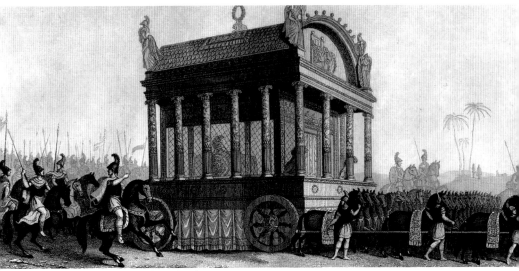

알렉산드로스의 장례 행렬을 그린 그림

확실한 후계 구도 때문에 정치적으로는 분열을 면치 못했다. 알렉산
드로스 사후에 부하 장수들의 권력 투쟁으로 본국은 안티고노스^{Antigonid}
왕조, 이집트는 프톨레마이오스^{Ptolemaeos} 왕조, 이란에서 소아시아는 셀
레우코스^{Seleukos} 왕조 등이 각각 들어섰다. 그리고 페르시아 동쪽의 땅
은 파르티아^{Parthia}와 박트리아^{Bactria}의 차지가 되었다.

고대 로마 시대

로마의 탄생

기원전 1000년경 인도유럽어족의 한 갈래인 라틴족이 이탈리아반도로 들어왔다. 그리고 200년 후에는 이탈리아 중서부를 흐르는 테베레강의 동쪽 연안에 있는 팔라티노 언덕에 정착했다. 소소하게 출발한 라틴족의 촌락은 점차 주변 7개 언덕으로 확장되었다. 이 촌락들에 기초해서 세워진 나라가 로마였다.

로마가 위치한 이탈리아는 당시 지중해 세계에서 변방에 속했다. 그리고 변방인 이탈리아의 지배적인 세력은 라틴족보다 2000년이나 앞서 현지에 정착한 에트루리아인들이었다. 그들의 지배를 받았던 로마는 변방 안에서도 변방에 속한다고 할 수 있었다.

소아시아에서 유입된 것으로 추정되는 에트루리아인들은 이탈리아반도 남쪽에 자리한 폴리스와 교역하면서 그리스의 선진 문화를 받아

에트루리아인의 무덤에서 발견된 사냥과 낚시 장면

들였다. 에트루리아의 문화를 왕성하게 흡수했던 로마는 결국 그리스 문화를 전수하면서 성장한 셈이다.

로마의 성장

기원전 6세기 후반, 로마는 에트루리아의 지배에서 벗어나 공화국을 수립했다. 로마가 세운 공화국은 집정관^{Console}과 원로원^{senatus}을 통해 국사를 처리하는 귀족 중심 체제였다. 집정관은 행정권과 군사권을 쥐고 있었으며, 원로원은 아테네의 귀족회의와 같은 조직으로 입법과 국정 자문 그리고 집정관 선출 등의 권한을 행사했다.

이런 귀족 중심의 권력 구조에 맞설 수 있는 조직인 민회가 있기는 했지만, 평민들의 이익을 대변해 줄 만한 힘을 가지고 있지 못했다. 그

로마의 정치, 경제 등의 결정권을 장악한 실질적인 통치 기구인 원로원

때문에 기원전 494년 평민들은 로마 북동쪽에 자신들만의 도시를 새로 만들어 이주하기 시작했다.

평민들의 집단행동에 놀란 귀족들이 타협책으로 제시한 것이 호민관tribunus 제도였다. 이것은 평민 중에서 선출하는 임기 1년의 관직으로, 평민의 생명과 재산 수호를 임무로 하며, 원로원의 결정에 대해 거부권을 행사할 수 있었다.

기원전 451년에는 12표법이 공포되었는데, 이는 관습적인 규약을 법으로 공식화함으로써 귀족들이 자의적으로 법을 주무르지 못하도록 만드는 효과를 발휘했다. 하지만 경제적 약자에게 지나치게 불리한 채무 규정이나 귀족과 평민 사이의 통혼을 금지하는 규정 등이 들어 있어 평민들의 반발을 불러일으켰다.

이와 같은 문제점 중에서 귀족과 평민의 통혼 금지는 오래잖아 해소되는 등 로마에서 평민의 권리는 계속해서 신장되었다. 그러다 기원전 367년에는 귀족들의 토지가 40만 평을 넘지 못하도록 제한하는 리키니우스 법이 제정되었다. 이 법은 기원전 390년경 켈트족의 로마 침략으로 많은 토지가 황폐해지면서 몰락하기 시작한 농민들을 구제할 목적으로 만들어졌다.

평민들을 보호하는 정책의 시행과 로마 경제력의 향상은 평민들의 생활수준을 개선시켰다. 이는 병사가 자비로 무장을 해야 하는 당시 상황에서 중무장을 하는 병력의 증가로 이어져 강력한 군대가 출현하게 되었다.

로마는 점점 강해졌고, 영토는 날로 넓어졌다. 이웃한 국가들을 복속시킨 로마는 이탈리아 중남부의 최강국인 삼니움Samnium과도 세 차례나 싸워 승리하는 등 정복 국가로서의 면모를 다져 나갔다.

당시 로마가 급성장할 수 있었던 배경 요인으로 알렉산드로스 대왕의 동방원정을 빼놓을 수 없다. 그리스를 제패한 젊은 정복자의 눈길이 오리엔트가 아닌 서쪽으로 향했다면, 로마는 제국으로 성장할 기회를 얻지 못한 채 일개 속국으로 추락하고 말았을 것이다.

압도적인 강자의 관심 바깥에서 착실하게 영토를 넓힌 로마는 삼니움을 꺾은 이후에 이탈리아 남부의 폴리스들을 공략했다. 많은 도시들이 로마에 무릎을 꿇은 가운데, 완강하게 저항하던 타렌툼이란 도시는 그리스 본토의 피루스 왕국으로부터 원군을 지원받아 로마군을 궁지에 몰아넣기도 했다.

한때의 위기에서 벗어나 전력을 회복한 로마군은 기원전 272년 피루스의 원군을 물리치고 타렌툼의 항복을 받아냈다. 이로써 로마는 북쪽의 루비콘강에서 남쪽의 메시나 해협까지 이탈리아반도를 수중에 넣게 되었다.

포에니 전쟁의 발발

이탈리아반도를 장악한 로마의 다음 목표는 코르시카, 사르데냐, 시칠리아 등의 섬이 있는 지중해 서부였다. 로마의 입장에서 알렉산드로스 대왕의 유산인 헬레니즘 세계로 손을 뻗기에는 아직 국력이 모자랐다. 하지만 지중해 서부라고 해서 공략이 쉬운 것은 아니었다. 해상 강국인 카르타고^{Carthago}와 일전을 벌여야 했기 때문이었다.

카르타고는 기원전 814년경 페니키아가 북아프리카에 건설한 폴리스로, 오늘날 튀니지의 수도인 튀니스에 있었다. 지금의 이베리아반도 지역인 히스파니아와 북아프리카를 연결하는 통상 루트에 위치했던 이 도시국가는 기원전 600년경부터 지중해 서쪽의 무역권을 장악해 왔다.

포에니 전쟁의 군선들

로마와 카르타고가 지중해 서부의 패권을 두고 처음 충돌한 것은 기원전 264년 시칠리아섬의 도시국가 메시나에서 발생한 분쟁에 개입하면서였다. 메시나를 공격한 이탈리아반도 출신 용병들에 대해 로마가 보호 조치를 취하자, 로마의 세력 확장을 경계한 카르타고도 군대를 보냈다. 이로써 1차 포에니 전쟁Punic Wars이 발발했다. 포에니란 말은 로마에서 카르타고를 가리킬 때 쓰던 경멸적인 용어였다.

기원전 241년까지 20년이 넘게 지속된 1차 포에니 전쟁의 승자는 로마였다. 로마는 시칠리아를 전리품으로 가지게 되었을 뿐만 아니라, 덤으로 코르시카와 사르데냐도 손에 넣을 수 있었다. 그리고 패배한 카르타고는 10년 동안 전쟁 피해 보상금을 로마에 지불해야 했다.

한니발의 활약과 스키피오의 반격

기원전 219년, 카르타고의 장수로 히스파니아 총독을 맡고 있던 한

카르타고군을 이끌고 알프스를 넘는 한니발

니발^{Hannibal}은 로마 원정길에 나섰다. 5만여 명의 대군과 코끼리 부대가 그를 따랐다. 타깃이 된 로마가 바다를 주시하고 있는 동안, 한니발의 군대는 육로를 통해 로마로 접근해 갔다.

행군은 몇 달 동안 계속되었는데, 피레네산맥을 넘고 다시 알프스산맥을 넘는 과정에서 한니발은 병사의 절반을 잃었다. 하지만 로마에 적대적인 켈트족 용병의 합류로 병력은 다시 5만 명으로 늘어났다.

이탈리아 땅에 들어선 한니발의 군대는 로마군을 속속 무찔렀다. 2차 포에니 전쟁에서 승리의 여신은 확실히 카르타고 편이었다. 침략자들을 막으려던 당시 로마의 집정관 플라미니우스조차 트라시메노 호수 전투에서 목숨을 잃을 정도로 원정군의 공세는 매서웠다.

연전연승을 거둔 한니발의 용병술이 결정적으로 빛을 발한 것은 기원전 216년 벌어진 칸나이 전투Battle of

카르타고의 명장 한니발

Cannae였다. 이탈리아 남부에 자리한 칸나이 지방에서 한니발은 8만 명에 달하는 로마 대군을 상대로 초승달 전법을 사용했다. 좌우로 떡처럼 길게 늘어선 부대의 중앙에는 약한 병사들을, 좌우 날개 쪽에는 강한 기병들을 배치해, 공격해 들어오는 적들을 중앙에서 받아내는 동안 기병들이 날개를 펴서 감싸듯이 재빠르게 적들을 포위하는 방식이었다.

위에서 굽어보면 마치 초승달처럼 보인다 해서 붙여진 이 전법에 말려든 로마군은 7만 명이 죽고 1만 명이 포로로 잡혔다. 참전한 로마의 원로원 의원들도 거의 죽고, 사령관 테렌티우스는 겨우 목숨을 건져 달아났다. 이때 한니발의 부하는 6,000명 정도가 전사했다.

칸나이의 압승 이후로도 한니발의 원정군은 이탈리아 전역을 돌며 로마군과 싸웠는데, 전투에는 이겼어도 전쟁은 쉽게 끝나지 않았다.

자마 전투에서 격돌한 카르타고군 코끼리 부대와 로마군 보병 부대

그렇게 이탈리아에서 체류하는 10년 동안 원정군은 서서히 지쳐 간 반면, 로마군은 한니발의 전법을 연구하면서 반격의 기회를 모색했다.

　로마의 반격을 이끈 선봉장은 스키피오Scipio였다. 스키피오의 등장과 함께 승리의 여신은 변덕을 부려 로마를 편들기 시작했다. 기원전 211년 히스파니아 원정을 결행한 스키피오는 카르타고군을 격파함으로써 이탈리아의 한니발을 지원할 수 없게 만들었다. 기원전 205년에는 집정관으로서 카르타고 원정에 나서, 한니발이 본국으로 돌아오게끔 만들었다. 그리고 기원전 202년 카르타고 인근 자마 평원에서 적진의 코끼리를 소음으로 놀래어 난동을 부리게 하는 전법으로 한니발을 꺾었다.

이로써 2차전에서도 승리를 거둔 로마는 카르타고로부터 히스파니아를 비롯한 모든 식민지를 넘겨받았다. 로마의 속주로 전락한 카르타고는 50년 동안 거액의 전쟁 보상금을 갚아야 했다. 이런 와중에 복수의 기회를 노리던 한니발은 뜻을 이루지 못한 채 로마군에 쫓기다가 스스로 목숨을 끊었다.

이후 카르타고는 50년 동안 갚아야 할 전쟁 보상금을 10년 만에 갚아 버렸다. 카르타고의 저력에 놀란 로마는 후환을 없앨 요량으로 북아프리카의 소국 누미디아Numidia를 부추겨 카르타고를 침략하게 만들었다. 당시 로마의 허락 없이 전쟁을 할 수 없었던 카르타고는 참다 참다 반격에 나섰는데, 로마는 이를 빌미삼아 기원전 149년에 3차 포에니 전쟁을 일으켰다.

카르타고는 결사 항전했지만, 비대칭인 전력으로 로마 원정군을 당해 낼 수가 없었다. 도시는 불길 속에 휩싸였고, 살아남은 카르타고인은 모두 노예로 팔려 나갔다. 로마와 치른 마지막 전쟁으로 카르타고는 기원전 146년 지상에서 완전히 자취를 감추었다.

지중해의 새 정복자, 로마

1차 포에니 전쟁으로 카르타고를 꺾고 지중해 서쪽 지역을 장악한 로마는 동쪽으로 슬슬 눈길을 돌렸다. 먼저 로마와 힘을 겨루게 된 곳은 에게해 지역을 지배하고 있던 마케도니아였다.

기원전 215년 발발한 마케도니아 전쟁은 포에니 전쟁처럼 모두 3차에 걸쳐서 전개되었다. 1차 전쟁은 기원전 205년까지 그리고 2차 전쟁은 기원전 200년부터 기원전 197년까지 벌어졌다. 이 두 차례 전쟁의 승자는 로마였고, 마케도니아는 그리스 도시들에 대한 지배권을 상실했다.

이후 국력 회복을 꾀하면서 복수의 기회를 엿보던 마케도니아는 기원전 171년 로마와 세 번째로 충돌했다. 왕이 적국의 포로로 잡혀가는 등 3차 전쟁에서도 패배한 마케도니아는 기원전 168년 패망하고 로마의 속주가 되었다.

한편, 마케도니아의 지배에서 벗어난 그리스 도시들은 새로운 지배자로 등장한 로마에 반기를 들었다. 무력 응징에 나선 로마는 반란 세력의 중심지 노릇을 한 코린토스Korinthos를 완전히 파괴했다.

이처럼 그리스 지역을 장악한 로마는 기원전 64년에는 오리엔트의 시리아 지역을 흡수해 속주로 만들고 아시아라는 이름을 붙였다. 또한 기원전 30년에는 오리엔트의 강자인 프톨레마이오스 왕국도 영토로 삼았다. 그리고 북쪽으로도 손을 뻗어 알프스산맥 너머 갈리아 지방까지 진출하는 등, 기원전 1세기경 로마는 지중해 일대의 유럽과 아시아와 아프리카 지역을 차지한 대제국으로 성장했다.

로마 공화정의 몰락

광대한 식민지와 속주를 거느린 로마는 사방으로부터 흘러드는 조공과 전리품의 낙원이었다. 낙원의 풍요 속에 푹 젖어든 로마인들은 자신들에게 익숙했던 절제와 현실적 균형감을 낡은 옷처럼 벗어던졌다. 그리고 물질적 방종과 정치적 방심 속에서 평민의 권익을 보호하

로마 유물에 묘사된 라티푼디움의 일상

던 공화적 질서는 점차 힘을 잃어 갔다.

그런 가운데 로마군이 정복한 땅들은 고스란히 귀족들의 차지가 되었다. 귀족들은 그렇게 확보한 땅으로 '라티푼디움Latifundium'이라고 불리는 대농장을 만들었다. 농장 유지에 필요한 노예는 전쟁 포로들로 채워졌는데, 속주로부터 유입된 값싼 곡물 때문에 파산한 자영농민들로도 보충되었다.

농민들의 몰락과 평민 계급의 약화는 시민군에 기초한 로마의 국방력 약화로 이어질 수 있는 중대 사안이었다. 이에 기원전 133년 호민관으로 선출된 티베리우스 그라쿠스Tiberius Gracchus는 땅이 없는 농민들에게 추첨으로 땅을 제공하는 법을 제정했다.

이러한 개혁법은 티베리우스의 암살로 빛을 보지 못했다. 죽은 형의 뒤를 이어 기원전 123년 호민관에 오른 가이우스 그라쿠스Gaius Gracchus는 해외 식민지를 늘리고 거기서 수입한 식량을 가난한 사람들에게 무상으로 제공했다. 또한 식량 수입을 원활하게 하고 지지 세력도 늘리고자, 동맹시의 주민들에게 로마 시민권을 부여하려 했다. 그러나 반대파의 공격으로 궁지에 몰리면서 결국 자결하고 말았다.

평민의 권익을 보호하는 개혁을 펼친 그라쿠스 형제

그라쿠스 형제의 죽음으로 로마는 평민파와 귀족파 사이에 정치 투쟁이 격화되었다. 그리고 북쪽에서는 게르만족의 침략이 빈발하고, 남쪽에서는 카르타고 정복 때 미끼로 활용했던 누미디아가 반란을 일으켰다.

내우외환의 위기 속에서 기원전 107년 집정관이 된 가이우스 마리우스Gaius Marius는 평민에게만 주어지던 입대 자격을 빈곤층에게까지 확대했다. 국방력 강화를 위한 마리우스의 군 개혁 조치는 뜻밖에도 로마 공화정을 약화시키는 계기로 작용했다.

자비로 무장해야 했던 로마의 군대에서 빈민은 무장을 할 수도 없고 월급을 받지도 못했다. 그런 병사들에게 귀족들이 무기와 월급을 제공하면서 로마군은 직업군인처럼 변하게 되었다.

직업군인이 된 로마병들은 로마가 아닌 귀족에게 충성했으며, 이 같은 충성심을 기반으로 마리우스는 일곱 차례나 집정관이 될 수 있었다.

누미디아의 반란을 진압해 로마의 영웅으로 추켜진 마리우스는 자신의 부하였던 술라^{Sulla}에게 권력을 빼앗겼다.

술라는 파르티아를 정벌한 공로로 역시나 영웅으로 추켜졌다. 그리고 권력을 장악한 후에는 종신 임기의 독재관이 되어 호민관과 민회의 권한을 축소하

군사 제도를 개혁한 가이우스 마리우스와 정적 술라

는 한편, 원로원의 규모와 권한을 확대하는 등의 보수적인 조치를 취했다.

1차 삼두정치

술라의 뒤를 이은 것은 부하인 폼페이우스^{Pompeius}였다. 폼페이우스는 술라에게 쫓겨난 마리우스의 추종자들을 척결하는 데 힘을 쏟았다. 기원전 72년, 히스파니아에서 일어난 세르토리우스의 반란을 진압한 것도 그 일환이었다. 그리고 기원전 73년 발발한 검투사 스파르타쿠스의 반란을 진압한 공로로 기원전 70년에 크라수스^{Crassus}와 함께 공동 집정관이 되었다.

이후로 폼페이우스와 크라수스, 2인의 시대가 전개된 것은 아니었다. 역사는 또 다른 영웅인 율리우스 카이사르^{Julius Caesar}를 준비해 두었다. 카이사르는 폼페이우스가 적대시한 마리우스의 친척으로, 명문 귀

1차 삼두정치를 이끈 폼페이우스, 크라수스, 카이사르

족 가문 출신이면서도 평민파에 속했는데, 기원전 63년에 집정관 아래의 중요 공직인 법무관에 올랐다. 이듬해에는 히스파니아 총독이 되었다가, 2년 후 로마로 돌아와 폼페이우스, 크라수스 등과 함께 권력을 분점하는, 이른바 삼두정치^{triumvirate}의 일원으로 참여했다.

기원전 58년, 군사적 업적에 목말랐던 카이사르는 갈리아 총독으로 부임해 현지에서 준동하는 켈트족을 북쪽으로 몰아냈다. 이때 총독의 군대는 켈트족을 쫓아서 지금의 영국인 브리타니아섬까지 쳐들어갔다. 그 후 켈트족의 반격으로 일진일퇴의 공방전이 펼쳐지긴 했지만, 결국에는 켈트족을 굴복시키는 데 성공했다. 한편, 게르만족 공략에도 나선 카이사르는 라인강을 넘어 지금의 독일 지역인 게르마니아로 진군하기도 했다.

그즈음 삼두정치의 한 축인 크라수스가 파르티아와 교전 중에 전사하는 변고가 발생했다. 권력 구조의 변화가 불가피해진 상황에서 원로원은 카이사르에게 군대를 해산하고 로마로 귀환할 것을 종용했다. 경쟁자인 폼페이우스의 군대가 건재한 상황에서 카이사르는 자신의 군대만 해산시키려는 원로원의 결정을 따르지 않았다.

기원전 49년, 카이사르는 무장한 상태로 군대를 이끌고 갈리아와 이탈리아의 국경인 루비콘강을 건넜다. 원로원이 반역 행위로 간주한 행동을 결행하면서 그가 외친 유명한 말이 "주사위는 던져졌다."였다.

카이사르가 던진 주사위에 놀란 폼페이우스는 그리스로 달아났다. 그리고 카이사르의 군대는 별다른 저항 없이 귀환할 수 있었다. 로마를 장악한 카이사르는 먼저 폼페이우스의 근거지인 히스파니아와 북아프리카를 친 다음 그리스를 공략했다. 그러자 다시 이집트로 달아난 폼페이우스는 카이사르의 공격을 두려워한 프톨레마이오스 13세의 배신으로 목숨을 잃었다.

당시 왕위를 놓고 동생인 프톨레마이오스^{Ptolemaios}와 경쟁하던 클레오파트라 7세^{Cleopatra VII}는 이집트로 건너온 카이사르를 꾀어 여왕의 자리에 올랐다. 로마의 실권자와 이집트의 여왕 사이에서 아들 카이사리온^{Caesarion}이 태어났는데, '작은 카이사르'라는 뜻의 이름을 가진 이 아이는 기원전 40년 프톨레마이오스 왕조의 마지막 왕으로 등극한다.

이집트를 거쳐 소아시아로 건너간 카이사르는 기원전 47년 로마의 숙적이었던 파르티아 군대와 싸워 승리했다. 그리고 로마로 띄운 승전보가 바로 "왔노라, 보았노라, 이겼노라."라는 유명한 글귀였다.

카이사르의 집권과 암살

폼페이우스가 죽고 3년 후인 기원전 45년, 카이사르는 폼페이우스의 아들까지 제거하는 데 성공했다. 이로써 확고부동한 로마의 일인자

카이사르가 만든 것으로 로마의 정치, 상업, 종교 활동이 이루어지던 포로 로마눔

가 된 카이사르는 이듬해 종신 독재관의 자리에 올랐다.

　권력을 거머쥔 카이사르는 평민들에게 토지와 식량을 배분하고, 대규모 공사를 벌여 일자리를 만들어 주는 한편, 귀족들이 평민의 재산을 함부로 빼앗지 못하도록 만드는 등 평민 위주의 정책을 펼쳤다.

　반대파들을 제압하면서 안정된 통치력을 발휘한 카이사르에게 평민들은 절대적인 지지를 보냈다. 당시 카이사르는 로마의 정치 구조가 허용하는 최고의 자리에 올랐으면서도 더 높은 자리를 바라보았다.

　이러한 주군의 야심을 이루어 줄 목적으로 안토니우스^{Antonius}와 측근들은 로마의 축제일을 맞아 대형 경기장에 모인 시민들 앞에서 카이사르에게 황제의 관을 바쳤다. 그러나 시민들로부터 기대했던 반응을 얻지 못하는 바람에 안토니우스 등의 시도는 해프닝으로 끝이 났다.

카를 폰 필로티가 그린 〈카이사르의 최후〉

　반면에 황제의 관 사건으로 자극받은 반대파들의 반응은 확실히 달랐다. 그들은 카이사르를 로마 공화정에 해로운 인물로 간주하고 모반을 꾀했다. 이때 카이사르의 총애를 받고 있던 브루투스[Brutus]도 모반에 가담했다.

　기원전 44년 3월 15일, 파르티아 원정을 앞두고 카이사르는 자신에게 비우호적인 원로원으로부터 충성 약속을 받기 위해 회의장으로 갔다. 그 과정에서 불길한 예감에 사로잡힌 아내의 만류가 있었지만 결국 회의장에 들어섰다. 그리고 비무장인 상태에서 브루투스를 비롯한 수십 명의 암살자들이 휘두르는 칼에 찔려 쓰러졌다. 이때 "브루투스, 너마저……."라는 짧은 탄식을 유언처럼 남긴 채 카이사르는 숨을 거두었다.

　비보를 듣고 흥분한 군중 앞에서 브루투스 등은 로마의 공화정을 지키기 위해 카이사르를 죽였노라 해명하면서 이해를 구했다. 그러나 시민들의 편에 서서 로마를 사랑한 이는 카이사르밖에 없다는 안토니우스의 연설로 암살자들은 궁지에 몰렸다. 이로써 안토니우스는 카이사르의 뒤를 이을 수 있는 유력한 실력자로서 로마인들의 주목을 받게 되었다.

2차 삼두정치

안토니우스가 최고 권력자의 물망에 오르고 있을 때, 복병처럼 등장한 인물이 옥타비아누스^{Octavianus}였다. 그는 암살당한 카이사르가 생전에 유언장을 통해 자신의 양자이자 후계자로 지목해 준 덕분에 손쉽게 권력의 중심부로 들어설 수 있었다.

만 18세의 나이로 정치 경험이 일천했던 옥타비아누스는 죽은 양부의 권력을 차질 없이 승계할 만한 실력을 가지고 있지 못했다. 그 때문에 당대의 실력자인 안토니우스나 카이사르의 기병 대장이었던 레피두스^{Lepidus} 등과 권력을 나눠 가지게 된 것만도 그의 입장에서는 최선의 결과라 할 수 있었다.

기원전 43년, 세 사람이 권력을 나눠 가진 것을 가리켜 2차 삼두정치라 부른다. 안토니우스는 이집트를 포함한 부유한 동방 지역을 차지하고, 옥타비아누스는 로마와 서방 지역을, 그리고 레피두스는 아프리카 지역을 다스리게 되었다. 1차 때와 마찬가지로 독점을 향한 치열한 권력 투쟁이 전개될 수밖에 없는 상황이었다.

하지만 독재권을 넘어 황제권까지 바라는 정치적 야심으로 손을 맞잡은 옥타비아누스와 안토니우스는 공화정을 지지하는 원로원 중심

옥타비아누스와 안토니우스의 대결 악티움 해전

의 귀족 세력을 대거 숙청했다. 또한 아직까지 남아 있던 카이사르 시해 세력도 모조리 없애 버렸고, 기원전 36년에는 삼두정치의 일원인 레피두스마저 실각시켰다.

자신의 권력가도에 장애가 될 만한 요소들을 제거한 두 야심가는 마지막 걸림돌인 서로에게 칼끝을 겨누기 시작했다. 상대적으로 어린 데다 전투 경험도 부족했던 옥타비아누스가 안토니우스를 상대할 수 있었던 데는 뛰어난 전략가인 아그리파Agrippa의 조력이 큰 역할을 했다.

옥타비아누스에게 아그리파가 있었다면, 안토니우스에게는 죽은 카이사르의 연인이었던 이집트의 여왕 클레오파트라가 있었다. 로마 권력의 향배를 정하는 두 조합의 운명적인 대결이 기원전 31년 그리스 북서부의 악티움반도 앞바다에서 벌어졌다. 양측의 전력이 비등한 가운데 아그리파의 전술로 기선을 잡은 옥타비아누스 함대는 안토니우스와 클레오파트라의 연합 함대를 격파했다.

이집트로 달아난 안토니우스와 클레오파트라는 차례로 목숨을 끊었고, 프톨레마이오스 왕조의 땅은 악티움 해전의 승자인 옥타비아누스의 차지가 되었다. 그리고 카이사르의 죽음 이후 분할 통치되었던 로마도 다시금 1인 통치자를 맞이했다.

옥타비아누스, 황제 시대의 서막

젊은 시절의 옥타비아누스

기원전 29년, 내전을 끝내고 로마의 일인자가 된 옥타비아누스에게 원로원은 제1시민을 뜻하는 '프린켑스princeps'라는 칭호를 올렸다. 2년 후에는 또다시 존엄한 자를 의미하는 '아우구스투스Augustus'라는 존칭을 상납했다.

권력을 차지한 옥타비아누스가 우선적으로 착수한 것은 군제 개편이었다. 로마 시민들로 구성된 25개 군단을 재정비하는 한편, 속주 출신의 지원병으로 구성된 같은 규모의 보조 군대도 창설하고, 여기서 일정 기간 복무한 병사에게는 로마 시민권을 주었다.

또한 친위대를 만들어 신변 보호를 강화했으며, 소방대와 무장순찰대를 설치해 불시의 재난에 대응하고 치안을 유지하게 했다. 그리고 이러한 모든 군대의 통솔권을 장악한 상태에서 군과 관련된 인사와 재정 문제를 직접 처리했다.

그 결과 병사들로부터 절대적인 충성을 이끌어 낸 옥타비아누스는 로마 안에서 그 누구도 넘볼 수 없는 절대 권력자가 되었다. 형식상으로는 공화정을 유지하고 있었으나, 사실상 황제의 권한을 행사했던 것이다.

황제를 꿈꾸었으나 종신 독재관으로 만족해야 했던 카이사르에 대해 사실상의 황제인 옥타비아누스는 후계자임을 자처했다. 그는 자신이 카이사르로 불리기를 바랐다. 그리고 카이사르가 그랬듯 자기 혈통이 아닌 후계자를 지목함으로써 로마식 권력 승계의 모델을 제시했다. 이후 개막된 본격적인 황제 시대에서 로마의 일인자들은 모두 카이사르의 후손을 자처했다. 그러면서 카이사르는 전제적 통치권을 가진 황제를 의미하는 용어로 쓰이게 되었다.

선정과 폭정의 연속

옥타비아누스는 이혼녀였던 아내 리비아가 데리고 온 자식인 티베리우스Tiberius를 자신의 후계자로 지명했다. 그리고 끝내 자신의 친아들을 얻지 못한 채 기원후 14년 숨을 거두었다. 이에 원로원은 전임자의 의붓아들을 로마 황제로 선언했다.

황제에 오른 티베리우스는 부자들의 사치와 향락을 억제하고, 가난한 백성들에게 식량을 나눠 주었다. 또한 자신에 대한 찬사는 사양한 반면, 비난에는 기꺼이 귀를 여는 등 성군의 품성을 발휘했다.

티베리우스, 칼리굴라, 클라우디우스

이처럼 선정을 베풀던 티베리우스는 26년에 친위대장인 세야누스에게 정사를 맡긴 다음, 돌연 이탈리아 남쪽 카프리섬으로 들어가 은거했다. 황제가 로마를 떠나 있는 동안 폭정을 일삼은 세야누스는 급기야 역모를 꾀하다가 발각되어 교수형에 처해졌다.

대리청정으로 로마를 위험에 빠뜨렸던 티베리우스가 37년에 노환으로 죽고, 칼리굴라[Caligula]가 로마의 새 황제로 즉위했다. 칼리굴라의 어머니인 아그리피나는 아우구스투스, 그러니까 옥타비아누스의 외손녀였다.

칼리굴라는 즉위 초에 세금을 줄이고 검투사 시합과 전차 경주 대회를 여는 등의 조치로 대중의 인기를 끌었다. 급격한 정책적 변화 없이 안정적으로 제국을 이끌어 가던 그는 갑자기 자신이 인간계로 내려온 신이라 주장하면서 폭군으로 돌변했다. 함부로 사람을 죽이고 국고를 낭비하던 모습을 보다 못한 친위대 장군의 칼에 찔려 최후를 맞았다.

41년, 칼리굴라의 뒤를 이어 황제로 추대된 인물은 티베리우스의 조카로, 말더듬이에다 절름발이이기도 했던 클라우디우스[Claudius]였다. 쉰 살의 나이로 즉위한 새 황제는 전임자가 탕진한 국고를 증세와 긴축 재정으로 다시 채워 넣었다. 그리고 오늘날 잉글랜드에 해당하는 브리타니아 남부 지역을 정복하는 군사적 업적도 세웠다.

클라우디우스는 일복이 많은 지도자였지만, 여복은 없는 사내였다. 황제가 된 후에 맞아들인 첫 번째 황후 메살리나는 간통을 저지르다 측근에게 살해되었다. 그리고 두 번째 황후는 아그리피나였다. 칼리굴라의 여동생으로 자기 어머니인 아그리피나와 구별하기 위해 소(小)아그리피나로 불렸다. 그녀는 전남편의 아들인 네로^{Nero}를 황제로 만들기 위해 클라우디우스를 독살했다.

54년, 16세의 나이로 황제에 오른 네로는 칼리굴라처럼 즉위 초기에는 해방노예를 등용하고 원로원의 의견을 경청하는가 하면, 백성들의 세금을 감면하고 매관매직을 금하게 하는 등 선정을 베풀었다. 그러나 성년이 되고부터는 전임 황제의 친아들을 죽이고, 자신의 재혼에 걸림돌이 되는 어머니와 황후도 차례로 죽이는 패륜을 저질렀다. 네로의 스승이었던 세네카도 제자의 전횡을 막지 못한 채 비참한 최후를 맞았다.

64년 발생한 화재로 로마 시가지가 대부분 불탔을 때, 네로는 기독교인들을 방화범으로 몰아 집단 학살했다. 이때 희생당한 기독교인들 중에는 예수의 1대 제자인 베드로와 이방인의 사제로 불리며 기독교 전파에 공헌한 바울 등도 포함되어 있었다.

68년 갈리아 지방에서 황제의 폭정에 저항하는 민란이 터지자, 히스파니아 총독을 중심으로 반(反) 네로파 세력들이 궐기했다. 숨을 곳을 찾아 로마 시내를 빠져나온 네로는 자신의 처지를 한탄하며 스스로 목숨을 끊었다.

네로가 기독교 신도를 박해하는 모습을 묘사한 〈네로의 횃불〉

　폭군이 사라지자 속주의 군사령관들은 서로 황제가 되려고 싸웠다. 제국을 들썩이게 만든 내전의 최종 승자는 이집트에 진주해 있던 베스파시아누스Vespasianus였다. 69년 제위에 오른 그는 폭정과 내전으로 피폐해진 로마의 질서와 평화를 재건하는 데 힘을 쏟았다.

　원로원을 견제한 황제는 속주 출신에게도 원로원 의석을 허용하는 한편, 재정 개혁을 통해 국가의 조세 수입을 늘렸다. 오늘날에도 건축물의 일부가 남아 있는 원형경기장 콜로세움이 세워진 것도 이때였다.

　79년, 제국을 안정시킨 베스파시아누스가 죽고, 황제의 장남인 티투스Titus가 제위를 물려받았다. 새 황제가 등장한 바로 그해에 이탈리아 나폴리 연안에 자리한 베수비오 화산이 폭발하면서 폼페이와 헤르쿨라네움이란 두 도시가 뜨거운 화산재에 묻혀 버렸다. 이후로도 대형 화재와 페스트가 차례로 로마를 휩쓰는 등 거듭되는 재난 속에서 구제와 재건 활동에 진력하던 황제는 91년 사망했다.

베스파시아누스, 티투스, 도미티아누스

티투스 다음으로 그의 동생인 도미티아누스^{Domitianus}가 제위에 올랐는데, 칼리굴라나 네로처럼 자신의 심기를 거스르는 반대자들을 추방하거나 사형시키는 폭군의 면모를 과시했다. 그런 한편, 로마와 속주의 행정관들을 강력하게 통제하고, 게르마니아 지역의 국경 방어를 강화함으로써 차후 전개될 번영의 시대에 필요한 물적 기초를 마련하는 긍정적인 모습도 보였다.

팍스 로마나

96년, 도미티아누스 황제가 자신과 불화하던 황후 도미티아의 심복에게 살해되었다. 사건에 은밀히 가담해 온 원로원은 재빠르게 혼란을 수습했고, 소속 의원이었던 네르바^{Nerva}를 황제로 추대했다.

네르바의 제위 기간은 겨우 3년에 불과했지만, 제국의 황제권을 안정적으로 승계시킬 수 있는 질서를 만들었다. 즉, 권력 투쟁과 내란을 초래할 수 있는 황제 세습제를 버리는 대신, 유능한 인물을 양자로 삼아 미리 후계자로 선포하는 선양(禪讓)의 방식이었다.

98년, 후임 황제가 네르바의 권력을 승계하면서 시작된 평화로운 정권 교체로 로마의 정치는 안정을 구가할 수 있었다. 네르바를 포함한 다섯 명의 황제들이 선양으로 통치권을 이어 가던 이른바 5현제 시대 때, 로마는 가장 넓은 영토를 확보하고서 번영과 평화를 누렸다. '팍스 로마나'(로마의 평화)로 불리는 해당 시기는 96년부터 180년까지 지속되었고, 이는 두말할 것도 없이 로마의 전성기로 꼽힌다.

5현제의 통치

로마의 황금시대를 만든 5현제, 즉 다섯 명의 현명한 황제는 네르바, 트라야누스Trajanus, 하드리아누스Hadrianus, 안토니누스 피우스Antoninus Pius, 마르쿠스 아우렐리우스Marcus Aurelius를 가리킨다. 이들 중 첫 번째 황제인 네르바는 97년에 히스파니아 출신의 군인인 트라야누스를 양자로 삼고, 이듬해 제위를 물려주었다.

속주 출신의 첫 황제가 된 트라야누스는 군사 전문가답게 대외 정복 전쟁에 적극적으로 뛰어들었다. 그가 넓힌 제국의 영토는 동유럽 쪽으로는 오늘날의 루마니아에 해당하는 다키아 지역까지 뻗었으며, 남쪽으로는 북아프리카를 넘어 사하라 사막 발치에까지 이르렀다. 그리고 아시아 쪽으로는 요르단 서부 지역을 중심으로 번성한 아라비아의 나바테아 왕국과 티그리스 강변의 아시리아는 물론이고, 한때는 로마의 골칫거리 파르티아의 수도까지 아울렀다.

로마의 황금시대를 만든 5현제. 네르바, 트라야누스, 하드리아누스, 안토니누스 피우스, 마르쿠스 아우렐리우스

　이처럼 영토 확장에 매진하던 황제가 117년 귀국 도중에 사망하자, 양자인 하드리아누스가 황제로 즉위했다. 하드리아누스는 전쟁으로 새 땅을 정복하기보다는 이미 정복한 땅을 확실하게 로마의 영토로 만드는 작업에 치중했다.

　공격을 멈추고 방어를 택한 황제는 파르티아와 화의를 체결하고, 브리타니아 지역에 120킬로미터의 장성을 쌓았으며, 게르마니아 지역의 방벽을 강화했다. 그리고 로마 제국의 전 영토를 세 차례나 순행하면서 관리했다.

마르쿠스 아우렐리우스가 게르만에 대해 승리한 것을 기념한 개선문 부조

로마의 정치, 행정, 관료, 군사 등의 제도를 정비하면서 내실을 다진 하드리아누스는 138년 운명했다. 그리고 양자인 안토니누스 피우스가 다음 황제에 올라 제국을 다스렸다. 161년까지 이어진 치세 기간 동안 그는 재정을 건전하게 운용하고, 기독교에 대한 박해를 금하는 한편, 대지진으로 파괴된 그리스나 소아시아 등지의 도시들을 재건하는 등 제국의 번영과 평화를 위해 노력했다.

안토니누스 황제의 양자로 제위를 물려받은 마르쿠스 아우렐리우스는 5현제의 마지막 황제로, 전쟁터를 떠돌며 막사에서 틈틈이 스토아 철학에 입각한 자기 성찰의 글을 써서 모은 《명상록》을 남겼다. 만물은 유전하고 삶은 일시적 체제에 불과하다고 생각한 철학자 황제가 통치하던 당시의 로마는 페스트의 유행과 외적의 잦은 침입으로 제국의 성세가 기울어 가고 있었다.

잦은 군사 원정으로 병을 얻은 아우렐리우스는 180년에 전장의 막사에서 숨을 거두었다. 그의 죽음과 더불어 팍스 로마나를 이끈 5현제 시대도 끝이 났으며, 권력도 양자에게 선양되지 않고 친자에게 세습되었다. 후임 황제는 앞선 다섯 황제와 거리가 먼 폭군으로, 로마의 평화와 번영을 부질없는 꿈으로 만들어 버렸다.

군인황제 시대

아우렐리우스의 친아들로 황제의 권력을 승계한 코모두스Commodus는 원로원을 무시하고, 낭비를 일삼아 국고를 탕진했다. 그리고 부자들의 재산을 함부로 빼앗는가 하면, 자신을 신으로 떠받들라고 강요했다. 이와 같은 폭정의 결말은 192년 친위대의 암살을 불러들였다.

코모두스의 죽음은 문제의 끝이 아닌 시작이었다. 제국 안의 실력자들이 너도나도 황제가 되려고 내전을 벌였다. 이듬해 종료된 내전의 승자는 오늘날 리비아 지역에 해당하는 북아프리카의 렙티스 마그나 출신인 셉티미우스 세베루스Septimius Severus였다.

세베루스는 황제의 단골 암살자인 친위대를 이탈리아가 아닌 속주 출신 병사들로 충원함으로써 충성을 확보했다. 그리고 로마 군단의 수를 늘리고 병사들의 임금을 인상하는 등의 조치로 군대의 역량과 지배력을 강화해 나갔다. 199년 동방원정을 감행해 파르티아군을 격파한

폭군 코모두스와 셉티미우스 세베루스

바 있는 그는 210년 브리타니아 북부 지역 원정에 나섰다가 이듬해 현지에서 숨을 거두었다.

세베루스의 유언에 따라 제국의 통치권은 두 아들인 카라칼라와 게타에게 공동 세습되었는데, 212년 카라칼라가 힘겨루기를 하던 동생을 죽이고 단독 황제가 되었다. 카라칼라는 모든 속주민에게 시민권을 부여하는 칙령을 발표해 제국의 단합을 도모했으나, 로마의 주적인 파르티아에 대해 모호한 태도를 취하다가 신망을 잃고 217년 친위대 사령관인 마크리누스에게 살해되었다.

주군을 없애고 권좌를 차지한 마크리누스도 파르티아와 맺은 평화조약 때문에 반대 세력에게 살해되었다. 그리고 세베루스의 손자로 뒤이어 황제가 된 엘라가발루스도 문란한 궁정 생활을 일삼다가 4년 만에 친위대한테 암살당했으며, 세베루스의 또 다른 손자로 제위를 이은 알렉산데르도 게르만족과 평화 교섭을 벌이던 중에 불만을 품은 친위대의 반란으로 235년 목숨을 잃었다.

그다음은 속주의 군사령관들이 황제 자리를 놓고 서로 죽고 죽이는 극심한 혼돈의 시기가 펼쳐졌다. 235년부터 284년까지 약 50년 동안 전개된, 이른바 군인황제 시대는 무려 28명의 황제가 잠깐 권좌에 올랐다가 나락으로 떨어지는 참극을 연출했다.

이와 같은 정치적 혼란은 경제적인 침체와 군사력의 약화를 촉진했다. 중산층이 급속도로 붕괴하고, 식민지에서 노예를 공급받지 못한 귀족들의 대농장(라티푼디움)도 해체되기 시작했다. 라티푼디움이 사라진 곳에서는 가난한 농부를 고용해 일을 시키는 콜로나투스^{colonatus}, 즉 소작인 제도가 뿌리를 내려갔다. 그리고 이것은 훗날 중세 시대의 장원 제도로 이어졌다.

로마 제국의 4분할 통치

284년 디오클레티아누스^{Diocletianus}가 황제에 오르면서 군인황제 시대도 막을 내렸다. 한 사람의 통치력만으로 드넓은 제국을 관리하기 어렵다고 판단한 디오클레티아누스는 제국을 분할하는 작업에 착수했다.

먼저 제국을 양분해서 각각 황제(정제)가 다스리게 하고, 황제는 다시 자신의 제국을 양분해서 그중 하나를 부황제(부제)에게 맡기도록 했다. 그리고 결혼 동맹을 맺고 상대의 가족을 인질로 붙잡아 두게 함으로써 분할된 세력들이 서로 싸우지 않게끔 조치했다.

이런 방식으로 제국을 동방과 서방으로 쪼갠 디오클레티아누스는 동방 제국의 정제가 되었고, 서방 제국의 정제는 그의 동료인 막시미아누스^{Maximianus}에게 맡겼다. 그리고 각각의 부제 자리는 갈레리우스^{Galerius}와 콘스탄티우스^{Constantius}에게 돌아갔다.

디오클레티아누스의 사두정치를 표현한
조각상

당시 동방은 경제적, 문화적으로 서방보다 우월한 상황이었다. 따라서 영토는 양분되었어도 제국의 중심은 동방으로 볼 수 있었다. 그런 동방을 다스린 디오클레티아누스는 원로원의 입법 기능을 빼앗고, 손수 집정관을 임명함으로써 행정 기능도 장악했다.

이처럼 황제의 권한을 강화한 디오클레티아누스는 제국의 안정과 질서 수호를 위해 노력했다. 특히 로마의 다신교 전통을 회복하고 제국을 부흥시킬 목적으로 많은 신전을 세웠는데, 그 과정에서 이를 우상시하는 기독교를 탄압하고, 기독교도들에게 로마의 신을 섬기라고 강요하기까지 했다.

305년에 디오클레티아누스는 막시미아누스와 함께 권좌에서 물러났다. 그리고 부제인 갈레리우스와 콘스탄티우스가 은퇴한 두 정제의 자리를 물려받았다. 이와 같은 권력 변동은 4분할 체제로 유지해 왔던 제국의 안정을 뒤흔드는 결과를 초래했다.

콘스탄티누스의 제국 통일

갈레리우스와 콘스탄티우스가 정제에 오르면서 공석이 된 부제 자

콘스탄티누스의 업적을 기리기 위해 건립된 개선문

리를 두고 암투가 벌어졌다. 결국 동방 제국 부제에는 막시미누스 Maximinus가, 서방 제국 부제에는 세베루스Severus가 임명되었다.

306년에 서방 제국 정제인 콘스탄티우스가 죽자, 동방 제국에 인질로 가 있다가 탈출한 아들 콘스탄티누스Constantinus가 군대의 추대로 황제가 되었다. 하지만 동방 제국 정제인 갈레리우스는 절차에 따라 부제인 세베루스를 서방의 정제로 밀어 올렸다. 이런 와중에 은퇴한 황제 막시미아누스의 아들인 막센티우스마저 서방 황제를 자처하는 사태가 벌어졌다.

서방의 하늘 아래에서 세 명의 정제가 부딪힌 결과 세베루스를 죽인 막센티우스는 다시 콘스탄티누스에게 죽임을 당했다. 그리고 죽은 세

콘스탄티노플을 봉헌하는 콘스탄티누스

베루스의 후임으로 세워진 리키니우스는 자신을 밀어 올린 갈레리우스가 죽자, 부제인 막시미누스와 동방의 패권을 두고 다투었다.

313년, 리키니우스는 서방을 제패한 콘스탄티누스와 밀라노에서 만나 동맹을 맺었다. 그때 기독교를 로마의 종교로 인정하고 교회의 재산권과 사법권을 우대하는 내용의 밀라노 칙령을 공동으로 발표했다. 그리고 얼마 후에는 정적인 막시미누스를 쳐부수고 동방의 일인 통치자로 올라섰다.

이듬해에 동서 지역의 두 황제는 한때의 동맹 약속을 까먹은 채 로마 제국 전체의 지배권을 놓고 충돌했다. 싸움에서 승리한 콘스탄티누스는 발칸반도의 대부분을 수중에 넣었으며, 324년 다시 벌인 싸움에서도 압승을 거두었다. 포로로 붙잡힌 리키니우스는 유폐 생활 중에 반란을 모의한 죄목으로 처형되었다.

이로써 로마의 단독 황제가 된 콘스탄티누스는 제국의 흐트러진 면모를 바로잡기 위해 행정, 관료, 군제 등의 정비에 힘을 쏟았다. 또한 325년에는 로마를 비롯한 5개 지역 교회의 지도자들을 소아시아 지역인 니케아로 소집해 삼위일체설을 옹호하는 아타나시우스파와 부정하는 아리우스파의 대립을 정리했다.

공의회의 결과는 예수가 하느님과 동등하지 않고 신의 피조물 중 가장 높은 존재일 뿐이라고 주장한 아리우스파의 패배로 낙착되었다. 아타나시우스파의 주장이 정식 교리로 자리 잡는 가운데, 이단으로 낙인 찍혀 로마 제국에서 밀려난 아리우스파는 게르만 땅으로 옮겨 가 교리를 전파했다.

친기독교적 행보를 보여 온 콘스탄티누스에게서 기독교는 제국을 정신적으로 통합시키고 황제의 권력에 절대적인 정당성을 부여해 주는 통치 수단으로 활용되었다. 그리고 기독교 입장에서 황제의 우호적인 조치는 오랜 박해로부터 벗어나 자유롭게 포교하면서 교세를 확장할 수 있는 획기적 전기를 마련해 주었다.

330년, 콘스탄티누스는 제국의 수도를 오늘날 터키의 이스탄불에 해당하는 비잔티움으로 옮겼다. 새 수도가 된 비잔티움은 '콘스탄티누스의 도시'라는 뜻의 콘스탄티노플로 이름이 바뀌었다. 천도의 이유는 비잔티움이 로마보다 외적 방어가 쉽다는 점, 동방이 서방보다 경제나 문화에서 앞서 있다는 점, 그리고 다신교의 전통이 깊은 로마보다 비잔티움이 기독교 전파에 유리하다는 점 등이었다.

게르만족의 이동

제국의 통일을 이룬 콘스탄티누스가 337년 숨을 거두자, 제국은 그 아들들에 의해 세 갈래로 쪼개지는 운명을 맞았다. 이처럼 분할 통치되던 로마를 394년 재통일한 인물은 테오도시우스 1세Theodosius I였다.

로마가 반세기 넘게 분열하는 사이, 게르만족의 일파인 동고트족과

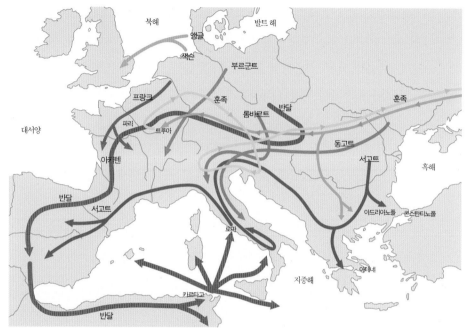

북쪽에서 남쪽으로, 동쪽에서 서쪽으로 이동하는 게르만족

서고트족이 로마의 영토 안으로 대거 이주했다. 게르만족이 이동해 온 배후에는 기원전 2세기 중반 중국의 한(漢) 왕조에게 밀려난 흉노족이 존재했다.

흑해 연안에 살고 있던 동고트족이 훈족이라 부른 흉노족의 출현에 놀라 쫓기고, 그 과정에서 서고트족도 덩달아 쫓기면서 도나우강을 건넜는데, 일부는 콘스탄티노플 쪽으로, 또 일부는 히스파니아 쪽으로 향했다. 이러한 움직임이 연쇄적으로 다른 움직임을 촉발하면서 '게르만족의 이동'이라 불리는 거대한 민족 이동을 낳았다.

로마는 고트족을 받아들였지만, 이후 심한 차별에 봉기한 고트족과 싸우던 중에 동방의 황제 발렌스가 전사하기까지 했다. 기세를 올려

남진하는 고트족에게 후임 황제인 테오도시우스는 도나우강 남쪽 땅을 자치구로 내어 주고, 그들을 용병으로 채용하는 등의 유화책을 써서 사태를 수습했다.

절체절명의 위기에서 벗어난 테오도시우스는 392년 서방 황제에 오른 유게니우스와 갈등하다가 2년 후 게르만 용병의 도움으로 전쟁을 벌여 승리했다. 유게니우스가 죽고, 테오도시우스는 로마 제국의 단독 황제가 되었다. 다시 합쳐진 로마는 이듬해 395년에 황제가 병사하자 또 양분되어 두 아들에게 상속되었다. 이때 이후로 완전히 갈라선 동서 제국이 로마의 이름으로 뭉치는 날은 결코 오지 않았다.

통합된 로마의 마지막 황제였던 테오도시우스 1세는 심한 병을 앓고 난 뒤에 독실한 기독교인으로 변했다. 392년에 기독교를 로마 제국의 국교로 선포한 황제는 모든 이교 의식을 금지시켰다. 심지어 그리스에서 행해지던 올림피아 제전도 이교적인 행사라는 이유로 폐지해 버렸다.

3

중세 시대

서로마 제국의 멸망

로마 제국의 영토 안으로 들어온 게르만족은 곳곳에서 자신들의 왕국을 건설하기 시작했다. 우선 오늘날의 에스파냐 지방에는 서고트족이, 마케도니아 땅에는 동고트족이, 아프리카 북부에는 반달족이, 영국에는 앵글로색슨족이, 그리고 프랑스 남부 쪽에는 부르군트족이 각각 왕국을 세웠다.

4세기 말에 이들 게르만족의 남하를 촉발시켰던 훈족이 뒤이어 유럽을 공략한 것은 5세기 중엽의 일이었다. 이때 훈족을 이끈 지도자는 아틸라^{Attila}라는 인물이었다. 아틸라의 군사들은 전 유럽을 공포의 도가니로 몰아넣었다.

452년, 아틸라가 이탈리아 북부 지역을 침범하자 전면에 나선 인물은 서로마 황제가 아닌 교황 레오 1세^{Leo I}였다. 레오 1세는 아틸라를 설

레오 1세와 아틸라

득해 철군하도록 만들었고 455년 반달족의 지도자 게이세리쿠스가 로마를 침공했을 때도 큰 피해를 입히지 않고 물러가도록 했다.

두 차례나 로마를 위기에서 구한 레오 1세의 활약은 사도 베드로의 정통성을 잇는 로마 교회의 주교로서 기독교계의 최고 지도자 노릇을 해 온 교황의 세속적인 위상을 높여 주었다. 대외적으로 교황은 로마 시의 수호자로 인식되었고, 이는 중세 유럽에서 교회의 지도권을 확립하는 계기로 작용했다.

황제의 권한이 교황에게도 밀릴 정도로 허약해진 서로마 제국은 476년 황제 로물루스Romulus의 퇴위와 함께 역사 속으로 사라졌다. 로물루스를 황제 자리에서 끌어내린 게르만 용병 대장 오도아케르Odoacer는 총독이 되어 서로마 지역을 다스렸다. 그러나 493년 동고트족이 오도아케르를 무찌르면서 서로마의 새 주인이 되었다.

프랑크 왕국의 출현

서로마 제국이 무너지고 혼란을 거듭하던 유럽 지역에 새로운 강자가 출현했다. 481년 프랑크 왕국을 세운 클로비스Clovis였다. 오늘날의 프랑스 북동부와 독일 서북부 지역을 중심으로 일어난 프랑크 왕국은 496년 알라만족을 격파하고, 507년 서고트 왕국을 점령했으며, 534년 부르군트 왕국을 흡수하면서 대국으로 성장해 나갔다.

이처럼 프랑크 왕국이 갈리아 지역의 패권을 장악하는 동안 동로마 제국에서는 유스티니아누스Justinianus 황제가 534년 북아프리카의 반달족을 무찌르고, 554년 이탈리아와 발칸반도의 동고트족을 굴복시키

세례를 받는 클로비스

는 등 제국 복원에 힘썼다. 그리고 이베리아반도에서는 서고트족이, 오늘날 영국에 해당하는 브리타니아에서는 앵글로색슨족의 7개 왕국들이 세력을 유지하고 있었다.

프랑크 왕국을 건설하고 메로빙거 왕조의 문을 연 클로비스는 496년 로마의 정통 기독교, 즉 가톨릭으로 개종했다. 이는 로마에서 추방된 아리우스파의 기독교가 우세했던 당시 게르만 사회에서는 이색적인 사건이었다. 서로마 제국 멸망 후에 마땅한 후원 세력이 없었던 로마 교황에게 클로비스는 새로 발견한 금광 같은 존재였다. 당연하게도 교황은 프랑크 왕국을 지지했다.

511년 클로비스가 죽자, 자식들에게 유산을 골고루 분배하는 게르만족의 풍습에 따라 네 명의 아들들이 왕국을 나눠 가졌다. 그들 중 막내인 클로타르 1세가 갈라진 왕국을 통합했지만, 그가 죽으면서 또다시 아들들에게 분할되었다. 613년에 왕국은 재차 통합되었고, 이후 게르만 풍습에 따른 분할이 또 이어지면서 혼란은 쉽게 그치지 않았다.

동로마 제국의 부흥과 쇠락

프랑크 왕국이 분할과 통합 속에서 혼란을 겪는 사이, 동로마 제국
에서는 527년에 유스티니아누스가 황제에 올랐다. 수도 콘스탄티노
플의 예전 이름이 비잔티움이라서 비잔틴 제국으로도 불리는 동로마
제국은 유스티니아누스 황제 시절에 옛 로마의 영화를 일정 부분 회복
했다.

재위 초인 532년 수도에서 일어난 반란으로 한 차례 위기를 겪은 유
스티니아누스는 곧 정복 전쟁에 나서, 반달 왕국에 이어 시칠리아와
사르데냐, 코르시카 등을 장악했다. 그리고 동고트족과 20년간 교전한
끝에 이탈리아 본토를 수복했다. 이후 이베리아반도의 서고트족까지
정복한 유스티니아누스는 이탈리아 북부 등 몇몇 지역을 제외하고는
과거 로마의 영토를 되찾는 데 성공
했다.

유스티니아누스

유스티니아누스는 정복 활동뿐 아
니라 법률과 종교 건축에도 관심을
기울였다. 로마의 모든 법률을 정비
해서 《로마법 대전》을 편찬했으며,
532년 대대적인 성당 건축에 착수해
5년 만에 웅장하고 거대한 성 소피
아 성당을 완성했다.

그리고 종교의 통일이 제국의 통
합에 필수적이라 보고, 동방 교회와
서방 교회의 거리를 좁히려고 애썼

성 소피아 성당

다. 하지만 로마의 수호자를 자처하는 교황을 둔 서방 교회와 황제의 지배 아래 놓인 동방 교회가 화합하기는 어려웠다. 결국 유스티니아누스는 종교 통일이라는 뜻을 이루지 못한 채 565년 숨을 거두었다.

로마 제국의 재건을 꿈꾸었던 정복 황제의 죽음과 함께 비잔틴 제국의 성세도 급속도로 기울어 갔다. 어렵사리 회복했던 제국의 영토를 주변 이민족들에게 속속 빼앗기면서 그리스와 소아시아 지역에 국한된 변방의 소국으로까지 추락하게 되었다.

이런 상황에서 서방 교회는 동로마 제국의 간섭에서 벗어나려고 애를 썼다. 그 때문에 서방 교회와의 갈등과 긴장이 고조되는 가운데, 726년 동로마 제국의 황제 레오 3세는 성상 숭배 금지령을 내렸다.

성상 숭배 금지령에 대해 황제의 지배 아래 놓여 있던 동방 교회는 순종하는 모습을 보였다. 하지만 게르만족을 교화하는 과정에서 믿고 따르게 할 만한 대상이 필요했던 서방 교회는 성상 숭배를 금지하는 조치에 반발했다. 나중에는 황제의 보호와 간섭을 거부하고 당시 서유럽의 강자였던 프랑크 왕국과 손을 잡았다.

이로써 동방 교회와 서방 교회의 사이는 더욱 벌어지게 되었다. 교회의 분열이 심화되면서 동방 교회는 정교회로, 서방 교회는 로마 가톨릭으로 불리기 시작했다. 그러다 나중에는 서로를 파문하는 것으로 완전히 갈라섰다.

궁재 카를 마르텔의 활약

610년경 아라비아반도의 메카에서 이슬람교가 출현했다. 무함마드 Muhammad가 창시한 이 신흥 종교는 알라를 믿는 일신교였는데, 주변 지역으로 빠르게 세력을 확장했다. 그리고 머잖아 이슬람 제국을 결성하면서 역사의 전면에 등장했다.

이슬람 제국은 이집트를 집어삼키고 주변 지역을 야금야금 정복하면서 아프리카 북부를 이슬람화시켰다. 그리고 711년 북아프리카에서 지브롤터 해협을 건너 이베리아반도에 상륙했다.

당시 이베리아반도에 있던 서고트 왕국은 이슬람 군대의 상대가 못 되었다. 오늘날의 에스파냐 지역을 장악해 버린 이슬람 제국은 총독을 파견해 식민 통치를 시작했다. 그리고 제국의 군대는 다시 프랑크 왕국을 치기 위해 피레네산맥을 넘었다.

투르 푸아티에 전투에서 이슬람군을 물리친 카를 마르텔

8세기 초 프랑크 왕국은 혼란한 상황이었다. 계속되는 분열의 후유증으로 왕권이 약해진 탓에 지방 제후들은 왕의 눈치를 보지 않았다. 왕국의 정치는 왕이 아니라 귀족들의 지지를 받은 재상인 궁재가 담당하고 있었다.

732년, 궁재 카를 마르텔^{Karl Martell}은 프랑크 왕국을 침범한 이슬람군을 투르의 푸아티에 평원에서 맞아 싸웠다. 평원 전체를 붉게 물들인 치열한 전투의 승리는 카를 마르텔의 군대가 차지했으며, 패한 이슬람군은 다시 피레네산맥을 넘어 에스파냐 지역으로 퇴각했다.

투르 푸아티에 전투에서 이긴 카를 마르텔은 이슬람 세력으로부터 기독교 세계 전체를 구한 영웅으로 칭송되었다. 자신이 원한다면 언제든 프랑크의 왕이 될 수도 있었던 그였지만, 궁재의 자리에서 계속 국정을 주무르다가 741년 눈을 감았다.

카롤링거 왕조의 개막

카를 마르텔로부터 지위와 명성을 물려받은 아들 피핀^{Pippin}은 751년 국왕 힐데리히 3세를 수도원에 유폐시킨 후에 왕좌에 올랐다. 당시 로마 교황인 자카리아^{Zakaria}에게서 사전 승인을 받아 감행한 이 쿠데타로 프랑크 왕국의 메로빙거 왕조가 문을 닫고 새로 카롤링거 왕조가 문을 열었다.

교황이 피핀의 반역을 승인해 준 까닭은 동로마 제국의 간섭이나 이민족의 공격으로부터 자신과 교회를 지켜줄 든든한 후원자가 필요했기 때문이었다. 피핀도 자신의 권력 찬탈을 정당화하기 위해 서방 기독교 세계의 최고 지도자인 교황의 지지가 필요한 입장이었다.

서로 이해가 맞아떨어진 교황과 피핀의 연대는 754년 빛을 발했다. 이탈리아 중부의 롬바르드 왕국이 로마를 침범했을 때, 자카리아의 후임 교황인 스테파노 2세^{Stefano II}는 피핀의 도움으로 롬바르드의 군대를 물리칠 수 있었다.

더구나 피핀은 롬바르드 왕국으로부터 빼앗은 이탈리아 북부의 라벤나 지역을 교황에게 바쳤다. 이로써 교황은 자신이 다스릴 수 있는 세속 영토를 가지게 되었는데, 오늘날 바티칸에 자리한 교황령의 시초가 된 것이 바로 라벤나였다.

외적을 막아준 데다 땅까지 안겨 준 피핀에게 교황은 무한한 신뢰와 지지를 보냈다. 그리고 피핀의 헌신에 보답이 될 만한 큰 선물을 준비했다. 하지만 피핀은 교황으로부터 선물을 받지 못하고 768년 숨을 거두었다. 선물을 수령한 이는 그의 아들이었다.

서로마 제국의 부활

피핀의 뒤를 이어 프랑크의 왕이 된 샤를마뉴Charlemagne는 774년 군사를 일으켜 이탈리아 북부의 롬바르드 왕국을 정복했다. 또한 778년에는 이슬람 세력을 유럽에서 축출하기 위해 에스파냐 지역으로 진군했다. 비록 목적했던 바를 이루지는 못했지만, 샤를마뉴는 이슬람으로부터 유럽 영토의 일부를 되찾았다. 그리고 프랑크 왕국의 동쪽인 오늘날의 오스트리아와 헝가리 지역을 공략해 정복했다.

이처럼 샤를마뉴의 적극적인 정복 활동 덕분에 프랑크 왕국의 영역은 동쪽으로는 보헤미아 지역에 닿고, 서쪽으로는 대서양 연안에 이르렀으며, 남쪽으로는 피레네산맥 기슭을

샤를마뉴

거느리고, 북쪽으로는 북해 연안까지 아우르게 되었다. 과거 서로마 제국의 영토를 상당 부분 회복했을뿐더러, 중부와 동부 유럽 지역까지 포괄하는 거대한 왕국이 출현한 것이다.

샤를마뉴는 사방의 적들을 두려움에 떨게 만든 정복 군주였지만, 로마의 교황과는 돈독한 관계를 유지해 나갔다. 그리고 자신이 정복한 이탈리아 중부의 땅을 교황령으로 로마 교회에 바쳤다.

부왕 피핀의 사례를 본뜬 교회에 대한 헌신은 800년 12월 25일, 성 베드로 대성당에서 성탄절 미사 중에 교황 레오 3세가 황제의 관을 샤를마뉴에게 씌워 주는 것으로 보답받았다. 이날 교황은 로마의 부활을 선포했고, 샤를마뉴는 부활한 서로마 제국의 초대 황제가 되었다.

교황의 종교적 권위와 샤를마뉴의 세속적 권세가 결탁해 이루어진 서로마 제국의 부활은 당연하게도 동로마 제국의 반발을 불렀다. 하지만 대세를 장악한 두 거물의 짬짜미는 거칠 것이 없었다. 그리고 황제가 되려면 교황의 승인을 받아야 하는 중세적 질서의 단초가 되었다는 점에서 교황은 크게 남는 장사를 한 셈이었다.

샤를마뉴의 대관식

서로마 황제 샤를마뉴는 군사 활동만큼이나 문화 정책에도 힘을 쏟았다. 널리 학자

들을 초빙해 고전 학문을 정리하
고 문헌을 편찬케 했으며, 학교
를 세워 교육을 보급하는 한편,
수도원과 부속학교 설립을 통해
신학의 발전을 도왔다.

궁정학교와 수도원을 중심으로 학문이 발전한
카롤링거 르네상스 당시 학생과 교수의 모습

이처럼 문화 부흥을 위해
적극적인 지원에 나섰던 샤를
마뉴는 당시 대부분의 게르만족
구성원들이 그렇듯 글자를 읽지
못했다. 까막눈이 황제가 야만스럽
고 무지했던 유럽인들을 개명시키
기 위해 주도했던 일련의 문화 운동은 오늘날 '카롤링거 르네상스'로
불린다.

샤를마뉴의 시대는 문화 부흥뿐 아니라 봉건제의 정착으로도 주목
받는다. 정복 전쟁을 통해 넓어진 영토를 샤를마뉴는 신하들에게 나
눠 주었다. 땅을 받은 신하들은 샤를마뉴에게 충성을 맹세하는 한편,
제가 받은 땅을 다시 휘하의 기사들에게 조금씩 떼어 주면서 충성 맹
세를 받았다. 땅을 매개로 충성을 사는 계약제도가 바로 봉건제인데,
샤를마뉴가 이를 발전시켰던 것이다.

프랑크 왕국의 분열

814년, 샤를마뉴가 숨을 거두자 형제들이 죽고 유일 계승자로 남아

있던 루트비히 1세가 프랑크 왕국을 물려받았다. 루트비히 1세^{Ludwig I}는 즉위한 지 3년 만인 817년 장남인 로타르 1세^{Lothar I}를 서로마 제국의 공동 황제로 임명하고, 제국 영토의 대부분을 승계토록 했다.

다른 두 형제를 고려하지 않은 이러한 결정은 유산을 자식들에게 고르게 나눠 주는 게르만족의 풍습에 위배되었다. 그리고 나중에 루트비히 1세가 새 부인에게서 얻은 아들한테도 영토를 나눠 주려 하면서 마침내 시빗거리가 되었다.

부왕의 변덕스런 처분에 격분해 반란을 일으킨 아들들은 836년 루트비히 1세를 폐위해 수도원에 감금시켰다. 하지만 그들 사이에 내분이 생기면서 정치적 필요에 따라 루트비히 1세의 복위가 이루어졌다.

부왕이 죽고 3년 후인 843년, 베르됭 조약^{Treaty of Verdun}에 따라 내분을

프랑크 왕국의 분열

끝낸 형제들은 왕국의 영토를 셋으로 쪼갰다. 첫째인 로타르 1세가 이탈리아를 중심으로 한 중프랑크를 가졌으며, 둘째인 루트비히 2세가 독일의 전신인 동프랑크를, 셋째인 샤를 2세가 프랑스의 전신인 서프랑크를 각각 차지했다. 그리고 샤를 2세는 서로마 제국 황제의 자리도 가지게 되었다.

그 후 중프랑크는 로타르 1세가 죽고 그 자식들에게 다시 분할 상속되었는데, 869년 상속자 중 하나가 사망하면서 무주공산이 된 땅을 두고 동프랑크와 서프랑크가 싸움을 벌였다. 이듬해 메르센 조약Treaty of Mersen을 맺은 두 왕국은 이탈리아를 뺀 나머지 땅을 나눠 가졌다. 이때부터 오늘날 지도상에 그려지는 프랑스, 독일, 이탈리아의 윤곽이 조금씩 드러나기 시작했다.

신성 로마 제국의 탄생

911년, 루트비히 4세의 죽음으로 동프랑크에서는 카롤링거 왕조가 문을 닫았다. 이에 귀족, 제후, 주교 등이 모여 콘라트 1세Konrad I를 새로운 왕으로 선출했다. 선거로 즉위한 탓에 제대로 힘을 쓰지 못했던 콘라트 1세가 죽고, 919년 하인리히 1세Heinrich I가 왕으로 선출되었다.

작센 공작인 하인리히 1세의 즉위와 함께 작센 왕조가 문을 열었다. 하인리히 1세는 북쪽의 노르만족 침략과 동쪽의 마자르족 침입을 모두 막아 냈다. 그리고 서프랑크의 로트링겐을 점령해 동프랑크의 영토로 만들었다.

936년 하인리히 1세가 숨을 거두자, 그의 아들 오토 1세Otto I가 왕위에 올랐다. 오토 1세는 국왕을 선출할 정도로 강력한 귀족 세력을 누르기 위해 공국들에 대한 지배권을 강화해 나갔다. 그 과정에서 반란을 일으킨 공국들을 모조리 진압했다. 그런 한편으로는 자신의 친척들을 공국의 지배자로 임명하는가 하면, 혼인을 통해 주요 공국과의 관계를 돈독히 하는 등 강온 전략을 구사했다.

이처럼 내부의 안정을 다진 오토 1세는 밖으로 눈길을 돌려, 951년 로마 교황 요한 12세의 요청으로 이탈리아의 롬바르드를 정복한 데 이어 보헤미아와 모라비아 왕국을 장악했다. 또한 955년 레히강을 건너 침입한 마자르인들을 격파했으며, 960년 엘베강 유역의 슬라브족을 쳐서 복속시켰다.

그 옛날의 샤를마뉴를 연상시키는 정복 군주였던 오토 1세는 이탈리아를 구한 공로로 962년 교황으로부터 큰 선물을 받았다. 역시나 샤를마뉴처럼 로마 제국 황제의 관을 머리에 쓰게 되었는데, 이렇게 탄생한 것이 신성 로마 제국이었다.

황제권을 수여받는 오토 1세

제국의 황제가 된 오토 1세의 권세는 막강했다. 동로마 제국도 그의 황제 등극을 인정했을뿐더러, 이탈리아의 정복자로서 황제가 간섭을 해오는 데 반발한 요한 12세는 963년 교황직을 내놓아야 했다.

오토 1세를 초대 황제로 1806년까지 이어진 신성 로마 제국은 독일의 제1제국으로 일컬어진다. 하지만 오스트리아 합스부르크 왕조에서도 신성 로마 제국의 황제들이 다수 배출되는 등 제국사가 곧 독일사는 아니었다. 그리고 황제의 힘이 강할 때는 유럽의 상당 부분을 차지하는 대제국의 면모를 과시했지만, 황제의 힘이 약할 때는 공국들이 떨어져 나가 소국으로 쪼그라드는 가변적인 특성을 보였다.

카페 왕조의 개막

서프랑크에서 카롤링거 왕조가 문을 닫은 시기는 동프랑크보다 늦은 987년이었다. 루이 5세가 부왕 사후에 1년을 못 채우고 직계 후손도 없이 숨을 거두자, 당시 실력자였던 위그 카페Hugues Capet가 귀족들의 추대를 받아 왕위에 올랐다.

신성 로마 제국의 오토 1세를 외삼촌으로 둔 위그 카페는 사방의 정적들을 견제하면서 왕가의 안정과 계속성을 확보하기 위해 자신의 아들을 공동 국왕으로 삼았다. 즉위식이 끝나기 무섭게 취해진 이 조치로 카페 왕조가 문을 열게 되었다.

카페 왕조의 치세 초기에 왕권은 그리 강하지 못했다. 왕의 통치 범위는 파리와 오를레앙 정도에 머물렀다. 나머지는 귀족들이 다스리는 영지였는데, 노르망디의 공작이면서 브리튼섬으로 건너가 노르만 왕조를 세운 윌리엄1세William I를 비롯해 잉글랜드 쪽 귀족들의 땅이 전체 영토의 절반을 차지했다.

이런 상황에서 카페 왕조가 통치 범위를 넓히고 왕권을 강화하는 데는 적잖은 시간과 피가 요구되었다. 12세기 전반의 루이 6세부터 13세

카페 왕조의 시작

기 초중반의 루이 9세까지 활발하게 중앙집권화가 진행되면서 잉글랜드 세력이 차지한 땅들이 점차 왕의 관할 아래 놓이게 되었다. 그리고 13세기 말에서 14세기 초 필리프 4세$^{Philippe\ IV}$에 이르러 국가 체제의 정비와 통일이 처음 이루어졌다.

노르만족의 이동

4세기 게르만족의 이동 이후로 또 한 번의 대규모 민족 이동이 9세기경 펼쳐졌다. 게르만족의 일파로, 덴마크와 스칸디나비아 지역에 살고 있던 노르만족이 남하하기 시작했던 것이다. '북방인'이라는 뜻을 가진 노르만족은 다른 말로는 '바이킹Viking'이라 불렸다.

노르만족은 추운 북방 지역에서 농사나 목축, 고기잡이나 해적질을 하면서 살았다. 그러다 왕국이 서고 힘센 귀족들에게 쓸 만한 땅을 빼앗긴 무리들이 춥고 척박한 곳을 벗어나 다른 지역으로 이동하기 시작했다. 처음에는 약탈 위주의 이동이었으나, 나중에는 정착을 위한 이주로 성격이 변해 갔다.

잉글랜드를 침략한 바이킹

항해하는 데 이골이 나 있던, 거칠고 모험적인 노르만족은 세 방향으로 움직였다. 먼저 덴마크 계열의 바이킹들은 서프랑크와 잉글랜드 쪽으로 이동했다. 서프랑크의 경우, 연안을 약탈하고 파리 근처까지 공격했는데, 911년 샤를 3세가 유화책으로 센강 하류 지역을 하사하면서 이듬해 노르망디 공국이 탄생했다.

그리고 잉글랜드의 경우는 8세기 말 이후로 매년 습격하면서 점차 내륙 깊숙이 들어가 집단 정착을 시작했다. 일찍이 켈트족을 몰아내고 잉글랜드의 주인 노릇을 해 왔던 앵글로색슨족은 앨프래드왕을 구심점 삼아 수복한 자신들의 땅에 885년 웨식스 왕국을 건설했다.

그러나 1015년 덴마크 왕자 크누트Knud의 노르만 군대가 바다를 건너와 다시 잉글랜드를 집어삼켰다. 크누트는 이듬해 잉글랜드의 왕이 되었고, 3년 후인 1019년 덴마크에서도 왕으로 즉위했다. 아울러

1028년에는 노르웨이의 왕으로까지 추대되는 등 북유럽 최강자로 군림했다.

다음으로 노르웨이 계열의 바이킹들은 아일랜드로 쳐들어가 자신들의 나라를 세웠다. 그리고 875년경에는 아이슬란드에도 정착했으며, 그중 일부는 대서양 바닷길을 건너 북아메리카까지 항해했던 것으로 보인다.

마지막으로 스웨덴 계열의 바이킹들은 뱃머리를 동유럽 방향으로 맞췄다. 무리의 대장은 류리크Riurik라는 인물이었다. 류리크와 그의 부하들은 원주민 마을을 습격해 식량을 탈취하는 등 노략질을 일삼다가 드네프르강 유역에 정착촌을 세웠다. 이미 7~8세기경부터 현지에 정착해 살고 있던 슬라브족을 쫓아내는 대신에 합심해서 862년에 건설한 것이 노브고로드 공국이었다.

노브고로드 공국이 세워지고 뒤이어 882년경 등장한 것이 키예프 공국인데, 이와 관련해서는 또 다른 노르만족이 세웠다는 설과 노브고로드 공국이 이곳으로 수도를 옮겨 왔다는 설이 맞서고 있다. 두 가설 중에서 별도의 건국설보다는 천도설이 우세한 편이다.

한편, 노르만족의 동유럽 진출은 현지에 살고 있던 슬라브족을 압박해 남쪽으로 옮겨 가게 만들었다. 새로운 지역으로 이동한 슬라브족은 세르비아, 보헤미아, 크로아티아와 같은 나라들을 만들었다.

윌리엄 1세의 잉글랜드 정벌

1035년 크누트 왕이 숨을 거두자, 그의 아들들인 해럴드 1세Harold I와

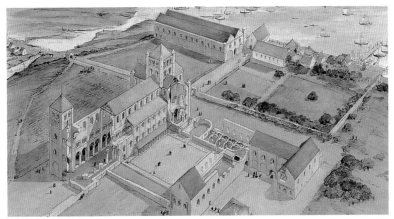

웨스트민스터 대성당 초기 모습

하르다크누트^{Hardeknud}가 차례로, 그리고 짧게 잉글랜드의 왕으로 머물
다 죽었다. 뒤이어 왕이 된 인물은 덴마크 출신이 아닌, 앨프레드의 후
손인 웨식스 가문의 에드워드^{Edward}였다.

에드워드는 어머니의 친정인 노르망디 공국에서 살다가 1042년 잉
글랜드 귀족들의 추대를 받아 즉위했다. 하지만 에드워드가 정치에 중
용한 것은 노르만족 출신들이었던 까닭에 앵글로색슨족 귀족들과 갈
등을 빚었다. 독실한 신자였던 그는 웨스트민스터 대성당을 건립해 영
국 교회사에 자신의 이름을 아로새겼다.

1066년 에드워드가 죽으면서 잉글랜드는 후계 문제로 시련을 겪게
되었다. 아들이 없었던 에드워드의 뒤를 이은 것은 역시나 귀족들의
추대를 받은 해럴드 2세였는데, 노르망디공인 윌리엄이 에드워드의
후계자를 자처하고 나섰다.

죽은 왕이 생전에 자신을 후계자로 삼겠노라 약조한 사실을 공표한
윌리엄은 해럴드 2세의 즉위에 반대했으나 뜻을 이루지 못했다. 이에

잉글랜드로 향하는 윌리엄

윌리엄은 교황 알렉산드르 2세의 지지를 확보한 다음, 군사를 이끌고 잉글랜드로 쳐들어갔다.

윌리엄의 군대는 해럴드 2세의 군대와 싸워 대승을 거두었고, 윌리엄은 잉글랜드의 새로운 국왕인 윌리엄 1세가 되었다. 이로써 앵글로색슨 왕조가 퇴장하고 노르만 왕조의 시대가 개막했다.

하지만 앵글로색슨인들은 침략자를 자신들의 왕으로 고분고분 받아들이지 않았다. 여기저기서 봉기했는데, 윌리엄 1세는 반란 세력들을 모조리 진압했다. 그리고 귀족들의 땅을 빼앗아 충성스러운 기사들에게 봉토로 나눠 주었다.

윌리엄 1세는 통치력 및 재정 강화의 일환으로 전국적인 토지 조사를 실시했다. 조사한 결과를 토대로 잉글랜드의 모든 땅에 세금을 부과했다. 당시 유럽 세계에서는 찾아보기 힘들었던 납세 정책을 통해 체제 안정을 도모했던 윌리엄 1세는 노르망디에서 프랑스 국왕 필리프 1세와 싸우던 중에 1087년 치명적인 부상을 입고 숨을 거두었다.

동서 기독교의 결별

윌리엄 1세가 잉글랜드를 침공하기 전인 1054년, 서방 교회인 로마 가톨릭과 동방 교회인 정교회가 완전히 남남이 되어 갈라졌다. 양쪽이 서로 파문하는 방식으로 강을 건너고 다리마저 불살라 버렸다.

파문 사건은 로마에서 활동하던 정교회 신도들에게 로마 가톨릭 예법을 따르도록 강요한 것이 발단이 되었다. 로마 교회의 조치에 대한 동로마 제국의 반응은 콘스탄티노플에서 활동 중인 로마 가톨릭교회와 수도원을 폐쇄하는 것이었다.

726년 성상 숭배 금지령 이후로 동로마 제국 황제와 점점 사이가 멀어져 왔던 로마 교황은 동로마의 보복 조치에 반발했다. 그리고 문제 해결을 위해 콘스탄티노플로 사절단을 보냈는데, 사절단 단장인 추기경이 기독교의 정통성은 로마 가톨릭에만 있다고 주장하면서 문제가 더 꼬여 버렸다.

사절단의 추기경과 콘스탄티노플의 총 대주교 사이에 감정싸움이 격해진 가운데, 추기경이 총 대주교를 파문하자 총 대주교도 사절단에 파문 조치를 내렸다. 서로가 서로를 기독교에서 제명했기 때문에 그날부로 동서 교회는 호적이 달라졌다. 기독교라는 같은 뿌리에서 자랐지만, 별개의 종교로 분화되어 버렸던 것이다.

카노사의 굴욕과 살레르노의 복수

1024년, 동프랑크(신성 로마 제국)에서는 작센 왕조가 퇴장하고 잘리어 왕조가 등장했다. 새 왕조는 초기에 정복 전쟁에 매달려서 초대 왕인 콘라트 2세 때는 폴란드를, 2대 왕인 하인리히 3세 때는 헝가리를 차지했다.

1056년, 하인리히 3세가 죽고 하인리히 4세가 6세의 나이로 왕위에 올랐다. 당시 교황을 포함해 모든 성직자 임명권은 이탈리아의 지배자인 신성 로마 제국 황제에게 있었다. 그런데 로마 교회는 주교 회의의 결의를 통해 교황을 황제가 아닌 추기경들이 뽑도록 했다.

이후 알렉산드르 2세와 그레고리우스 7세^{Gregorius VII}가 차례로 교황에 선출되었는데, 1075년 그레고리우스 7세는 모든 성직자의 임명권을 교회가 가진다는 교황령을 발표했다. 이를 계기로 교회 권력과 세속 권력의 갈등이 본격화되었다.

첫 충돌은 밀라노 주교의 선출권을 둘러싸고 벌어졌다. 그레고리우스 7세는 하인리히 4세에게 교황령을 상기시키면서 주교 선출에 간섭하지 말라고 요

그레고리우스 7세

구했다. 하지만 얼마 전만 해도 교황까지 황제가 뽑았던 사실을 아는 하인리히 4세는 요구를 받아들이지 않았다.

그레고리우스 7세는 주교 선출에 개입했을뿐더러, 각지의 주교들에게 교황을 따르지 말라고 선동하는 하인리히 4세를 파문했다. 그러자 주교들은 물론이고 제후들도 교황의 편을 들었다. 로마 가톨릭 신자들이 절대 다수인 상황에서 황제 편을 들었다가는 자신들의 영지에서 반란이 터질 수도 있는 까닭이었다.

상황이 불리해진 하인리히 4세는 교황이 머무는 이탈리아 북부 카노사성을 찾아가 사흘 동안 문 밖에서 참회하며 용서를 빌었다. 1077년에 일어난, 이른바 카노사의 굴욕 사건은 교황을 대표로 하는 종교 권력이 황제를 정점으로 하는 세속 권력을 능가하기 시작한 것으로 보였다.

겨우 파문 위기에서 벗어난 하인리히 4세는 반격 기회를 노리면서 주교들과 제후들을 설득해 자신의 편으로 끌어들였다. 황제가 세력을 다시 불려가자, 교황 편에서 있던 제후들의 요청으로 그레고리우스 7세는 황제를 다시 파문했다.

파문의 효과가 예전 같지 않은 가운데, 1081년 하인리

카노사의 굴욕

히 4세는 예리하게 갈아 온 복수의 칼을 뽑아들고 로마로 진격했다. 교황과 그의 추종 세력은 1084년까지 버티다가 결국 백기를 들었다.

하인리히 4세는 그레고리우스 7세를 추방하고 빅토르 3세Victor III를 새로 교황에 앉혔다. 로마를 떠나 살레르노로 옮겨 간 그레고리우스 7세는 이듬해인 1085년 눈을 감았다. 호적수였던 황제와 교황 사이에서 벌어졌던 카노사의 굴욕이 살레르노의 복수로 마감되는 순간이었다.

하지만 세속 권력과 종교 권력의 갈등은 두 호적수가 죽은 이후에도 계속되었다. 갈등이 종식된 것은 1122년에 황제 하인리히 5세와 교황 칼리스투스 2세Callistus II가 보름스에서 맺은 협약을 통해서였다.

협약의 내용은 "성직자를 교회법에 따라 선출하되 그렇게 뽑힌 성직자는 황제에게 충성 서약을 하고 토지를 받는다."는 것으로, 일종의 절충안이었다. 여기서 핵심은 성직자를 교황이 임명한다는 것인데, 이는 황제의 권한 축소를 의미했다. 카노사의 굴욕과 살레르노의 복수로 엎치락뒤치락하던 승부는 결국 교회의 승리로 끝을 맺게 되었다.

이베리아반도의 이슬람 축출

8세기 초에 지브롤터 해협을 건넌 이후로 이베리아반도에 머물고 있던 이슬람 세력을 축출하기 위한 움직임은 11세기 초에 프랑스인 수도사들로부터 시작되었다. 프랑스 동부 클뤼니수도원에 속했던 개혁적 수도사들은 '십자군 운동은 하느님이 기뻐하시는 일'이라고 선전하면서 에스파냐 지역 정벌을 촉구했다. 이에 호응한 프랑스 귀족들의 원정대 결성이 1018년부터 이루어졌고, 이슬람 군대와의 충돌도 늘어나기 시작했다.

11세기 중엽에는 이베리아반도에서 독자적으로 발전하고 있던 아라곤이나 카스티야 같은 기독교 왕국들이 원정대와 합세해서 이슬람을 공격했다. 이로써 유럽에서 이슬람 세력을 몰아내기 위한 군사적 활동이 탄력을 받게 되었다.

1085년 기독교 원정대는 이베리아반도 중앙의 카스티야라만차 평원에 자리한 도시 톨레도를 장악하고, 이슬람 군대에 맞서는 전

수도사들이 앞장서 개혁을 시작한 클뤼니수도원

초기지로 삼았다. 이후 북아프리카에서 건너온 이슬람 지원군의 공세와 기독교 군대의 내부 갈등으로 전황이 유럽에 불리하게 돌아갔다.

하지만 카스티야의 무장 출신인 엘 시드El Cid의 놀라운 활약과 이슬람 진영의 내분으로 전황은 다시 유럽 쪽에 유리하게 전개되었다. 이슬람의 세력권이 차츰 줄어드는 가운데, 13세기 중엽에는 남부의 고원 지대에 자리한 그라나다를 제외한 이베리아반도 전체가 기독교인 지역으로 회복되었다. 그리고 1492년에는 최후의 이슬람 지역으로 남아 있던 그라나다마저 아라곤 왕국이 점령함으로써 이베리아 지역의 이슬람 축출 운동도 마무리되었다.

십자군 전쟁의 발발

카노사의 굴욕 사건과 보름스 협약으로 교황은 신성 로마 제국 황제도 어쩌지 못하는 존재가 되었다. 시간은 교황과 교회의 편이었다. 교황의 위세는 날로 높아졌으며, 유럽 세계에서 기독교의 색채는 점점 더 짙어졌다.

이런 와중에 이슬람 세력인 셀주크 왕조가 유럽의 오른쪽 변방에 자리한 동로마 제국을 위협했다. 중앙아시아의 유목민인 오구즈 투르크 계열의 일파가 세운 셀주크 왕조는 당시 파미르고원에서 이집트에 이르는 서아시아 전역을 정복한 대제국이었다.

동로마 군대를 무찌르고 소아시아 지역을 차지한 셀주크 왕조는 콘스탄티노플까지 진격하기도 했다. 그리고 기독교인의 성지이자 유대교인의 성지이면서, 무함마드가 천상을 보고 돌아온 이슬람의 성지이기도 한 예루살렘을 점령한 후, 이곳을 찾는 기독교인 순례자들에게 강제로 통행료를 받았다.

기독교인들의 성지 순례를 방해하는 적에 공동으로 맞서기 위해 동로마 황제 알렉시우스 1세^{Alexius I}는 로마 교황에게 지원군을 요청했다. 이에 교황 우르바누스 2세^{Urbanus II}는 1095년 클레르몽에서 공의회를 소집하고, 성지 예루살렘을 이교도로부터 탈환하자고 역설했다.

성전(聖戰)을 외치는 교황의 연설이 유럽 사회에 큰 반향을 일으키면서 십자군이 결성되었다. 십자군에 참여하는 구성원들의 목적은 제각각이었다. 동로마 황제는 세력 회복을, 교황은 자신의 영향력 확대를, 왕은 기독교 세계의 수호를, 제후는 영지 확장을, 기사는 제후의 꿈을, 농민은 새 삶을 꿈꾸었다.

클레르몽 공의회

이처럼 다양한 열망을 품고 시작한 십자군 전쟁은 1096년부터 1270년까지 170여 년 동안 전개되었다. 8차에 걸쳐 진행된 공식적인 전투에다 곁가지로 치러진 소전투까지 합쳐 전쟁은 지루하면서도 잔인하고 어리석기 그지없는 비극으로 넘쳐났다.

첫 주자는 농민 십자군이었다. 예루살렘이 어디 붙어 있는지도 몰랐던 오합지졸의 군중 십자군은 그저 동으로만 진군했다. 그런 동안에 약탈로 물자를 공급했으며, 양민 학살도 서슴지 않았다. 결국 목불인견의 만행을 응징하러 온 헝가리 군대에 절반이 죽고, 동으로 계속 진군한 나머지 절반은 예루살렘 근처에서 셀주크 군대에 몰살당했다.

본격적으로 결성된 1차 십자군 원정대의 규모는 5만여 명으로, 콘스탄티노플에 집결했다가 소아시아로 진격했다. 그리고 적들과 맞붙어 격전을 벌인 끝에 승리를 거두었다. 1099년 예루살렘을 탈환한 십자군은 그 안에 있던 이슬람인은 물론이고 유대인까지 모두 죽여 없앴다.

남녀노소를 가리지 않은 학살극의 원인은 교황이 성전 참여를 독려하면서 동방에 막대한 보물이 있다고 선전한 데 있었다. 보물찾기에 혈안이 된 십자군 병사들은 거치적거리는 것은 무엇이든 찌르고 베어 버렸다. 만행을 일삼는 병사들을 말리는 지휘관은 하나도 없었다. 그들에게는 오직 군대의 사기와 승리만이 중요했기 때문이었다.

원정에 성공한 십자군은 예루살렘과 터키 동남부, 시리아 지역에 기독교 왕국인 에데사 백국, 안티오키아 공국, 예루살렘 왕국, 트리폴리 백국 등을 차례로 세웠다. 그리고 왕국의 방위는 템플 기사단, 요한 기사단, 독일 기사단 등 십자군 전쟁을 위해 창설된 3대 종교 기사단들이 맡았다.

제1차 십자군 전투

사자왕과 살라딘의 대결

1144년, 네 개의 기독교 왕국들 중에서 에데사 백국이 셀주크 군대의 반격에 무너졌다. 유럽은 1147년 2차 십자군을 결성해 원정에 나섰다. 원정군을 이끈 인물은 신성 로마 제국 황제인 콘라트 3세와 프랑스 국왕인 루이 7세였다.

2차 십자군 전쟁은 1차 때와 달리 별다른 소득을 얻지 못했다. 단단히 무장한 셀주크 군대에게 쫓겨 후퇴했다가 재차 공격을 받고 패했다. 크게 사기가 꺾인 십자군은 1149년 유럽으로 발길을 돌렸고, 원정도 실패로 돌아갔다.

이처럼 십자군을 패퇴시킨 셀주크 왕조는 1157년 지도자인 술탄 산자르가 죽자, 내분으로 세력이 위축되기 시작했다. 지는 해와 같았던 셀주크 왕조를 누르고 이슬람 세계의 새로운 강자로 떠오른 것은 아이유브 왕조였다.

아이유브 왕조의 창업자인 살라흐 알 딘, 흔히 살라딘Saladin으로 알려진 인물은 1187년 예루살렘 공략에 나섰다. 아크레, 베이루트, 시돈 등 기독교 왕국의 주요 도시를 차례로 점령한 살라

살라딘

2차 십자군의 예루살렘 공격

딘의 군대는 목표로 삼았던 예루살렘 입성에도 성공했다.

　살라딘의 예루살렘 점령은 1189년 3차 십자군 전쟁을 촉발시켰다. 이번에는 신성 로마 제국 황제인 프리드리히 1세^{Friedrich I}와 프랑스 국왕인 필리프 2세^{Philippe II} 그리고 잉글랜드 국왕인 리처드 1세^{Richard I} 등 당대 유럽을 대표하는 강대국의 수장들이 참전했다.

　그러나 3차 십자군은 여러모로 최강의 연합 군대답지 않은 모습을 보였다. 먼저 프리드리히 1세가 오늘날 터키 아나톨리아 지역의 살레프강에서 물에 빠져 죽었다. 붉은 수염으로 유명했던 67세의 황제는 전사도 아닌 익사 내지는 심장사로 십자군의 전력에 큰 타격을 입혔다.

　다음으로 필리프 2세는 리처드 1세와 사이가 좋지 않았던 데다, 서남아시아의 무더운 날씨 때문에 고생하다가 병을 핑계 삼아 말머리를

사자왕 리처드

프랑스로 돌려 버렸다. 그때 원정군에 끼어 있던 오스트리아 공작 레오폴트 5세^{Leopold V}도 도시 점령에 따른 보상금 문제로 리처드 1세와 사이가 나빴던 까닭에 필리프 2세를 따라 철군해 버렸다.

결국 남은 것은 리처드 1세뿐이었다. 다들 철군해서 집으로 돌아가는 분위기에 편승할 수도 있었지만, '사자왕'이라는 별명답게 리처드 1세는 군사를 몰아 살라딘과의 일전을 불사했다. 밀고 밀리는 백중세의 전투가 계속되었다. 용맹과 지략을 겸비한 두 영웅의 싸움은 좀처럼 승부가 나지 않았다.

성과 없는 소모전을 거듭하던 리처드 1세와 살라딘은 1192년에 휴전 협정을 맺었다. 협정을 통해 살라딘은 예루살렘에 대한 지배권을 확보했으며, 리처드 1세는 아크레 지역의 반환과 기독교인의 자유로운 예루살렘 순례를 약속받았다. 끝내 성지를 탈환하지 못한 아쉬움을 뒤로 한 채 리처드 1세는 철군을 시작했고, 3차 십자군 전쟁도 막을 내리게 되었다.

라틴 제국의 성립

3차 십자군 전쟁이 끝나고 10년이 지난 1202년, 4차 십자군 전쟁이 시작되었다. 이번 십자군의 목표는 아이유브 왕조가 있는 이집트 공략이었다. 십자군은 집결지인 베네치아로 몰려들었는데, 그 숫자가 기대에 훨씬 미치지 못했다. 잉글랜드나 신성 로마 제국은 빠지고, 겨우 프랑스 북부의 기사들만 참여하는 수준이었다.

이처럼 병력도 적은 데다 군자금 조달도 쉽지 않았던 십자군은 베네치아에 발이 묶인 채로 허송세월하면서 빠른 속도로 빚만 늘려갔다. 걷잡을 수 없이 커진 빚 때문에 전전긍긍하던 십자군에게 베네치아 당국은 한 가지 제안을 했다. 헝가리가 차지한 '자다르'라는 기독교 도시를 탈환하면 빚을 전부 탕감해 주겠다는 것이었다.

종교적 열정보다 경제적 잇속에 충실했던 십자군은 베네치아의 제안을 받아들여 자다르를 쳐서 점령했다. 자신에게 충성을 맹세한 헝가리가 당했다는 소식에 경악한 로마 교황은 십자군 전부를 파문해 버렸다. 전무후무한 교황의 강경 조치로 십자군은 더 이상 십자군이 아니게 되었다.

하지만 십자군의 말썽은 파문으로도 진정되지 않았다. 십자군은 동로마의 황제 자리에서 쫓겨난 이사키우스 2세의 복위를 돕기 위해

4차 십자군의 콘스탄티노플 공격

1203년 콘스탄티노플을 공격했다. 같은 기독교인들과 싸우는 대가로 이사키우스 2세한테서 약속받은 것은 이집트 원정에 필요한 재정 및 병력 지원과 동로마 교회의 로마 교황청 귀속 등이었다.

수개월 동안의 격전 끝에 십사군은 콘스탄티노플을 함락했다. 그리고 무자비한 약탈과 살인이 뒤를 이었다. 황제인 알렉시오스 3세가 도주하고, 이사키우스 2세와 그의 아들 알렉시오스 4세는 공동 황제에 올랐다.

공동 황제는 십자군과의 약속을 지키기 위해 막대한 세금을 물리는 한편, 정교회를 가톨릭으로 바꾸려고 시도했다. 그 때문에 시민들의 불만이 높아졌고, 이듬해인 1204년 폭동까지 일어나 걷잡을 수 없는 혼란 속에서 두 황제는 죽임을 당했다.

뒤이어 제위에 오른 알렉시오스 5세는 금세 십자군에게 쫓겨나고, 플랑드르 백작인 보두앵 1세Baudouin I가 황제로 추대되었다. 동로마 제국이 저물고, 라틴 황제가 다스리는 새로운 제국이 세워지는 순간이었다. 라틴 제국은 수명이 57년으로 단명했으며, 뒤를 이은 건 재건된 동로마 제국이었다.

라틴 제국이 들어서면서 동방정교가 가톨릭교로 귀속된 것은 4차 십자군 전쟁이 거둔 뜻밖의 성과였다. 로마 교황은 자신에게 성물과 보물을 바친 십자군에게 몇 년 전 내렸던 파문 조치를 거둬들였다. 골칫거리가 자랑거리로 뒤바뀐 상황이었으나, 동로마 제국이 재건되기 전까지만 유효한 해프닝에 불과했다.

광기와 타락의 아이콘, 십자군

1212년, 독일 쾰른 지방에서 니콜라스라는 소년이 성지를 회복하라는 하늘의 계시를 받고 팔레스타인을 향해 행진했다. 그리고 프랑스 방돔 지방의 양치기 소년 에티엔은 환상 속에서 프랑스 왕에게 전달할 예수의 편지를 받고 프랑스를 향해 행진을 시작했다.

소문을 듣고 달려온 수많은 사람들이 두 소년의 행진에 가담했다. 아이부터 노인까지 나이와 직업과 계층이 다양했던 민중 십자군의 행로는 결코 꽃길이 아니었다. 행진 도중에 지쳐서 고향으로 돌아간 이들이 부지기수이고, 악덕 상인에게 속아서 노예로 팔려 간 이들도 적지 않았다.

소년과 그 추종자들이 성지에 도달했다거나 프랑스 왕에게 편지를 전달했다는 소문도 떠돌았으나 확인된 내용은 없었다. 다만 확실한 것은 행진에 가담했던 사람들이 대부분 가난한 평민들이었으며, 사회 전반에 팽배했던 기득권층에 대한 불신과 사회 구조에 대한 불만, 경제적 고달픔 등이 당시 유행했던 종교적 광기와 뒤섞이면서 생겨난 사건이 소년 십자군 현상이라는 점이었다.

소년 십자군 사건 이후 6년이 지난 1218년, 5차 십자군 전쟁이 시작되었다. 헝가리 국왕인 엔드레 2세와 오스트리아 제후인 레오폴트 등이 참가한 5차 십자군은 팔레스티나 지역 탈환을 위해 아크레에 상륙했지만, 이내 아이유브의 군대와 조우하는 바람에 뜻을 이루지 못했다.

십자군은 아이유브 왕조의 수도인 카이로 점령을 목표로 남하하기 시작했다. 그리고 이집트로 들어가서는 나일 강 어귀의 항구 도시인 다미에타를 쳐서 점령했다. 그러자 아이유브 왕조의 술탄 알 카밀이 다미에타와 예루살렘의 교환을 제안해 왔다. 술탄의 제안을 거절한 십자군은 1221년 카이로로 진격했다. 하지만 수도의 방비는 다미에타와 달랐고,

십자군 기사

십자군과 비잔틴 함대의 다미에타 공격

십자군은 패하고 말았다.

이후 6차 십자군 전쟁은 1228년에 시작되었다. 신성 로마 제국 황제인 프리드리히 2세가 주도한 6차 십자군은 놀랍게도 싸우지 않고 예루살렘을 차지했다. 프리드리히 2세의 탁월한 외교 협상술 덕분이었다. 하지만 원정 목표를 달성한 프리드리히 2세가 철수한 뒤, 성을 지키던 군사들 사이에 내분이 생기면서 예루살렘은 다시 이슬람의 수중으로 떨어졌다.

7차 십자군 전쟁은 20년 후에 벌어졌다. 이번에는 프랑스 국왕 루이 9세가 주도했는데, 5차 때처럼 이집트의 다미에타를 점령했다. 그다음 수순도 5차 때와 마찬가지로 십자군의 카이로 진격과 패배였다.

5차 때와 달라진 부분은 십자군이 상대해야 할 적이 아이유브 왕조가 아니라, 바이바르스 1세의 맘루크 왕조라는 사실이었다. 그리고 십자군의 지휘관인 루이 9세가 적에게 포로로 붙잡히는 바람에 거액의 돈을 주고 빼낸 것도 전에 보지 못한 모습이었다.

루이 9세는 1270년 8차 십자군 전쟁에도 참여했다. 이번 목적지는 예루살렘이나 카이로가 아닌, 북아프리카에 있는 도시인 튀니스였다. 앙주 백작인 아우 샤를 당주의 지중해 지배권 확대를 위한 원정이었다.

그런데 루이 9세는 7차 때보다 더 운이 나빠 튀니스를 공략하던 중에 그곳의 풍토병인 열병을 앓게 되었다. 적이 아니라 열병의 포로가 된 셈이었다. 거액의 돈을 주고도 빼낼 수 없는 질병에 시달리던 루이 9세는 끝내 숨을 거두었고, 8차 십자군도 끝이 나버렸다.

이렇듯 8차에 걸친 십자군 전쟁이 공식적으로 종료된 가운데, 팔레스티나의 아크레에서는 기독교 군대가 이슬람 군대와 계속 대결을 벌였다. 유럽 세계로부터 지리적으로, 또한 심리적으로 고립된 채 외로운 투쟁을 펼쳐 가던 아크레의 군대는 1291년 맘루크 군대에 무릎을 꿇었다. 이로써 200년 가까이 끌어온 유럽의 기독교 세력과 동방의 이슬람 세력 간 전쟁은 이슬람의 승리로 마무리되었다.

아비뇽 유수

십자군 전쟁의 패배로 유럽 안에서 가장 큰 타격을 받은 인물은 교황이었다. 성전을 부르짖으며 십자군 결성을 진두지휘했던 원죄 때문에 교황은 심각한 권위의 손상을 피해 갈 수 없었다. 이처럼 종교 권력이 신뢰를 잃고 비틀거리는 동안, 왕이나 황제와 같은 세속 권력은 점점 강해졌다. 절대왕정으로 가는 단초가 마련되고 있었던 것이다.

유럽의 왕들은 더 이상 교황을 두려워하지 않게 되었다. 프랑스 국

아비뇽 교황을 애도하는 검은 미망인

왕 필리프 4세가 교황의 양해도 구하지 않고 프랑스 교회들에 세금을 부과한 것이 단적인 예였다. 이때 교황 보니파시오 8세[Bonifacius VIII]는 칙서를 통해 필리프 4세를 비난하며 왕권에 대한 교황권의 우위를 주장했다.

당시 유럽 안에서 최고의 강대국으로 자리 잡은 프랑스의 국왕으로서 필리프 4세는 교황권보다 왕권이 우위에 있음을 과시하고 싶었다. 그런 목적으로 고안된 것이 성직자와 귀족, 평민 대표로 구성된 의회인 삼부회였다.

1303년, 필리프 4세는 삼부회를 처음으로 소집해 자신에 대한 프랑스인들의 지지를 공증받았다. 그런 다음 로마 남동쪽에 자리한 아나니 마을의 교황 별궁을 습격해 그곳에서 휴양 중이던 보니파시오 8세를 압박하면서 퇴위를 강요했다.

아나니 사건으로 병을 얻은 보니파시오 8세가 숨을 거두자, 필리프 4세는 프랑스 추기경을 새 교황으로 밀어 올렸다. 교황직에 오른 클레멘스 5세[Clemens V]는 로마로 가지 못하고 프랑스에 발이 묶여 있다가, 1309년 필리프 4세가 프로방스의 아비뇽에 마련한 새 교황청에서 집

콘스탄츠 종교회의

무를 보게 되었다.

　'아비뇽 유수'라 불리는 새 교황청 생활은 클레멘스 5세를 시작으로 7대에 걸쳐서 1377년까지 이어졌다. 1314년 필리프 4세가 죽고 후대 왕들의 권력이 약화되면서 로마로 복귀할 기회를 엿보던 교황은 그레고리우스 11세에 이르러 뜻을 이룰 수 있었다.

　로마로 돌아온 그레고리우스 11세가 복귀 이듬해 죽고, 추기경단의 선거회인 콘클라베를 통해 우르바노 6세가 새로 교황에 올랐다. 그러자 프랑스 추기경들은 콘클라베의 결정에 반발하면서 따로 클레멘스 7세를 교황으로 선출했다. 클레멘스 7세는 아비뇽 교황청에서 집무를 보았다.

이로써 유럽의 교회는 로마의 교황과 프랑스의 교황이 양립하는 공동교황 시대를 맞게 되었다. 숱한 논란과 파문을 낳았던 서방 교회의 분열상은 1414년에서 1417년까지 진행된 콘스탄츠 종교회의에서 프랑스 교황을 폐위하고 로마 교황의 정통성을 인정하면서 끝이 났다.

동로마 제국의 멸망

유스티니아누스 황제 사후에 쇠락의 길을 걸어온 동로마 제국은 10세기경에 제2의 전성기를 맞았다. 크레타와 시리아를 회복하고, 팔레스타인과 메소포타미아 지역을 차지하는가 하면, 시리아를 넘어 예루살렘을 압박하면서 러시아 남부의 캅카스 지역까지 진출했던 것이다. 그런 가운데, 수십만 명의 인구를 수용한 콘스탄티노플은 동서 무역의 중심지로 자리매김하는 등 제국의 경제도 크게 성장했다.

하지만 오래잖아 오리엔트의 신흥 강자인 셀주크 왕조가 소아시아 지역을 공략하고, 노르만 용병들이 시칠리아와 이탈리아 남부를 장악하면서 국운이 다시 기울기 시작했다. 그리고 4차 십자군 원정대의 콘스탄티노플 함락은 제국의 쇠락을 부추겼다.

십자군 지휘관들의 주도로 수립된 라틴 제국은 비잔틴 사람들의 저항과 셀주크 왕조의 공격으로 오래가지 못했다. 니케아를 중심으로 결집한 미카일 8세의 비잔틴 세력은 1261년 콘스탄티노플을 탈환하고 동로마 제국을 재건했다.

되찾은 콘스탄티노플은 융성하던 시절의 위용만큼은 되찾아 오지 못했다. 제국도 분열을 면치 못하면서 그리스 북부와 서부 지역이 프

랑스, 불가리아, 세르비아 등
유럽 국가들의 지배를 받게
되었다.

13세기에 들어와 몽골족
의 침입에 노출된 동로마 제
국은 자체적인 방어 능력의
부족으로 용병을 고용하느
라 많은 재정을 지출해야 했
다. 그리고 1331년에는 몽골
족의 침입으로 몰락한 셀주
크 왕조에 이어 투르크의 새
로운 강자로 떠오른 오스만
왕조에게 소아시아 전역을
점령당했다.

콘스탄티노플로 입성하는 메흐메트 2세

심각한 재정 부족과 기근
속에서 오스만 세력의 침략이 계속되자, 1396년 황제 마누엘 2세는 유
럽을 돌면서 지원을 호소했으나 군사적 지원을 얻지 못했다. 이후 오
스만과의 협상을 통해 평화 기조를 유지할 수 있었는데, 그의 아들인
요한네스 8세가 오스만의 반란 세력을 지지하면서 평화가 깨졌다.

동로마를 계속해서 압박하던 오스만 군대는 1453년 콘스탄티노플
을 공격해 7주 만에 함락시켰다. 이때 황제 콘스탄티누스 11세가 사망
하면서 동로마 제국의 천년 역사도 막을 내리게 되었다.

사자왕의 고난과 죽음

　사자왕 리처드 1세가 3차 십자군 원정으로 잉글랜드를 떠나 있는 동안 동생인 존이 반란을 일으켜 왕이 되었다. 그 과정에서 존에게 왕위 찬탈을 꼬드긴 인물이 프랑스 국왕인 필리프 2세였다.

　필리프 2세는 리처드 1세와 십자군 원정을 함께했는데, 도중에 병을 핑계로 일찍 귀국했다. 그리고 프랑스 안의 잉글랜드 땅인 노르망디, 앙주, 아키텐 등을 차지할 생각으로 리처드 1세에 비해 훨씬 다루기 쉬운 존을 왕에 앉히는 간계를 꾸몄다.

　동생의 반란 소식에 리처드 1세는 살라딘과 협정을 맺자마자 귀국길에 올랐는데, 타고 있던 배가 난파되는 불운을 겪었다. 하는 수 없이 육

사자왕 리처드 1세와 필리프 2세

로로 이동하던 중에 오스트리아 지역을 지나다가 그곳 공작인 레오폴트 5세에게 붙잡혀 포로 신세가 되었다. 레오폴트 5세 역시 십자군 원정에 동참했다가 리처드 1세와 불화하면서 일찍 귀국한 상태였다.

당시 오스트리아가 신성 로마 제국에 속해 있던 까닭에 레오폴트 5세는 제국의 황제인 하인리히 6세에게 자신이 잡은 포로를 인계했다. 이때 하인리히 6세는 필리프 2세의 부탁을 받고 리처드 1세를 감옥에 가두었다. 동생에게 왕위를 찬탈당한 데다 감옥에까지 갇히는 수모를 겪은 리처드 1세는 1년이 지나서야 막대한 몸값을 지불하고 풀려날 수 있었다.

중세 버전의 오디세이라고 할 만한 난관을 뚫고서 귀국한 리처드 1세는 존왕을 끌어내리고 왕권을 회복했다. 그리고 반란의 기획자인 필리프 2세를 응징하기 위해 프랑스로 쳐들어갔다. 그러나 불행히도 뜻을 이루지 못한 채 적이 쏜 화살에 맞아 그 후유증으로 숨을 거두었다.

존왕의 실정과 대헌장

리처드 1세가 죽고, 1199년 왕위 계승자인 조카 아서를 밀어낸 존왕이 다시 잉글랜드를 다스리게 되었다. 당시 아서를 보호 중이었던 필리프 2세는 존왕의 즉위를 도와주는 대가로 프랑스 안에 있는 잉글랜드 왕실의 영지 일부를 넘겨받았다.

그리고 존왕이 아키텐 영지에 속한 앙굴렘 가문의 상속녀 이사벨과 결혼하자, 이사벨과 약혼했던 한 귀족이 왕실에 복수를 요청하면서 필리프 2세는 다시금 기회를 잡았다. 봉건 제후의 자격으로 프랑스로 들어와 해명하라는 필리프 2세의 명을 존왕은 따르지 않았다.

이에 필리프 2세가 보복 조치로 잉글랜드 왕실의 영지 일부를 또 가져가자, 존왕은 신성 로마 제국과 연합해 프랑스를 공격했다. 하지만 필리프 2세의 강력한 반격에 밀려 전쟁에 패한 존왕은 아키텐을 제외한 프랑스 영지를 모두 잃고 말았다.

이처럼 필리프 2세와 힘겨루기에서 완패한 존왕은 캔터베리 대주교 임명을 둘러싸고 로마 교황과 벌인 싸움에서도 고배를 마셨다. 존왕이 로마 교황청을 무시한 채 대주교를 임명하자 교황은 존왕을 파문했고, 잉글랜드 귀족들도 교황 편에 서서 왕을 압박했다. 궁지에 몰린 존왕은 왕국을 교황에게 바치면서 용서를 구했다. 이로써 잉글랜드는 프랑스뿐 아니라 로마 교황에게도 봉건 제후국으로 전락하게 되었다.

존왕의 조각상

동네북 신세가 된 존왕은 추락한 위신을 세우고자 프랑스 재침공을 계획하고, 귀족들에게 세금을 더 많이 내라고 종용했다. 이에 분노한 귀족들은 1214년 군대를 이끌고 런던으로 쳐들어왔다. 그리고 존왕에게 국왕의 권리를 제한하는 내용의 문서에 서명하게 만들었다.

마그나 카르타Magna Carta, 즉 대헌장으로 불리는 문서에는 60여 개의

마그나 카르타 원본

항목들이 적혀 있었는데, 그중 제일 중요한 대목은 세금 부과를 왕이 아닌 국민의 대표들이 한다는 규정이었다. 아직 의회가 존재하지 않는 상태에서 국민의 대표는 귀족회의를 가리켰다.

하지만 대헌장은 영국식 의회민주주의의 서막을 여는 역사적인 사건으로 자리매김했다. 오늘날 영국 의회의 기원으로 평가받는 모범의회가 등장한 것은 대헌장이 선포되고 80여 년 후인 1297년이었다.

필리프 2세의 땅따먹기

필리프 2세는 지방분권적인 성격이 강했던 봉건국가 프랑스를 강력한 왕권이 작동하는 정치 체제로 변모시켰다. 잉글랜드 국왕을 비롯해

부빈 전투에서 승리한 프랑스

프랑스의 거의 모든 제후들을 굴복시킨 그에게는 '존엄왕'이라는 별칭
이 따라 붙었다.

　1180년, 부왕 루이 7세가 죽고 15세의 나이로 왕에 오른 필리프 2세
는 즉위 초부터 타고난 정치적 감각을 발휘해 지지 세력을 끌어모았다.
특정 가문의 독주를 견제하면서 착실하게 왕령지를 늘렸으며, 내치가
어느 정도 안정된 후로는 당시 잉글랜드 국왕이었던 헨리 2세^{Henry II}의
세력을 교묘히 분열시켜 프랑스에 유리한 국면을 조성해 나갔다.

　1189년 헨리 2세의 아들 리처드 1세가 주도하는 반란을 도왔을 뿐
만 아니라 리처드 1세가 왕이 되고부터는 그 아우인 존왕을 부추겨 반
란을 일으키게끔 만들었다. 뜻한 대로 무능한 존왕이 즉위하자, 프랑
스에 있는 잉글랜드 왕실의 영지를 야금야금 차지해 왕령지의 규모를

4배 가까이나 늘렸다. 그리고 왕령지에서 나온 재력을 활용해 자신에게 충직한 제후와 귀족들을 관리했다.

1214년, 필리프 2세는 플랑드르 부빈에서 벌어진 전투에서 잉글랜드와 신성 로마 제국이 연합한 원정군을 패퇴시켰다. 그 결과 프랑스 남부의 아키텐 지역을 뺀 모든 잉글랜드 영지에 대한 지배권을 확고하게 다질 수 있었다.

부빈 전투의 승리 이후 프랑스에서 왕권을 위협할 만한 세력은 사라졌다. 필리프 2세는 아키텐 지방을 마저 수중에 넣기 위해 끊임없이 원정에 나섰는데, 결국에는 그 과업을 후대 왕들에게 넘긴 채 1223년에 숨을 거두었다.

야심과 기지로 점철된 필리프 2세의 놀라운 정치 역정은 프랑스에 왕권 중심의 평화와 질서가 조성될 수 있는 기초를 마련했다. 그 덕분에 13세기 프랑스 사회의 번영도 가능했다고 할 수 있다.

프리드리히 1세, 2세의 철권통치

1122년, 교황 칼리스투스 2세와 보름스 협약을 맺었던 신성 로마 제국 황제 하인리히 5세는 잘리어 왕조의 마지막 군주였다. 1125년에 하인리히 5세가 죽자 작센 공작인 로타르가 독일 국왕에 즉위했다가 1133년에는 로마에서 신성 로마 제국 황제의 관을 받았다.

1138년, 로타르가 죽고 호엔슈타우펜 가문의 콘라트 3세가 국왕으로 즉위하면서 새 왕조가 개막되었다. 호엔슈타우펜 왕조는 독일 남서부의 슈바벤 공국에 기반했기 때문에 슈바벤 왕조로도 불리는데, 이 왕조

프리드리히 1세

에서 첫 번째로 나온 신성 로마 제국 황제는 콘라트 3세의 조카인 프리드리히 1세였다.

프리드리히 1세는 1152년에 콘라트 3세가 죽자 독일 국왕에 올랐고, 1155년에는 교황에게서 황제의 관을 받았다. 강한 군주를 열망했던 그는 덴마크, 헝가리, 부르고뉴, 폴란드 등 주변의 작은 공국들을 점령해 나갔다. 그리고 오토 1세 이후로 독일 국왕들의 주요한 영지였던 이탈리아 북부 도시들이 반기를 들자 정벌에 나서 밀라노 등을 제압했다.

그런 한편 프리드리히 1세는 카노사의 굴욕과 보름스 협약으로 드높아진 교황의 기세를 견제해야 할 필요성을 점점 더 크게 느꼈다. 1159년에 새 교황으로 선출된 알렉산데르 3세는 자신과 대립각을 세운 프리드리히 1세를 파문했다. 그러자 프리드리히 1세는 뜻이 맞는 추기경들과 연대해 빅토리오 4세를 대립 교황으로 세웠다. 이 때문에 이탈리아는 로마 교황을 지지하는 세력과 대립 교황을 옹호하는 세력으로 나뉘어 싸우게 되었다.

치열하게 대립하던 양측의 갈등은 1177년 베네치아에서 평화 협정을 체결하며 봉합되었다. 프리드리히 1세는 알렉산데르 3세를 교황으로 인정하고, 알렉산데르 3세는 프리드리히 1세가 제국의 교회를 관장하는 데 동의했다.

이와 같이 종교 문제가 해결되자 프리드리히 1세는 다시 정복 사업을 전개해 바이에른 지역 등을 장악했다. 그리고 1190년 3차 십자군 원정 중에 불의의 사고로 목숨을 잃고 말았다.

1191년, 프리드리히 1세의 아들인 하인리히 6세가 신성 로마 제국 황제에 올랐다. 그는 부왕과 마찬가지로 활발한

신성 로마 제국의 영토를 넓힌 하인리히 6세

정복 전쟁으로 제국의 영토를 넓혔다. 십자군 전쟁을 마치고 귀국하던 잉글랜드 왕 리처드 1세가 오스트리아 공작 레오폴트 5세에게 붙잡혀 오자, 석방 대가로 받은 거액의 돈을 원정 자금에 보탤 정도로 영토 확장에 열을 올렸다.

이처럼 정복 전쟁에 치중했던 하인리히 6세는 1197년 군사 원정 중 급성 말라리아에 걸려 사망했다. 후계자인 아들 프리드리히 2세가 세 살밖에 안 되는 상황에서 호엔슈타우펜 가문과 경쟁해 온 벨프 가문의 오토 4세와 프리드리히 2세의 삼촌 필립이 권좌를 놓고 다투었다.

독일 국왕인 필립과 대립 국왕인 오토 4세의 대결은 1208년 필립이 사망하면서 오토 4세의 승리로 일단락되었다. 단독 왕으로 독일을 통

오토 4세

치하게 된 오토 4세는 이듬해 신성 로마 황제에까지 올랐다.

이로써 호엔슈타우펜 왕조의 맥이 잠시 끊긴 동안 오토 4세는 북쪽에서 덴마크의 침공을 받았고, 서쪽에서는 프랑스의 압박을 받았다. 또한 잉글랜드의 존왕과 함께 프랑스를 침공했다가 필리프 2세의 반격에 밀려 쫓겨 오기도 했다. 그리고 성장한 프리드리히 2세에게 1212년 독일 국왕 자리를 빼앗기면서 벌인 전쟁에서도 끝내 패배해 1215년에 신성 로마 황제 자리에서도 밀려났다.

호엔슈타우펜 왕조를 부활시킨 프리드리히 2세는 1220년 로마에서 신성 로마 황제의 관을 받았는데, 할아버지인 프리드리히 1세 때처럼 교황과 사이가 좋지 않았다. 1227년, 교황 그레고리우스 9세는 자신의 동의 없이 6차 십자군 전쟁을 끝냈다는 이유로 프리드리히 2세를 파문했다.

교황의 파문 조치에 대해 프리드리히 1세가 대립 교황 임명으로 맞섰다면, 프리드리히 2세는 무력을 통한 이탈리아 점령으로 답했다. 이탈리아 중부 지역을 정복하고 남쪽의 시칠리아까지 접수해 한 나라로 만들었다. 그리고는 교황의 신권 정치를 배제하고 자신의 철권통치 아래 두었다.

1250년 강력한 황제였던 프리드리히 2세가 죽고, 뒤이어 독일 국왕이 된 콘라트 4세도 4년 후에 숨을 거두자, 호엔슈타우펜 왕조의 대가

호엔슈타우펜 왕조를 부활시킨 프리드리히 2세와 이자벨라의 결혼식

끊겼다. 그와 동시에 군주의 권력도 크게 약화되면서 한동안 신성 로마 황제의 맥마저 끊어지는 상황이 전개되었다. 이른바 대공위 시대는 1273년까지 계속되었는데, 이때는 독일의 공국들이 각자 군대를 키우고 세금도 운용하는 등 별개의 독립국처럼 행세했다.

합스부르크 왕조의 탄생

대공위 시대에 신성 로마 제국의 위세는 날개가 꺾인 새처럼 추락했다. 제국의 추락은 프리드리히 2세에게 수모를 당했던 로마 교황에게 실추된 명예를 회복할 수 있는 절호의 기회가 되었다.

일곱 명으로 구성된 선거인단

교황은 자신에게 적대적인 시칠리아의 신성 로마 제국 세력을 몰아내기 위해 프랑스의 왕자인 샤를을 끌어들였다. 1266년 샤를의 군대는 호엔슈타우펜 출신의 시칠리아 왕인 만프레디의 군대와 싸워 대승을 거두었으며, 샤를은 교황에게 약속받은 시칠리아의 왕위에 올라 카를로 1세가 되었다.

군사적 승리를 바탕으로 한껏 기세가 오른 로마 교황은 신성 로마제국의 일에 간섭하기 시작했다. 제국 군대의 참패로 충격에 빠진 독일의 공국들은 교황에 맞설 제국의 구심점이 필요했다.

이에 1273년 일곱 명으로 구성된 선거인단인 선제후들이 모여서 신성 로마 제국의 황제를 선출했다. 19년 동안의 대공위 시대를 끝내고 등장한 새 황제는 합스부르크 가문의 루돌프 백작이었다.

합스부르크란 말은 '매의 성'이란 뜻을 가진 하비히츠부르크에서 유래하며, 가문을 상징하는 문장에도 매가 들어간다. 독일 남부에 자리한 슈바벤 공국에서 출발한 합스부르크 가문은 독일뿐 아니라 오스트리아, 에스파냐, 헝가리, 네덜란드 등 광범위한 지역을 다스리는 유럽 최대의 왕가로 성장해 나갔다. 이와 같은 성장의 주요 동력은 무력을 통한 정벌이 아닌, 여러 나라의 왕가와 맺은 혼맥에서 나왔다.

합스부르크 왕조의 첫 군주인 루돌프 1세^{Rudolf I}는 제위에 오른 이듬해 오스트리아를 공국으로 승격시키고 자신의 영지로 삼았다. 이때부터 오스트리아에 뿌리를 내린 합스부르크 가문은 루돌프 1세의 아들이자 초대 오스트리아 공작인 알브레히트 1세^{Albrecht I}가 왕에 올랐다가 1308년 암살당한 이후로 한동안 왕권에서 멀어졌다.

왕조가 중단된 동안에도 합스부르크 가문은 영지를 넓히면서 세력을 키워 나갔다. 그리고 1438년 알브레히트 2세가 독일 국왕에 즉위하면서 왕조도 부활했다. 알브레히트 2세를 비롯해 그다음 독일 왕들과 신성 로마 제국 황제들은 모두 합스부르크에서 배출되었다.

의회의 탄생

무능한 군주로서 실패와 굴욕을 맛보았던 존왕에 이어 잉글랜드의 통치자가 된 헨리 3세는 부전자전의 면모를 보였다. 프랑스인을 국정에 중용하고, 교황에게 눌려 지냈으며, 프랑스에 뺏긴 영지를 되찾기 위한 거듭된 파병으로 고액의 세금과 헌납금을 요구하는 등 비호감 정책들을 펼쳤다. 그 결과 1258년 궐기한 귀족들이 들이민 문서에 서명해야 했다.

루이스 전투

'옥스퍼드 조례'로 불리는 문서는 귀족들로 구성된 15인 위원회에서 중요한 나랏일을 의결토록 하는 내용의 개혁안을 담고 있었다. 이와 같은 조례 사건을 주동한 인물은 시몽 드 몽포르^{Simon de Montfort}란 이름의 유력 귀족이었다.

헨리 3세가 서명까지 한 조례를 무시하자, 시몽 드 몽포르는 1262년에 귀족들과 함께 다시 궐기했고 1264년 루이스 전투에서 왕을 포로로 사로잡았다. 이듬해 1월 귀족과 성직자뿐 아니라 기사와 시민까지 참여하는 의회를 소집함으로써 영국 의회사의 첫 페이지를 열었다.

하지만 같은 해 8월 시몽 드 몽포르는 황태자 에드워드를 상대로 벌인 싸움에서 패하고 목숨을 잃었다. 그러면서 그가 주도한 의회도 소멸되는 운명을 맞았다. 영국 의회사의 다음 페이지가 열린 것은 황태자가 왕이 된 에드워드 1세^{Edward I} 때의 일이었다.

1295년, 에드워드 1세는 프랑스와 전쟁하는 데 드는 비용 마련에 필요한 과세 문제로 제후와 고위 성직자, 선거로 뽑힌 각 주와 도시의 대표 등을 불러 모았다. 이때의 의회를 흔히 모범의회라 부르는데, 정말 본보기가 될 만한 의회는 그로부터 2년 후인 1297년에 소집되었다.

새 과세 정책에 분노한 상인과 기사 등의 강력한 요구로 의회의 과세동의권에 대한 명확한 규정이 대헌장에 담기게 되었으며, 귀족과 성

의회를 주재하는 에드워드 1세

직자뿐만 아니라 기사와 시민까지 참여하는 의회가 다시 결성되었다.

　1297년의 의회는 귀족과 시민 계급으로 자연스럽게 나뉘어 귀족 계급은 오늘날 상원으로, 시민 계급은 오늘날 하원으로 발전해 나갔다. 그러나 지위나 역할 면에서 당시의 의회는 지금의 의회에 견줄 바가 못 되었다. 의회의 성립은 왕의 소집으로만 가능한 데다, 의회가 하는 일도 왕의 과세에 대한 동의와 반대가 전부인 까닭이었다.

백년 전쟁의 발발

1328년 프랑스 국왕 샤를 4세가 후계자도 없이 숨을 거두면서 카페 왕조가 문을 닫았다. 그리고 샤를 4세의 사촌인 필리프 6세가 왕에 오르면서 발루아 왕조가 개막되었다. 하지만 이러한 왕조 교체에 발목을 거는 인물이 있었다. 죽은 샤를 4세의 누이인 이사벨이었다.

이사벨은 잉글랜드 국왕 에드워드 2세와 결혼해 아들을 낳았는데, 그 아들이 당시 잉글랜드를 통치하고 있던 에드워드 3세였다. 이사벨은 에드워드 3세가 프랑스의 왕이 되어야 한다고 주장했다. 샤를 4세와 사촌지간인 필리프 6세보다 삼촌 조카 사이인 에드워드 3세가 가까운 촌수라 후계자 순위에서 앞선다는 논리였다.

설득력 있는 논리였지만, 프랑스의 봉건 제후국인 잉글랜드의 군주를 자존심상 왕으로 모실 수 없다는 귀족들의 거부감을 돌려세우기는 어려웠다. 외려 에드워드 3세가 필리프 6세에게 충성 서약을 해야 할 분위기였다.

시한폭탄 같은 갈등이 계속되는 가운데, 필리프 6세는 잉글랜드와 전쟁 중인 스코틀랜드에 군사적 지원을 하면서 에드워드 3세의 화를 돋우었다. 이에 에드워드 3세는 프랑스의 플랑드르 지역에 잉글랜드산 양털 공급을 중단하는 조치로 반격했다.

당시 플랑드르는 양털을 가공해 모직물을 생산하는 유럽 최대의 공업 단지였다. 양털의 대부분을 잉글랜드에서 수입하는 플랑드르로서는 프랑스를 버리고 잉글랜드의 편에 설 수밖에 없는 상황이었다.

에드워드 3세의 반격에 대해 필리프 6세는 프랑스에 유일하게 남아 있던 잉글랜드 왕실의 영지인 아키텐 공국의 기엔 지역을 몰수하는 것

크레시 전투

으로 응수했다. 자신의 땅을 강탈당한 에드워드 3세는 1337년 프랑스
에 선전포고를 했다. 백년 전쟁의 서막이 열리는 순간이었다.

첫 전투는 1340년 플랑드르 주변에서 벌어졌으며, 잉글랜드군이 프
랑스를 전면적으로 공격한 것은 이듬해의 일이었다. 에드워드 3세의
장남으로 검은 갑옷 때문에 '흑태자'라 불리던 에드워드의 군대는 프
랑스군을 연파하며 승승장구했다.

1346년 잉글랜드군은 크레시 전투에서 필리프 6세의 군대에 압승을 거두었고, 곧이어 칼레 전투에서도 승리하면서 프랑스를 궁지로 몰아넣었다. 이처럼 승리의 여신이 잉글랜드를 향해 두 팔을 활짝 벌리고 있을 즈음, 뜻하지 않은 역습이 전쟁을 소강상태에 빠트렸다.

역습을 해 온 것은 흑사병, 즉 페스트였다. 온몸에 검은 반점이 생기면서 목숨을 앗아 가는 이 전염병은 이탈리아 북부 도시에서 처음 발생해 이탈리아를 초토화시킨 다음, 프랑스로 번져 왔다. 전장의 병사들마저 싸움을 멈추게 할 정도로 흑사병의 위력은 대단했다. 사람과 사람이 아닌, 사람과 전염병의 전쟁으로 불과 3년 사이에 유럽 인구의 30퍼센트가 목숨을 잃었다.

이처럼 어마어마한 피해를 입힌 흑사병 때문에 시작한 휴전은 10년가량 이어졌다. 그리고 다시 전투가 개시되었는데, 이번에도 역시나 흑태자의 활약이 눈부셨다. 1355년 프랑스 남부의 잉글랜드령인 아키텐에서부터 북쪽으로 공세를 취한 에드워드는 서부 도시인 푸아티에에서 당시 프랑스 국왕인 장 2세와 일전을 벌였다.

푸아티에 전투는 에드워드 군대의 압승으로 끝이 났다. 그리고 장 2세는 자신의 아들 필리프와 함께

당시 사람들이 악마의 소행이라 생각한 흑사병

포로로 붙잡혔다. 1360년, 프랑스는 북서부의 도시 샤르트르 근처에 자리한 브레티니에서 잉글랜드와 굴욕적인 평화 협상을 체결했다. 장 2세의 석방을 위해 많은 보상금과 영토를 내놓아야 했던 것이다. 그 결과 잉글랜드는 아키텐에서 노르망디까지 프랑스에 빼앗겼던 영토를 되찾을 수 있었다.

프랑스의 복수전

1364년 장 2세가 숨을 거두고 샤를 5세가 프랑스의 새 국왕으로 즉위했다. 샤를 5세는 치욕적인 브레티니 협상으로 위기에 빠진 왕국을 재건하는 데 힘을 쏟았다. 그가 먼저 손을 쓴 것은 에스파냐 북서부에 자리한 나바라의 왕이면서 노르망디에 넓은 영지를 가진 카를로스 2세의 제압이었다.

카를로스 2세는 자신의 양친이 모두 카페 왕조의 혈통임을 강조하면서 잉글랜드와 힘겹게 싸우고 있는 프랑스 발루아 왕조를 지속적으로 위협한 요주의 인물이었다. 샤를 5세는 코슈렐 전투에서 카를로스 2세를 꺾고, 프랑스의 왕위 계승권을 포기한다는 선언을 받아 냈다.

샤를 5세가 추진하는 왕국 재건의 최대 걸림돌은 역시나 프랑스 안에 주둔해 있는 잉글랜드 군대였다. 걸림돌을 제거하기 위해서는 브레티니 협상을 깨트릴 핑계거리가 필요했다. 그와 같은 필요에 부응해 준 것이 1368년의 가스코뉴 상소 사건이었다. 기엔을 지배한 흑태자 에드워드가 세금을 과도하게 부과하자, 기엔의 남부 지역인 가스코뉴 주민들이 봉건제적 계급 구조상 최상위에 있는 국왕에게 영주인 에드

전쟁에서 승리한 샤를 5세의 연회

워드를 고발하는 상소를 올렸던 것이다.

상소 사건을 둘러싼 양측의 대응과 맞대응은 예상 가능한 수순으로 진행되었다. 에드워드에 대한 샤를 5세의 법정 출두 명령, 에드워드의 거부, 샤를 5세의 기옌 몰수 선언, 그리고 전쟁의 재개 등이었다.

1377년까지 계속된 전쟁에서 승리의 여신이 이번에는 프랑스를 편들어 주었다. 저승사자와도 같았던 흑태자 에드워드가 1376년 병사한 데다, 이듬해에는 백년 전쟁의 테이프를 끊었던 잉글랜드 국왕 에드워드 3세까지 숨을 거두었다.

이처럼 두 적장이 사라진 전쟁을 통해 샤를 5세는 브레티니 협정으로 잉글랜드에 내주었던 땅들을 대부분 다시 뺏어 올 수 있었다. 에드워드 3세의 손자이자 에드워드의 아들인 리처드 2세가 잉글랜드의 왕에 올랐지만, 겨우 열 살밖에 안 된 소년이었다. 샤를 5세의 적수로 싸움을 이어 가기는 현실적으로 불가능한 상황이었다.

이렇게 해서 샤를 5세는 일부 지역을 제외한 프랑스의 모든 영토 안에서 잉글랜드 군대를 축출하는 데 성공했다. 그리고 왕국의 질서와 평화를 회복하고 안정적인 통치 기반을 확립하는 데 매진했다.

멸망 직전의 프랑스

1380년, 샤를 5세가 사망하고 샤를 6세가 열두 살의 나이로 프랑스의 왕위를 이었다. 베리 공작 장과 부르고뉴 공작 필리프 2세 등 두 숙부가 섭정하다가 샤를 6세가 성년이 되자 친정을 시작했다. 친정 초반에는 부왕인 샤를 5세를 본받아 선정을 베풀었지만, 1392년 프랑스 북부 도시인 아미앵에서 잉글랜드 쪽과 전쟁 종결을 협의하던 중 광증을 보이면서 두 숙부에게 다시 정사를 맡겨야 했다.

한편, 잉글랜드의 소년 국왕인 리처드 2세도 샤를 6세와 마찬가지로 숙부 랭카스터공이 섭정하다가 성년이 되면서 친정에 나섰다. 1398년 자신과 대립하는 숙부의 아들 헨리를 추방하고, 숙부가 죽은 후에는 그 영지를 몰수하는 등 폭정을 일삼았다. 이듬해 아일랜드 원정으로 왕국을 비운 동안 몰래 귀국해 반대 세력들을 규합한 헨리에게 왕위를 빼앗겼다. 이후 붙잡혀서 유폐 생활을 하던 중 암살되었다.

14세기에서 15세기로 넘어온 백년 전쟁의 양상은 샤를 6세의 프랑스보다 헨리, 즉 헨리 4세의 잉글랜드에 유리하게 전개되었다. 우선 왕국의 수장이 정상적으로 국정을 돌볼 수 없었던 프랑스는 부르고뉴파와 아르마냐크파로 갈라선 귀족들의 권력 쟁투가 심화되었다.

1413년, 랭커스터 왕조의 창시자인 헨리 4세가 죽고 새로 잉글랜드 왕이 된 헨리 5세는 프랑스의 내분을 적극적으로 파고들었다. 그는 자신이 매수한 부르고뉴파 귀족들의 도움을 받아 군대를 이끌고 프랑스 노르망디에 상륙할 수 있었다.

1415년, 헨리 5세의 군대는 프랑스 북부의 작은 마을인 아쟁쿠르에서 프랑스 군대를 대파했다. 그리고 인근 지역 도시들을 잇달아 정복해 나갔다. 잘 조직된 잉글랜드 군대의 공격을 당해 낼 수 없었던 프랑스는 1420년 북동부 지역 소도시인 트루아에서 조약을 맺고 왕위 계승권을 잉글랜드 왕에게 헌납했다.

1422년 10월 미치광이 국왕인 샤를 6세가 숨을 거두면서 헨리 5세는 프랑스를 통째로 장악할 수 있는 기회를 맞이했다. 하지만 불행히도 그는 기회를 누리지 못했다. 샤를 6세보다 두 달 앞서 죽었기 때문이었다.

기회를 누린 행운아는 헨리 5세의 아들 헨리 6세였다. 당시 생후 9개월밖에 안 되었던 젖먹이가 트루아 조약에 의거해서 잉글랜드 국왕은 물론이고 프랑스 국왕까지 겸하게 되었던 것이다.

샤를 6세의 아들인 샤를 왕세자는 젖먹이 국왕의 출현에 반발하면서 자신이 프랑스의 왕이 되어야 한다고 선언했다. 그리고 아르마냐크파의 귀족들이 이 선언을 지지했다. 샤를과 아르마냐크파 세력은 프랑스 중남부 지역을 거점으로 삼아 북부의 잉글랜드 군대에 맞서

아쟁쿠르 전투에서 승리한 헨리 5세

싸웠다.

공식 즉위식 없이 스스로 왕에 오른 샤를, 즉 샤를 7세가 이끄는 프랑스 군대는 잉글랜드 군대의 적수가 되지 못했다. 패하고 후퇴하기를 거듭하면서 수세에 몰린 끝에 1428년 프랑스 진영의 최후 보루라 할 수 있는 오를레앙성이 잉글랜드 군대에 포위되었다. 오를레앙성이 함락당하면 나머지 지역들은 둑이 무너진 듯이 밀려드는 적군들에게 짓밟힐 수밖에 없는 처지였다. 이는 곧 프랑스의 멸망을 의미했다.

잔 다르크의 활약과 전쟁 종료

프랑스의 운명이 바람 앞의 촛불 같았던 1429년, 프랑스 북동부에 자리한 작은 마을인 동레미에서 한 소작농의 딸이 프랑스를 구하라는 신의 계시를 받았다. 신앙심 깊은 열일곱 살의 소녀 잔 다르크는 고향을 떠나 루아르 강가의 시농성에 머물고 있던 샤를 7세를 찾아갔다.

샤를 7세와 그의 측근들은 신의 계시 운운하며 프랑스를 구하겠다는 시골 소녀의 주장을 믿지 않았다. 그러나 기적이 필요한 상황이었고, 일개 소녀에게라도 기대야 할 정도로 절망적인 상황에서 잔 다르크는 군대를 이끌고 오를레앙으로 출동했다.

신의 계시를 받은 소녀에 관한 프랑스군의 반응은 불신과 의구심이었다. 오를레앙의 성벽보다 높은 아군의 부정적 감정은 잔 다르크가 상대해야 할 또 다른 적이었다. 그해 4월, 잔 다르크는 잉글랜드군의 포위를 뚫고 오를레앙성을 구하는 기적을 보여 주었다.

그러자 패배감에 사로잡혀 있던 프랑스군의 사기가 치솟았다. 전투 깃발을 든 잔 다르크는 용기백배한 프랑스군을 선두에서 이끌었다. 종횡무진하는 잔 다르크와 죽기 살기로 달려드는 프랑스군의 기세에 대오가 허물어진 잉글랜드군은 달아나기 시작했다. 이로써 오를레앙성은 함락의 위기에서 벗어나 반격의 출발점이 되었다.

승리의 여신, 기적의 여전사라는 소문이 퍼져 나가는 속도만큼이나 빠르게 프랑스군은 진격했다. 그러면서 5월에 오를레앙을 완전 수복하고, 6월에는 랭스까지 되찾았다. 7월에는 샤를 7세의 축성식이 랭스 대성당에서 거행되었다. 전통적으로 행해져 온 대관 의식을 거친 샤를 7세는 프랑스의 왕권이 자신에게 있음을 대내외에 공식적으로

오를레앙 전투에서 승리한 후 개선하는 잔 다르크

샤를 7세의 대관식

선포했다.

축성식 이후 왕의 자리를 어느 정도 굳힌 샤를 7세와 잉글랜드 군대의 완전한 축출을 바라는 잔 다르크 사이에 온도 차가 생겼다. 국왕의 지원이 전과 같지 않는 상황에서 소수의 병력으로 싸워야 했던 잔 다르크는 1430년 콩피에뉴 전투에서 적에게 사로잡혔다. 그리고 이듬해 마녀 판결을 받고 프랑스 북서부에 자리한 루앙에서 화형을 당했다.

잔 다르크가 프랑스 쪽으로 몰아온 승리의 바람은 그녀의 사후에 더욱 거세졌다. 프랑스의 민심이 샤를 7세에게로 집중하면서 그동안 잉글랜드군에 편승했던 부르고뉴파도 프랑스군 진영으로 귀순하게 되었다.

프랑스군은 1450년 포르미니 전투의 승리로 노르망디에서 잉글랜드 군대를 축출했으며, 1453년 카스티용 전투의 승리로 기엔 지역에서도 잉글랜드 군대를 몰아내는 데 성공했다. 이로써 칼레를 제외한 프랑스의 모든 영토에서 쫓겨난 잉글랜드는 항복을 선언했고, 백년 전쟁도 마침내 종지부를 찍게 되었다.

장미 전쟁의 발발

백년 전쟁이 끝나고 잉글랜드에서는 패전의 책임을 둘러싼 논쟁이 격렬하게 벌어졌다. 1399년 헨리 4세부터 1453년 헨리 6세까지 백년 전쟁의 후반부를 책임진 랭커스터 왕조에 대해 귀족들은 왕권을 내놓으라고 요구했다.

랭커스터 왕조에 비판적인 귀족 세력을 대표한 것은 요크 가문이었다. 요크 가문이나 랭커스터 가문 모두 헨리 4세 직전의 왕조였던 플랜태저넷 가문에서 갈라져 나온 혈족들로, 피는 나눠도 권력은 나눌 수 없었던 두 집안의 경쟁은 전쟁으로까지 비화했다.

백년 전쟁이 끝나고 겨우 2년 후인 1455년에서 1485년까지 30년 동안 진행된 잉글랜드의 왕위 쟁탈전은 장미 전쟁으로 불린다. 랭커스터 가문의 전사들은 가문의 상징인 붉은 장미 문양을, 그리고 요크 가문의 전사들은 가문의 상징인 흰 장미 문양을 부착하고 싸워서 붙여진 이름이었다.

개전 초기에 요크 가문의 리처드 공작은 랭커스터 가문의 주축인 서머셋 공작과 싸워 그를 죽였다. 그리고 1460년 헨리 6세를 압박해 왕위 계승권을 확보했으나, 랭커스터파의 공격을 받고 전사했다.

이듬해 리처드의 아들인 에드워드가 헨리 6세의 군사들을 물리치고 왕의 자리를 차지했다. 헨리 6세는 퇴위당해 감옥에 갇혔다. 이로써 랭커스터 왕조가 퇴장하고 요크 왕조가 새로 들어섰다.

왕국을 통치하게 된 에드워드, 즉 에드워드 4세는 유력 공신인 워윅 백작의 세력이 커지는 것을 견제했는데, 이에 불만을 품은 백작이 1469년 반란을 일으켰다. 반란이 진압되고 프랑스로 도주한 백작은

장미 전쟁을 표현한 그림

이듬해 프랑스의 지원을 받아 잉글랜드를 공격했다.

이후 에드워드 4세의 네덜란드 망명, 워윅 백작의 런던 입성, 헨리 6세의 복위가 숨 가쁘게 진행되었다. 다시 등장한 랭커스터 왕조는 내부 권력 다툼 때문에 흔들리다가 1471년 부르고뉴파와 연합한 에드워드 4세의 런던 입성으로 1년 만에 끝이 났다. 그리고 헨리 6세는 런던탑에 갇힌 지 얼마 되지 않아 죽음을 맞았다.

안정된 치세를 이어 간 에드워드 4세가 1483년 죽고 에드워드 5세가 열두 살의 나이로 왕에 올랐지만 섭정을 맡은 숙부 글로스터공에게 두 달 만에 왕위를 빼앗겼다. 왕이 된 글로스터공, 리처드 3세는 어린 조카를 런던탑에 가둔 것으로도 모자라 죽이기까지 했다.

한편, 외국으로 도피 중이던 랭커스터 가문에서 갈라져 나온 튜더 가문이 1485년 군사를 몰아 잉글랜드를 공격했다. 이때 리처드 3세를 몰아내고 왕이 된 인물이 헨리 7세였다. 랭커스터 가문과 요크 가문의 힘겨루기로 시작된 장미 전쟁에서 최종적으로 승리를 거둔 것은 엉뚱하게도 튜더 왕조였다. 헨리 7세는 가문들의 화해를 위해 요크 가문의 여성과 결혼했으며, 그의 왕조는 17세기 초까지 이어졌다.

대항해 시대의 선구자, 포르투갈

15세기 유럽 국가들은 자신들의 세계 안에서 지지고 볶던 삶의 방식에서 벗어나 다른 세계로 뻗어 나가기 시작했다. '대항해'라고 불리는 유럽의 모험 시대는 17세기 초반까지 이어졌다. 대항해 시대를 개막시킨 주역은 포르투갈과 에스파냐였다. 그리고 두 주역 중에서 앞선 주자는 포르투갈이었다.

포르투갈이 대항해 시대의 선구자가 될 수 있었던 것은 엔히크^{Henrique} 왕자의 적극적인 지원 덕분이었다. 그는 나라 안팎에서 유능한 항해자들을 끌어모아 항해에 필요한 최고의 물적, 기술적 자원을 제공한 다음, 바다 너머의 세상을 지속적으로 탐사하게 했다.

엔히크가 바다 진출에 지대한 관심을 기울인 것은 호기심이나 모험심만으로는 설명이 부족하다. 그의 내면에는 독실한 기독교인으로서

바다 진출에 관심을 기울인 엔히크

가질 법한 사명감과 귀한 후추를 얻고자 하는 세속적 열망이 들끓고 있었다.

13세기 이래로 유럽에는 아프리카나 아시아 쪽에 이상적인 기독교 왕국이 존재한다는 소문이 전해져 오고 있었다. 엔히크는 소문의 왕국도 찾고 기독교도 전파할 목적으로 1418년 아프리카 서해안 탐사를 시작했다.

그 탐사에는 중요한 목적 하나가 또 있었다. 인도로 가는 항로의 발견이었다. 당시 유럽에는 인도산 향신료인 후추의 가격이 금가루보다 비쌌다. 인도 상인에서 이슬람 상인을 거쳐 지중해 상인으로 이어지는 유통 단계를 건너온 후추는 현지보다 다섯 배나 높은 가격에 거래되었다.

그런데 15세기 중엽 동로마 제국을 정복한 오스만 제국의 무역 금지 조치로 공급이 끊긴 후추는 웬만한 부자가 아니고서는 맛볼 수 없는 사치품이 되었다. 주식인 고기에 뿌리는 후추의 맛과 향에 중독된 유럽인들로서는 후추의 공급이 절실할 수밖에 없었다. 그래서 육로가 막혔다면 바닷길로라도 인도에 가닿고자 했던 것이다.

1422년, 엔히크의 전폭적인 지원 아래 포르투갈 탐험대가 아프리카 남단을 향해 출발했다. 그로부터 12년 후 탐험대는 천 길 낭떠러지가 나온다고 믿어져 왔던 바다의 끝, 마의 북회귀선에 자리한 보자도르곶

인도 항로를 발견한 바스코 다 가마

을 살아서 건넜다. 유럽인들의 지리적 상식이 깨지는 순간이었다.

그 후로도 전인미답의 항해는 남쪽으로 계속되어 세네갈, 카보베르데, 기니, 시에라리온 해안까지 이르렀다. 그 과정에서 1441년에는 현지의 흑인을 붙잡아 팔아먹는 아프리카 노예 무역이 행해지기 시작했다.

서아프리카 항로는 포르투갈의 노고로 개척된, 메이드 인 포르투갈이라고 할 수 있었다. 1460년 든든한 후원자였던 엔히크 왕자가 죽고 난 다음에도 인도로 가는 항로를 확보하기 위한 포르투갈의 노력은 그치지 않았다.

1487년, 전설의 기독교 왕국을 찾으라는 왕명을 받고 출항한 선장 바르톨로뮤 디아스^{Bartolomeu Diaz}는 폭풍을 만나 표류하다 오늘날 남아프리카 공화국의 포트엘리자베스 근처까지 내려갔다. 거기서 뱃머리를 돌려 올라오던 중에 발견한 아프리카 남단의 암석 곶을 '폭풍의 곶'이라 불렀는데, 포르투갈 국왕인 주앙 2세는 '희망봉'으로 고쳐 부르게 했다.

1497년, 희망봉 발견 이후에 국왕 마누엘 1세의 신임 아래 인도 항로 개척에 나선 인물은 바스코 다 가마^{Vasco da Gama}였다. 희망봉을 돌아 아프리카 대륙의 동해안을 따라 북상한 그는 오늘날의 케냐 말린디에서 인도양을 건넜다. 그리고 이듬해 5월, 인도의 캘리컷에 도착함으로써 유럽과 인도를 잇는 무역항로의 개척에 성공했다.

해상 강국 에스파냐의 등장

엔히크 왕자가 활동할 당시 이베리아반도 안에는 포르투갈뿐 아니라 카스티야와 아라곤 같은 왕국들이 존재했다. 그리고 남부 지역에는 이슬람 잔존 세력들의 왕국인 그라나다가 버티고 있었다.

1469년 카스티야의 공주인 이사벨과 아라곤의 왕자인 페르난도가 결혼했다. 이후 1474년 이사벨이 카스티야의 여왕에 올라 이사벨 1세^{Isabel I}가 되고, 1479년에 페르난도가 아라곤의 왕으로 즉위해 페르난도 2세^{Fernando II}가 되자, 두 사람은 왕국을 하나로 합쳤다. 그렇게 해서 탄생한 것이 에스파냐였다.

이사벨 1세와 페르난도 2세의 종교는 기독교, 즉 로마 가톨릭이었

이사벨 1세와 페르난도 2세의 결혼식

다. 정치적이거나 역사적인 측면 외에 종교적으로도 이슬람 국가인 남쪽의 그라나다와는 양립하기가 힘든 상황이었다.

1492년 이사벨 1세는 그라나다를 침공했고, 이베리아반도의 남부 지역을 에스파냐의 영토로 만들었다. 711년 지브롤터 해협을 건너왔던 이슬람 세력은 800년 가까이 머물던 유럽 땅에서 완전히 축출되었다.

공교롭게도 이슬람을 내쫓았던 그해에 이사벨 1세의 후원을 받은 콜럼버스Columbus가 대서양을 건너 아메리카 신대륙을 발견했다. 에스파냐는 신대륙의 중부와 남부 지역을 점령하고, 엄청난 양의 금과 은 등을 차지해 국부를 살찌웠다. 그리고 이와 같은 약탈적 식민지 경영을 바탕으로 유럽 최고의 해상 강국으로 커 나갔다.

아메리카 대륙의 발견

이사벨 1세는 포르투갈이 아프리카 서해안을 장악하면서 식민지를 건설하고 경제적 부를 쌓는 모습을 손 놓고 지켜보고만 있지 않았다. 당시 대서양 항해 계획서를 들고 후원자를 구하기 위해 이 나라 저 나라를 전전하던 이탈리아 출신의 모험가인 콜럼버스가 이사벨 1세의 낙점을 받았다.

콜럼버스는 대서양을 가로질러 항해하면 곧장 인도에 닿을 수 있다고 주장했다. 지구가 둥글다고 믿었던 그는 서쪽으로 계속 나아가면 결국에는 동쪽 세계와 연결될 거라 생각한 것이다. 그의 머릿속의 지구는 실제 지구보다 크기가 훨씬 작았다고 볼 수 있다.

콜럼버스는 새로운 땅을 발견하면 자신을 그곳의 부왕으로 임명하는 한편, 그곳에서 나오는 수입의 10퍼센트를 대대로 자손들이 갖게 한다는 약조를 이사벨 1세에게 받아 냈다. 그리고 1492년, 인도로 가는 새 항로를 개척하기 위해 출항했다.

깊고 어두운 대서양 바닷물을 헤치고 서쪽으로 향한 세 척의 배는 두 달 동안 항해한 끝에 육지를 발견했다. 오늘날 카리브해의 바하마 군도에 속하는 한 섬이었다. 콜럼버스는 섬의 이름을 산살바도르로 지어 불렀다. 그리고 탐험을 계속해 히스파니올라, 즉 오늘날의 아이티와 쿠바 등도 발견했다.

콜럼버스는 자신이 발견한 섬들을 인도 땅의 일부라고 믿었다. 이듬해 에스파냐로 귀환해서도 인도를 발견했노라고 선전했다. 그리고 섬 주민들에게서 가져온 금은 장신구들을 자랑했다. 이에 이사벨 1세와 페르난도 2세는 콜럼버스를 극진히 환대했다.

아메리카 대륙을 발견한 콜럼버스

약속대로 자신이 발견한 땅의 부왕으로 임명된 콜럼버스는 이후로
도 세 번 더 대서양을 건너 탐험을 이어 나갔다. 하지만 만족할 만한
수준의 금광을 발견하지는 못했다. 게다가 후추는 눈 씻고도 찾아볼
수가 없었다.

실망한 이사벨 1세와 페르난도 2세는 콜럼버스와 차츰 거리를 두기
시작했고 지원도 줄여 나갔다. 콜럼버스는 사람들의 조롱과 불신 속에
서 재기의 기회를 잃어 갔다. 그리고 1506년 눈을 감았는데, 죽는 순간
까지도 자신이 발견한 곳이 인도라는 믿음을 버리지 않았다.

하지만 그 믿음이 틀렸다는 사실은 그의 생전에 밝혀졌다. 1497~

1503년 사이에 여러 차례 대서양을 건넌 이탈리아 출신 항해사 아메리고 베스푸치[Amerigo Vespucci]는 콜럼버스의 인도가 후추의 나라인 동방의 그 인도가 아닌 신대륙임을 깨달았다. 바로 그의 이름에서 1507년 아메리카라는 지명도 탄생했다.

마젤란의 세계 일주

1500년, 에스파냐의 탐험가인 바스코 발보아[Vasco Balboa]가 대서양을 건너 아메리카 대륙 곳곳을 탐사하기 시작했다. 그로부터 10년 후인 1510년, 그는 오늘날의 파나마 지협 연안 지역에 최초의 유럽 이주민 정착촌을 세웠다.

그리고 황금을 찾아 안데스산맥을 넘은 발보아는 1513년 자신의 눈앞에 펼쳐진 남아메리카의 서쪽 바다에 배를 띄웠다. 연안 탐사에 나선 그는 유럽인 최초로 드넓고 평화로운 바다, 즉 태평양을 발견한 인물이 되었다.

발보아 이후로 주목할, 아니 훨씬 주목할 만한 업적을 쌓은 인물은 마젤란[Magellan]이었다. 포르투갈 출신으로 에스파냐에서 활동한 마젤란은 아메리카 대륙을 넘어 동남아시아로 항해하는 계획을 세웠다. 동쪽 항로는 포르투갈이 독점한 까닭에 인도로부터 후추를 들여올 수 있는 새로운 루트가 필요했던 에스파냐로서는 마젤란의 계획에 눈길이 갈 수밖에 없었다.

1519년, 에스파냐 국왕 카를로스 1세[Carlos I]의 지원을 받은 마젤란은 270명의 선원을 다섯 척의 선박에 나눠 태우고서 대서양을 건넜다. 오

태평양을 발견한 바스코 발보아와 세계 일주를 실행한 마젤란

늘날 리우데자네이루와 마젤란 해협이라 불리는 곳을 차례로 지나 이듬해 말에는 태평양에 닿았는데, 사고로 두 척의 배를 잃은 상태였다.

이후 망망대해를 서쪽으로 3개월여나 항해한 끝에 1521년 3월에는 괌섬에 닿았고, 다시 필리핀으로 건너갔다. 필리핀 원주민들과 우호적인 관계를 맺은 마젤란 일행은 그곳 사람들을 기독교도로 개종시키려고 애썼다. 마젤란은 그 과정에서 원주민들과 적대하는 부족들을 소탕하러 나섰다가 10여 명의 부하들과 함께 목숨을 잃었다.

살아남은 선원들은 배 한 척을 불사르고 두 척으로 현지를 탈출했는데, 필리핀 일대를 떠돌던 중에 뜻밖에도 향신료의 섬인 말루쿠제도를 발견했다. 포르투갈 무역권으로 들어선 이후에는 한 척이 난파하면서 겨우 남은 한 척만이 귀로에 올라 1522년 9월 에스파냐로 돌아올 수 있었다. 그때 향신료를 가득 실은 배에 타고 있던 선원의 수는 18명에 불과했다.

대항해 시대가 불러온 변화

15~16세기 대항해 시대를 움직인 동력은 종교적 열정이었으나 미지의 세계에 대한 호기심보다는 경제적인 욕구가 더 큰 몫을 차지했다. 대항해 시대의 쌍두마차 노릇을 했던 포르투갈과 스페인은 바다 건너에서 엄청난 부를 획득했으며, 특히 스페인은 유럽 최고의 강대국으로 부상할 수 있는 토대를 마련했다.

반면, 포르투갈과 스페인에 발견당한 아프리카나 아메리카는 참혹한 고통과 수탈의 시대를 맞이하게 되었다. 인도 항로의 중간 기착지로 아프리카 해안 곳곳에 건설된 해양 기지는 아프리카인들을 잡아다 수출하는 노예무역 기지로 활용되었다.

포르투갈의 노예상들은 짐승을 포획하듯 흑인을 붙잡거나, 어리석은 부족장을 꼬드겨 부족민을 싸게 넘겨받았다. 그렇게 모은 노예들을 아메리카로 데려가 팔아 버리고, 그 돈으로 현지에서 설탕과 담배를 구입해 유럽으로 가서 비싼 값에 처분했다.

이렇게 아프리카, 아메리카, 유럽 등 세 개 대륙 사이를 이동하며 거래하는, 이른바 삼각무역을 통해 포르투갈 상인들은 큰 부를 쌓았다. 뒤늦게 삼각무역에 뛰어든 에스파냐, 잉글랜드, 네덜란드 쪽 사람들도 아프리카 사람들을 붙잡아 노예로 팔아먹는 데 열을 올렸다.

사람이 사람을 사냥하던 시대에 아프리카와 아메리카 사이에서 대

아즈텍 문명을 파괴하는 코르테스

규모 인구 이동이 일어났다. 아메리카로 유입된 인구는 광산이나 농장에서 짐승 같은 대접을 받으며 죽을 때까지 노동력을 착취당했다.

아프리카 사람들에게 노예의 굴레를 씌웠던 유럽인들은 중남미 원주민들에게도 무자비한 행동을 서슴지 않았다. 1521년, 에스파냐의 장군 코르테스^Cortes^는 오늘날의 멕시코 지역에 번성했던 아즈텍 제국을 공격해 원주민을 학살하고 문명을 파괴해 버렸다. 또한 1533년에는 역시나 에스파냐의 장군인 피사로가 안데스 고원에 있던 잉카 제국을 침략해 멸망시켰다. 살아남은 아즈텍족과 잉카족은 탄광과 농장으로 끌려가 강제 노역에 시달려야 했다.

대항해 시대에 아프리카나 아메리카를 넘어 인도양의 파도를 가르고 태평양의 물살을 건넌 유럽인들은 동방의 아시아 지역에도 자신들의 족적을 뚜렷하게 남겼다. 1543년 일본에 도착한 포르투갈 상선을 통해 기독교가 전파되었으며, 유럽에도 일본의 문물이 소개되었다.

15~16세기는 유럽인들이 펼친 항해와 지리상의 발견으로 오랫동안 대륙별로 고여 있던 문명의 둑이 허물어지기 시작했다. 이로써 근대로 가는 변화의 흐름이 조성되었을뿐더러, 문물의 수준에서 동양보다 아래였던 서양이 세계사를 주도하는 선진 세계로 올라설 수 있는 계기가 마련되었다.

이탈리아의 르네상스

포르투갈인들이 아프리카 서부 해안을 탐사하고 있을 즈음 지중해 일대에서는 장원 경제로부터 자유로운 자치 도시를 중심으로 새로운 문화 흐름이 조성되었다. 사상과 문학, 미술, 건축 등 다양한 분야에서 고대 그리스와 로마의 문화를 부흥시키는, 이른바 르네상스 운동은 이탈리아 북부에서 시작되어 유럽 각지로 퍼져 나갔다.

14~16세기 북부 이탈리아가 르네상스 운동의 중심지 역할을 할 수 있었던 데는 자유로운 문화가 강한 자치 도시들의 성장을 빼놓을 수 없다. 그리고 로마 제국 이후로 계승되어 온 고전의 전통, 십자군 전쟁에 따른 활발한 물류 이동이 가져다준 경제적 부, 선진 동방 문화의 수입 및 당대 지식인들의 유입 등도 문예 부흥의 꽃을 피울 수 있는 요인으로 작용했다.

르네상스의 출발을 알리는 첫 나팔 소리는 단테에게서 나왔다. 그는 1321년 완성한 자신의 역작 《신곡》을 통해 고대 그리스 및 로마의 철학과 기독교 신앙의 토대 위에서 당대 인류를 향한 계몽과 미래의 전

《신곡》을 쓴 단테와《데카메론》을 쓴 보카치오

망을 제시했다.

아직 중세적 그늘에서 머무는 단테에 이어 근대적 양지로 첫걸음을 뗀 페트라르카는 인간과 자연의 아름다움을 가감 없이 표현한 서정시를 이탈리아어로 집필했다. 한편, 그의 제자인 보카치오는 단편소설집인《데카메론》을 써서 흑사병이 만연한 당시 봉건 사회의 불합리와 교회의 위선을 적나라하게 묘사하고 고발함으로써 당대와 후대의 작가들에게 영향을 끼쳤다.

회화에서는 종교화의 어둡고 무거운 채색 안으로 밝고 자유로운 무드가 끼쳐드는 가운데, 새로운 소재로서 그리스 신화와 일상적인 생활이 포착되기도 했다. 특히 주목할 대목으로는 이상적인 르네상스인의 면모를 구현한 것으로 평가받는 천재 레오나르도 다빈치^{Leonardo da Vinci}를

레오나르도 다빈치의 〈최후의 만찬〉과 라파엘로의 〈아테네 학당〉

레오나르도 다빈치, 미켈란젤로, 라파엘로

비롯해 미켈란젤로^{Michelangelo}와 라파엘로^{Raffaello} 등 불세출의 거장들이 등장해 회화의 황금시대를 구현했다는 점이다.

건축은 중세적 폐쇄성을 벗고 근대적 개방성을 강조하는 방향으로 흘렀다. 로마식 돔과 아치, 그리스식 열주 양식이 재발견되어 르네상스풍 건축으로 발전했다. 가장 대표적인 건축물로 손꼽히는 것은 대형 채광창과 106미터 높이에 씌운 돔 지붕 등이 인상적인 브루넬레스키^{Brunelleschi}의 피렌체 대성당이다.

조각의 경우는 건축의 부속물에서 독자적인 장르로 떨어져 나와 존재감을 찾기 시작했다. 〈다비드 상〉을 세운 도나텔로^{Donatello}와 〈천국의 문〉을 연 기베르티^{Ghiberti} 등을 거쳐, 레오나르도 다빈치에 버금가는 르네상스적 예술가인 미켈란젤로의 〈피에타 상〉과 〈다비드 상〉에 이르러서는 예술적 완성도에 정점을 찍었다.

이러한 이탈리아 르네상스의 성장과 발전은 자치 도시의 일원이었던 피렌체를 실제적으로 통치한 메디치 가문의 지원에 크게 힘입었다. 금융업으로 막대한 부를 축적한 이 평민 가문은 1400년부터 1748년까지 350년 가까이 명맥을 이어 갔으며, 학문과 예술에 대한 후원으로 피렌체에서 르네상스 시대가 개화하는 데 결정적인 기여를 했다.

이탈리아 밖의 르네상스

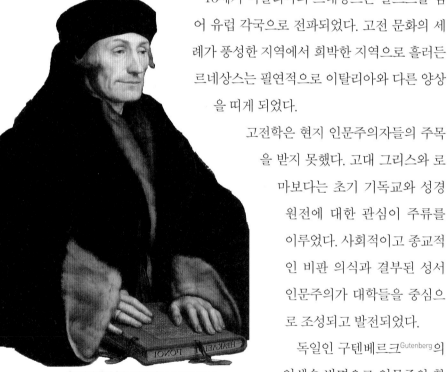

16세기 이탈리아의 르네상스는 알프스를 넘어 유럽 각국으로 전파되었다. 고전 문화의 세례가 풍성한 지역에서 희박한 지역으로 흘러든 르네상스는 필연적으로 이탈리아와 다른 양상을 띠게 되었다.

고전학은 현지 인문주의자들의 주목을 받지 못했다. 고대 그리스와 로마보다는 초기 기독교와 성경 원전에 대한 관심이 주류를 이루었다. 사회적이고 종교적인 비판 의식과 결부된 성서 인문주의가 대학들을 중심으로 조성되고 발전되었다.

독일인 구텐베르크Gutenberg의 인쇄술 발명으로 인문주의 확

《우신예찬》과 《자유의지론》을 쓴 에라스무스

산이 촉진되는 가운데, 네덜란드의 인문학자인 에라스무스^{Erasmus}는 라틴어 주석을 붙인 그리스어 신약을 출간하는 한편,《우신예찬》과《자유의지론》등을 저술해 교회의 타락과 분열상을 비판했다. 그의 제자이자 잉글랜드의 인문주의자인 토머스 모어^{Thomas More}는 자신의 저서 《유토피아》를 통해 당시 사회의 부조리를 고발하고 공산제적 이상 사회를 그려 냈다.

문학에서는 프랑스의 라블레^{Rabelais}가 쓴《가르강튀아와 팡타그뤼엘》, 스페인의 세르반테스^{Cervantes}가 집필한《돈 키호테》등 풍자문학이 선보이면서 자유롭고 분방한 근대적 인간형을 실험했다. 잉글랜드에서는 대문호 셰익스피어^{Shakespeare}가 등장해 치열한 인간 본성에 기초한 다양한 희비극들을 집필함으로써 국민문학의 전성시대를 열었다.

루터, 성서 중심의 종교 개혁

16세기 초, 로마 가톨릭은 성직 매매는 물론이고 면죄부까지 판매하는 극심한 타락상을 보여 주었다. 독일 아우구스티누스 수도회 소속 신학자인 마틴 루터^{Martin Luther}는 1517년 교황의 면죄부 판매를 비판하는 95개 조의 반박문을 발표했다.

일찍이 15세기 초에도 교황의 면죄부 판매를 비판한 신학자 얀

종교 개혁을 일으킨 마틴 루터

면죄부 판매를 묘사한 목판화

후스^{Jan Hus}를 파문해 화형시킨 바 있는 로마 교황청은 이번에도 파문 조치로 응수하려 했다. 하지만 일개 신학자의 입을 틀어막는 것으로 문제는 해결되지 않았다. 대량 활판 인쇄기를 통해 이미 루터의 반박문이 독일 전역으로 급속히 퍼져 나갔기 때문이었다.

루터는 신성 로마 제국 황제가 나서서 독일 안에 있는 모든 교회의 토지와 재산을 로마 교황청으로부터 빼앗아 와야 한다고 주장했다. 그래야만 교회가 교황의 지배에서 벗어나 성서의 가르침을 따르는 교회로 거듭날 수 있다는 취지였다.

이에 발끈한 교황 레오 10세는 1521년 마침내 루터를 파문했고, 신성 로마 제국 황제도 교황의 편에 서서 루터를 추방시켰다. 종교 권력과 세속 권력으로부터 동시에 버림받아 위기에 처한 신학자를 비호해 준 것은 작센 영방의 선제후였다.

루터는 선제후의 바르트부르크성에 은거하는 동안 라틴어로 된 신약성서를 독일어로 번역하는 작업을 완수했다. 이후 독일어 성서의 출간으로 일반 민중들도 성서를 읽을 수 있게 되었고, 루터의 개혁을 지지하는 사람들도 점점 늘어났다. 세력을 키운 루터의 지지자들은 로마 가톨릭에 저항했는데, 독일 중북부 지역에 세워진 루터파 교회는 '저항'이란 의미의 프로테스탄트, 즉 개신교로 불리었다.

루터의 종교 개혁은 부패한 교회를 성서의 가르침에 맞게 개혁하는 차원의 운동이었다. 그의 관심은 교회에 머물렀을 뿐 민중에게로 나아가지 않았다. 따라서 1523년 종교 개혁의 불똥이 교회의 오랜 착취에 시달려 온 남부 독일 농민들 사이에서 반란의 불길을 지피자, 그는 단호히 농민들의 반대편에 섰다. 결국 혁명을 꿈꾼 농민 반란은 진압당했으며, 독일 남부 지역은 루터파 교회의 불모지로 남게 되었다.

칼뱅, 신정주의적 종교 개혁

장 칼뱅Jean Calvin은 당대 교회에 대해 마틴 루터의 문제의식을 공유했던 프랑스 출신 종교 개혁가였다. 1533년 에라스무스와 루터를 인용한 강연의 초고를 쓴 그는 이단으로 낙인찍혀 숨어 지내는 신세가 되었다.

1535년, 프랑스 국왕 프랑수아 1세François I가 개신교를 이단으로 규정하고 박해하면서 신변의 위협을 느낀 칼뱅은 스위스의 바젤로 옮겨 갔다. 그리고 그곳에서 개신교 철학의 고전으로 평가받는《기독교 강요》를 저술했다.

프랑스 종교 개혁가 칼뱅

칼뱅이 저술을 통해 강조한 대표적인 두 가지는 '성서 지상주의'와 '구원 예정설'이었다. 성서 지상주의란 부패한 교회의 가르침을 버리고 오직 성서의 교리에 충실해야 한다는 의미였다. 구원 예정설이란 신의 구원을 받을 사람은 이미 정해져 있다는 뜻이었다. 교황이 파는 면죄부 따위로는 결코 천국에 갈 수 없다는 주장인 셈이었다.

교황을 위시한 가톨릭교회 전체를 이단화시키는 칼뱅의 논리는 프로테스탄티즘, 즉 개신교 신앙을 옹호하기 위한 강력한 변론이었다. 그리고 칼뱅의 교리 중 구원 예정설은 훗날 자본주의 정신과 강한 유대를 맺었다.

사람은 누구나 자신이 신의 구원을 예정받았는지 알 수 없으므로 성서에 입각해 정직하고 성실하게 살아야 하는데, 그 결과로 세속적 성공과 재물을 얻게 된다면 그것은 구원의 신성한 징표라고 가르쳤던 것이다. 그 덕분에 사업을 통한 이윤 추구와 부의 축적이 교회 안에서 가치 있는 신의 소명으로 받아들여지게 되었다.

마틴 루터에게서 교회의 지휘권은 신성 로마 제국 황제의 몫으로 이해되었다. 반면에 장 칼뱅의 경우는 교회가 국가 권력으로부터 신성불가침의 권리를 보장받아야 할뿐더러, 교회를 중심으로 사회를 재구성해야 한다고 보았다. 교회가 종교는 물론이고 정치까지 장악해야 한다는 입장이었던 것이다.

이러한 칼뱅의 생각은 스위스 제네바에 세워진 칼뱅 공동체를 통해 현실화되었다. 칼뱅 교회의 로마라고 할 수 있었던 제네바의 공동체 시민들은 누구나 엄격한 신앙생활을 해야 했다. 축제나 오락이나 사교 모임 따위는 일절 금지되었으며, 공동체의 규율을 어긴 자에게는 혹독한 처벌이 가해졌다.

스위스에 강고한 신정주의의 깃발을 꽂은 칼뱅주의는 프랑스, 스페인, 스칸디나비아를 비롯해 브리튼섬, 아일랜드, 헝가리, 폴란드 등 유럽 전역으로 퍼져 나갔다. 그러면서 프랑스에서는 위그노, 잉글랜드에서는 청교도, 스코틀랜드에서는 장로교 등으로 변모하며 정착하게 되었다.

스위스 종교 개혁가 츠빙글리

헨리 8세, 이혼을 위한 종교 개혁

1509년, 잉글랜드 튜더 왕조의 창시자인 헨리 7세가 죽고 왕위에 오른 헨리 8세는 형수와 결혼한 인물이었다. 부왕 재위 당시 장남인 형이 병사하면서 부왕의 권유로 형수 캐서린과 결혼식을 올렸던 것이다. 캐서린은 당시 유럽의 강대국으로 부상한 에스파냐의 이사벨 1세와

영국 종교 개혁의 발단이 된 헨리 8세와 캐서린 왕비의 이혼

페르난도 2세의 막내딸이었다. 그녀는 에스파냐와 결혼 동맹을 맺고자 했던 헨리 7세의 노력으로 잉글랜드 왕실의 첫째 며느리가 되었다가, 다시 둘째 며느리로 재취하는 기구한 팔자의 주인공이 되었다.

하지만 캐서린의 기구함은 그 정도에서 멈추지 않았다. 캐서린에게서 아들 후계자를 얻지 못한 헨리 8세가 궁녀 앤 불린^{Anne Boleyn}과 결혼하기 위해 이혼을 추진했던 것이다. 로마 가톨릭 교리상 이혼이 금지된 상황에서 헨리 8세는 형수와 결혼한 것이 성서에 위배된다는 이유를 들어 로마 교황청에 이혼 승인을 요청했다.

교황청은 헨리 8세와 캐서린의 이혼을 허락하지 않았다. 당시 로마 가톨릭의 최고 후원자 역할을 한 신성 로마 제국의 황제 카를 5세가 캐서린의 조카였던 까닭에 교황청으로서는 달리 처분하기가 어려운 입장이었다.

이에 헨리 8세는 잉글랜드 내부의 사법 절차를 통해 1531년 캐서린과 기어이 이혼하고, 앤 불린과 재혼을 감행했다. 승인받지 않은 이혼에 대한 교황청의 간섭이 계속되자 헨리 8세는 1534년에 잉글랜드 교회를 로마 교황청으로부터 분리시키는 조치를 단행했다. 즉, 잉글랜드 국왕이 잉글랜드 교회의 최고 지도자라는 수장령을 발표했던 것이다. 이로써 국왕의 지배를 받는 국교회가 성립되기에 이르렀다.

국교회 성립에 따른 수도원 해체와 교회 재산의 국고 환수가 진행되었다. 그러나 헨리 8세의 종교 개혁은 이 단계에서 더 진행되지는 않았다. 단지 로마로부터 떼어 냈을 뿐, 교리 논쟁도 없었고 신앙이나 예배 형식도 정통 가톨릭의 것을 거의 그대로 가져왔다. 그 때문에 국교회는 로마 가톨릭과 흡사한 개신교의 모습으로 전하게 되었다.

카를 5세, 지구 정복을 위한 종교 전쟁

개신교의 교세가 확장하면서 종교 개혁 시대에 유럽의 종교 분포는 개신교인 신교와 로마 가톨릭인 구교가 국가별로 독점적이거나 혼재하는 양상을 보였다. 즉, 이탈리아를 위시해서 포르투갈, 에스파냐, 폴란드, 아일랜드 등은 구교가, 잉글랜드와 덴마크, 노르웨이, 스웨덴 등은 신교가, 그리고 신성 로마 제국이나 프랑스는 구교와 신교가 분포하고 있었다.

구교와 신교가 혼합된 나라

카를 5세

세계 정복을 꿈꾼 카를 5세가 이탈리아를 지배하기 위해 프랑스와 싸운 파비아 전투

들의 경우 종교 갈등이 점차 심화되면서 서로 죽고 죽이는 분쟁 상황
으로까지 치달았다. 먼저 신성 로마 제국에서는 독실한 가톨릭 신자였
던 황제 카를 5세가 1540년 개신교 귀족들을 상대로 전쟁을 선포했다.

카를 5세는 전임 황제였던 막시밀리안 1세의 손자로, 모친이 에스
파냐의 이사벨 1세와 페르난도 2세의 슬하에서 유일하게 살아남은 자
녀였다. 그런 까닭에 에스파냐의 왕위까지 승계하게 된 행운의 군주였
다. 에스파냐 왕명으로는 카를로스 1세로 불리는 카를 5세는 자신의
행운이 과대망상으로 발전해 세계 정복을 꿈꾸었다.

카를 5세의 세계 제국 건설을 위해서는 내부적으로 개신교 세력을
억압해 가톨릭 제국의 순수성을 확보하고, 대외적으로는 프랑스와 이
탈리아를 점령해야 했다. 그런 다음 기독교 세계의 큰 적인 오스만 제
국을 무찌르고, 나아가 아메리카와 필리핀 식민지에 대한 지배력을 확

고히 하면서 나머지 세계를 모조리 복속시켜야 했다.

이처럼 원대한 지구 정복 프로젝트의 일환으로 단행된 카를 5세의 선전포고에 따라, 신성 로마 제국의 영방들은 구교 세력과 신교 세력으로 양분되어 피비린내 나는 싸움을 벌였다. 그 와중에 신교와 구교의 화해를 모색하는 종교회의가 1545년 이탈리아 트렌토에서 소집되기도 했다.

구교와 신교 사이의 싸움은 종교 회의 정도로는 수습되지 않았다. 카를 5세는 점점 더 격렬해지는 종교 전쟁의 수렁 속에서 허우적거리며 현실적 한계를 절감했다. 1552년 자신의 동생 페르디난트에게 전권을 넘기고, 파사우 조약을 통해 신교에 대한 신앙의 자유를 허용했다. 그리고 1555년 아우크스부르크 화의에서 구교와 신교의 타협안을 공식화시켰다.

아우크스부르크의 결정에 따라 제국 내 영방의 제후들은 구교와 신교 중 하나를 선택할 수 있게 되었다. 다시 말해 제후가 구교를 선택하면 백성들도 구교를 믿고, 제후가 신교를 선택하면 백성들도 신교를 믿게끔 한 것이다. 제후에게만 허락된 불완전한 신앙의 자유이긴 했지만, 이로써 구교와 신교 간 갈등의 수위는 크게 낮아지게 되었다.

카를 5세는 1556년 스스로 권좌에서 내려왔다. 아들인 펠리페 2세에게는 에스파냐와 나폴리, 시칠리아 등의 지배권을 물려주었으며, 동생 페르디난트는 신성 로마 제국을 상속받아 페르디난트 1세가 되었다. 일찍이 세계 정복을 꿈꾸었던 카를 5세는 에스파냐의 유스테 수도원에서 조용히 말년을 보내다가 1558년 숨을 거두었다.

샤를 9세, 개신교 대학살

신성 로마 제국에서 종교 전쟁이 시작되고 7년 후인 1547년 프랑스 왕에 오른 앙리 2세^Henry II^는 개신교를 박해했다. 그러면서 신성 로마 제국 황제인 카를 5세와도 충돌이 잦았다. 그는 신성 로마 제국의 개신교 영방을 지원해 카를 5세에게 부담을 안기기도 했다.

앙리 2세에 이어 1559년 왕이 된 프랑수아 2세의 나이는 15세였다. 모후인 카트린 드 메디시스가 섭정을 맡았는데, 외척 기즈 공작과 그의 가문이 권력을 독점하자, 부르봉 가문 중심의 개신교 귀족들은 가톨릭 신자인 외척들의 보호막으로부터 왕을 빼낼 음모를 꾸몄다.

하지만 사전에 음모가 발각되면서 기즈 가문 중심의 가톨릭 세력과 부르봉 가문 중심의 개신교 세력 사이에 싸움이 벌어졌다. 1562년 시작해 1598년까지 36년 동안이나 지속되었던 프랑스의 종교 전쟁은 위그노 전쟁^Huguenots Wars^으로 불린다.

전쟁의 양상이 최악으로 치달은 시기는 1572년 8월 24일부터 10월까지였다. 이때 가톨릭 세력이 개신교인 위그노파 신도들을 습격해 수천 명을 학살하는 참극을 벌였다. 8월 24일은 성 바르톨로메오의 축일로, 당시 국왕 샤를 9세가 신교파를 중시하는 데 위기감을 느낀 구교파가 모후인 카트린의 재가를 얻어 자행한 이 사건은 성 바르톨로메오 축일의 대학살로 불린다.

1574년 샤를 9세가 죽고 앙리 3세가 왕에 올랐다. 프랑수아 2세와 샤를 9세, 그리고 앙리 3세는 모두 형제였다. 부자가 아닌 형제의 왕위 세습은 종교 갈등으로 촉발된 내전이 낳은 왕정 불안의 한 단면이라 할 수 있었다. 결정적으로 앙리 3세는 1589년 암살당했다. 그와 동

성 바르톨로메오 축일의 대학살

시에 1328년 필리프 6세부터 이어져 내려오던 발루아 왕조도 문을 닫았다.

　　프랑스의 새 왕이 된 인물은 개신교 세력인 부르봉 가문의 앙리 4세였다. 앙리 4세는 정국의 안정을 도모하기 위해 가톨릭으로 개종했으며, 1598년에는 가톨릭을 국교로 삼되 개신교 신앙의 자유를 허용하는 낭트 칙령을 발표했다. 이로써 프랑스의 종교 전쟁이 막을 내리게 되었다. 그러나 내전의 앙금이 아직 가시지 않은 1610년, 앙리 4세는 가톨릭 광신도의 칼에 찔려 숨을 거두었다.

펠리페 2세, 에스파냐의 절정과 추락

1516년, 카를로스 1세의 즉위와 함께 합스부르크 왕가의 에스파냐 지배가 시작되었다. 그로부터 3년 후, 카를로스 1세는 신성 로마 제국 황제의 자리에도 올랐다. 황제로서는 카를 5세라 불리는 카를로스 1세 시기에 에스파냐는 '해가 지지 않는 제국'으로 통했다. 에스파냐와 신성 로마 제국 땅에, 프랑스 왕실의 먼 친척이라서 상속받은 부르고뉴 공국에, 에스파냐의 식민지인 아메리카 대륙까지 관할 영토가 그만큼 넓다는 의미였다.

1556년, 카를로스 1세가 은퇴하면서 신성 로마 제국은 동생인 페르디난트 1세에게 주어지고, 에스파냐를 비롯한 나머지 땅은 그의 아들이자 잉글랜드 여왕 메리 1세의 남편인 펠리페 2세의 차지가 되었다.

펠리페 2세

펠리페 2세는 상속받은 광대한 영토 전역에 총독을 파견해 지방에 대한 중앙 정부의 장악력을 높였다. 절대왕정 체제를 구축했던 것이다.

펠리페 2세의 에스파냐는 1571년 오스만 제국과 벌인 레판토 해전에서 승리해 유럽 최고의 해상 강국으로서 그 위용을 뽐냈다. 이때 오스만의 함대를 격파한 에스파냐의 함대는 세상에서 당해 낼 적수가 없다는 뜻으로 '무적함대'라는 명예로운 호칭을 선사받았다.

펠리페 2세는 1580년 포르투갈의 왕에 올랐다. 전임 국왕이었던

유럽 최고의 해상 강국임을 확인한 레판토 해전

조카가 후계자 없이 죽으면서 비어 버린 왕좌를 차지한 것이었다. 포르투갈을 수중에 넣은 펠리페 2세는 이베리아반도의 유일무이한 주인이 되었다.

이처럼 너무나 잘나갔던 펠리페 2세였지만, 모든 것이 순조롭지만은 않았다. 옥에 티 같은 존재인 네덜란드가 있었다. 합스부르크 왕가의 통치령으로 카를로스 1세 때 에스파냐의 지배를 받게 된 네덜란드는 1568년부터 개신교 귀족들을 중심으로 독립을 위해 궐기하기 시작했다.

1572년 발발한 네덜란드 독립 전쟁에서 펠리페 2세의 에스파냐 군대는 네덜란드 북부 7개 주에서 결성한 독립군에게 밀렸다. 1581년 네

아르마다에서 영국군에게 패배한 스페인 무적함대

덜란드 연방 공화국 수립을 선포할 만큼 북부 7개 주 쪽에 유리해진 전쟁은 1609년 에스파냐의 최종적인 패배로 끝이 났다. 네덜란드 연방 공화국은 1648년 베스트팔렌 조약을 통해 독립을 공식적으로 승인받았다.

　에스파냐는 네덜란드 독립 전쟁 중인 1588년에 잉글랜드와도 한판 전쟁을 벌였다. 당시 잉글랜드는 메리 1세[Mary I]의 후임으로 여왕이 된 엘리자베스 1세[Elizabeth I]가 통치하고 있었다. 여왕이 네덜란드의 독립군을 지원한 것에 분노한 펠리페 2세는 무적함대를 출동시켰다.

　잉글랜드로 향하던 무적함대는 프랑스의 칼레 앞바다에서 잉글랜드 해군과 격돌했다. 전투의 결과는 뜻밖에도 잉글랜드 해군의 승리였다. 천하에 두려울 것이 없었던 무적함대는 불타고 으깨진 채로 칼레의 바닷속으로 가라앉았다.

　무적함대의 침몰과 더불어 에스파냐의 전성기도 내리막길로 접어들었다. 전쟁 자금으로 축이 난 국고는 1596년 펠리페 2세의 국가 파산 선언으로 이어졌다. 그리고 펠리페 2세가 다져 놓은 절대왕정 체제도 다음 대가 아닌 당대에 덧없이 와해되고 말았다.

엘리자베스 1세, 잉글랜드의 급성장

　1553년에 헨리 8세의 후임 왕이었던 에드워드 6세가 병사하자, 이복 누나인 메리 1세가 반대파의 훼방을 이겨 내고 왕위에 올랐다. 메리 여왕은 헨리 8세에게 이혼당한 첫째 부인 캐서린의 딸로 온갖 수모를 겪으며 성장했고, 부왕에 대한 증오와 가톨릭에 대한 독실한 신앙심으로 무장되어 있었다.

　메리 1세는 부왕이 디자인한 국교회의 나라 잉글랜드를 가톨릭 국가로 돌려놓기 위해 수많은 신교도들을 무자비하게 처형한 탓에 '피투성이 메리'라는 섬뜩한 별명을 얻었다. 즉위 후에도 반대파들의 군사적 도발에 시달려야 했던 그녀는 남편 펠리페 2세와의 사이에서 후계자를 얻고자 했으나 뜻을 이루지 못한 채, 우울증과 건강 악화에 시달리

메리 1세

절대왕정 절정기를 만든 엘리자베스 1세

다가 1558년 숨을 거두었다.

메리 여왕에 이어 잉글랜드의 새 여왕이 된 엘리자베스 1세는 헨리 8세의 둘째 부인이었던 앤 불린의 딸이었다. 앤 불린이 간통죄로 누명을 쓰고 처형되었다는 점에서 엘리자베스 여왕 또한 부왕에 대한 감정

윌리엄 셰익스피어와 프랜시스 베이컨

이 부정적일 수 있었다. 하지만 그녀는 전임 여왕의 가톨릭적 반동 정책을 폐하고 부왕의 국교회적 질서를 회복시켰다.

엘리자베스 1세는 적절한 강제와 양보로 의회를 잘 다루었고, 급격한 농촌 경제의 해체로 몰락한 농민들의 구제를 법제화했으며, 민생과 직결된 화폐 제도의 통일과 물가 폭등 방지에 힘을 쏟았다. 또한 중상주의 정책을 펼쳐 국내의 산업을 보호·육성하고 무역을 확대하면서 상인의 해외 진출을 촉진시켰다.

대외적으로는 에스파냐를 견제할 목적으로 네덜란드의 독립 운동을 지원하고, 그 때문에 에스파냐와 벌인 해전에서 당대 최강의 무적함대를 격파함으로써 잉글랜드가 해양 대국으로 성장할 수 있는 기회를 잡았다. 1600년에는 유럽 최초로 동인도회사의 설립을 허가해 잉글랜드가 동양에 대한 무역과 식민지 확보 경쟁에서 우위를 점할 수 있게 했다.

여왕의 안정된 치세로 조성된 명랑하고 활기찬 분위기는 사회 전반의 문화적 욕구를 증폭시켰다. 또한 셰익스피어, 스펜서, 베이컨 등 뛰어난 문인과 학자가 등장해 능력을 펼칠 수 있는 기반을 제공했다. 이렇듯 왕국을 황금시대로 이끈 엘리자베스 여왕은 국민들의 존경과 사랑을 한 몸에 받았으며, 잉글랜드의 절대왕정 체제도 절정을 구가할 수 있었다.

네덜란드의 눈부신 성장

네덜란드인들은 독립 전쟁을 벌이던 와중에도 북방 무역을 위해 발트해 진출을 게을리하지 않았다. 한 손에는 무기를 잡고, 다른 손에는 회계장부를 들 수 있는 것이 네덜란드인들이었다. 그들은 장사에 대한 열정으로 17세기 중엽 북방 무역의 70퍼센트를 장악할 수 있었다.

1602년, 네덜란드는 잉글랜드에 이어 두 번째로 동인도회사를 설립했다. 또 1621년에는 서인도회사를 만들어 아프리카와 아메리카에 대한 무역을 관장했다. 이를 통해 세계 향신료 무역의 최강자였던 포르투갈을 제압했으며, 아프리카의 흑인 노예와 아메리카의 특산물과 바꿔 유럽에서 이윤을 창출하는 삼각무역에도 적극적으로 뛰어들었다.

17세기 초반, 네덜란드는 유럽의 경제 수도로 부상한 암스테르담에 외환은행과 증권거래소를 세웠을 뿐 아니라, 여타 유럽 국가들의 선박들을 모두 합친 것보다 많은 수의 배들을 보유하고 있었다. 땅은 좁고 낮아도 금융과 해운 영토에서는 누구도 넘볼 수 없는 대국의 지위를 확보하고 있었던 것이다.

암스테르담에 설립한 동인도회사 조선소

유럽 내 경제 헤게모니를 장악한 네덜란드는 17세기 내내 전 세계의 바다를 누비며 부를 늘리기 위한 싸움을 계속해 나갔다. 이 같은 전투적인 이윤 추구의 결과는 마다가스카르, 자바, 실론, 수마트라 등 해외 식민지의 확장으로 나타났다.

러시아의 공국 시대와 제국의 출현

노브고로드 공국의 창건자인 류리크의 후손이 882년경 세운 키예프 공국은 주변의 다른 공국들을 지배하면서 세력을 키워 나갔다. 스스로를 '루시'라 칭했던 키예프는 점차 왕국의 면모를 갖추었으며,

노브고로드 공국을 점령한 이반 3세

988년 왕실에서 받아들인 동방정교회를 루시인 통합의 수단으로 활용했다.

하지만 1054년 왕실이 분열하면서 블라디미르, 모스크바, 노브고로드 등 여러 공국들이 키예프에서 떨어져 나갔다. 세력이 약해지기 시작한 키예프는 이민족들의 침입에 시달리다가 1223년 몽골족 군대에 정복되었다.

몽골 제국의 지배를 받는 동안, 각 공국의 제후들은 공물과 세금 등을 몽골족에게 바쳐야 했다. 이러한 제후들을 통해 몽골은 공국들을 간접적으로 통치하는 방식을 취했다. 그리고 공국들 중에서 가장 우호적인 모스크바 공국을 대공국으로 격상시켜 루시인 공국들의 대표로 삼았다.

몽골의 지배 아래 노브고로드 공국을 비롯한 여러 공국들을 점령해 세력을 키운 모스크바 대공국은 이반 3세 때인 1480년 몽골로부터 독립을 선언했다. 이반 3세는 자신의 아내인 소피아가 비잔틴 제국의 마지막 황제인 콘스탄티누스 11세의 조카인 것을 빌미삼아 이미 1453년에 사라진 비잔틴 제국의 계승자임을 자처했다.

1492년, 이반 3세는 법률 제정, 행정 조직 정비, 토지 소유제 도입 등으로 국가 기틀을 확립하고, 러시아 전역에 대한 지배력을 공고히 다졌다. 그리고 크렘린궁을 건립해 왕의 거처로 삼았다.

이반 4세

모스크바 대공국을 제국으로 변모시킨 인물은 이반 4세로, 이반 3세의 후임 대공이었던 바실리 3세에 뒤이어 1533년 대공위에 올랐다. 즉위 초반 귀족들의 틈바구니에서 고초를 겪은 그는 1547년부터 자신을 황제라는 뜻의 '차르'로 칭하면서 친정을 시작했다.

이반 4세는 귀족 세력을 누르고 교회 세력도 발아래 두면서 강력한 중앙집권 체제를 구축했다. 또한 교회로부터 몰수한 토지를 지방 귀족들에게 봉토로 나눠 줌으로써 충성을 받아 냈다. 그리고 강력한 친위부대를 조직해 황제의 권위에 도전하는 세력을 제거해 나갔다.

이반 4세의 철권통치는 초기의 효율성이 사라지고 공포와 의심의 뼈대만 남겨지면서 행정적인 혼란과 경제적인 쇠퇴를 불러왔다. 그 피해는 가장 낮은 계층인 농민에게로 집중되었으며, 땅을 잃고 유랑하는 농민들의 수가 날로 늘어났다.

보리스 고두노프

1584년, 이반 4세가 죽고 아들인 표도르 1세가 권좌에 올랐지만, 병약했던 탓에 실권은 처남인 보리스 고두노프의 차지가 되었다. 1598년에 표도르 1세가 후사 없이 눈을 감으면서 9세기 중반부터 루시인의 나라를 다스려 온 류리크 왕조의 수명도 끝이 났다.

이후 러시아는 걷잡을 수 없는 혼란의 시대로 접어들었고, 로마노프 왕조가 들어선 1613년까지 혼란은 계속되었다. 농노화의 심화, 차르의 자리를 노린 귀족들의 권력 쟁투, 농민 반란, 그리고 폴란드의 침공과 모스크바 점령 등이 이 질곡의 시대를 뜨겁게 달구었다.

발칸반도의 속국들

1453년 콘스탄티노플이 함락당하면서 동로마 제국이 무너졌다. 그리고 오스만 제국의 깃발 아래 콘스탄티노플은 이스탄불로 개명되었고, 이슬람 제국의 수도로 바뀌었다. 그 안에 자리한 성 소피아 성당도 기독교의 신이 아닌 알라를 경배하는 모스크로 옷을 갈아입었다.

동로마 제국을 쓰러뜨린 오스만 제국의 칼날은 주변국으로 향했다. 먼저 1459년 세르비아를 친 데 이어, 1463년 그리스와 보스니아를 베

기독교 군대가 술레이만 1세의 군대에게 궤멸당한 모하치 전투

었으며, 1479년 알바니아의 숨통을 끊었다. 오스만 군대의 거침없는 공세로 발칸반도와 인근 동유럽은 이슬람의 영토가 되었다.

1521년 헝가리의 베오그라드가 오스만의 수중에 떨어졌다. 이후 오스만으로부터 베오그라드를 되찾기 위한 헝가리의 고군분투는 1867년까지 이어졌다. 끝내 되찾지 못한 이 도시는 오늘날 세르비아의 수도가 되었다.

1526년 오스만 제국이 헝가리를 다시 침공하자, 크로아티아와 슬로베니아, 체코, 슬로바키아 등이 헝가리를 도와 싸웠다. 하지만 헝가리의 두나강(도나우강) 근처에 자리한 모하치 평원에서 술레이만 1세^{Suleiman I}

오스만 제국이 승리한 프레베자 해전

의 군대와 충돌한 기독교 군대는 궤멸당했다. 이때 헝가리의 트란실바니아가 베오그라드의 운명을 뒤쫓았다.

1529년 술레이만 1세는 신성 로마 제국의 수도 빈을 한 달 이상 포위하기도 했다. 이는 신성 로마 제국과 대립하던 프랑스와 동맹을 맺은 상태에서 벌인 일이었는데, 오스만 세력이 서유럽 깊숙이까지 들어와 위협한 이 사건으로 당시 유럽 국가들은 큰 충격을 받았다.

유럽의 동부 지역을 휩쓴 오스만 제국은 지중해의 패권을 장악할 목적으로 함대를 움직이기 시작했다. 이에 교황 바오로 3세가 조직하고 스페인 국왕 카를로스 1세가 직접 참가하는 신성 동맹군이 결성되었다. 그리고 1538년 그리스 북서부 프레베자 근해에서 양측 함대가 맞부딪혔다. 승리의 조류를 탄 것은 오스만 함대였다.

술레이만 1세

프레베자 해전에서 이긴 오스만 제국은 1571년 레판토 해전에서 에스파냐에 패하기 전까지 33년 동안 지중해의 주인으로 군림했다. 그리고 1541년에는 헝가리도 전리품으로 획득할 수 있었다. 헝가리가 오스만의 손아귀에서 빠져나온 것은 1699년의 일이었다.

북유럽의 통합과 해체

1150년 스웨덴 국왕 에리크 9세가 핀란드의 일부 지역을 점령한 이후, 스웨덴은 틈틈이 핀란드의 영토를 잠식해 나갔다. 그러다 13세기 들어서 핀란드 전체를 스웨덴 왕국 안에 통합해 버렸다. 핀란드가 스웨덴의 지배에서 벗어난 것은 1809년의 일로, 스웨덴과 싸워 이긴 러시아의 대공국으로 자치령이 되면서부터였다.

14세기 후반에 핀란드를 합병한 스웨덴이 덴마크, 노르웨이 등 주변 국가들과 합쳐지는 사건이 벌어졌다. 말하자면 스칸디나비아반도 일대의 4개국이 하나의 국가로 통합된 것이다. 통합의 중심에는 덴마크 국왕 발데마르 4세의 딸인 마르그레테Margrete가 있었다.

스칸디나비아반도 통합의 중심 마르그레테

마르그레테가 4개국의 통치자가 된 데는 운명인지 모를 우연과 실력이 작용했다. 1363년 마르그레테는 노르웨이 왕 호콘 6세와 결혼했는데, 1380년 호콘 6세가 숨을 거두면서 아들인 올라프가 노르웨이의 왕좌에 올랐다. 이미 5년 전에 발데마르 4세의 뒤를 이어 덴마크의 왕좌에도 올랐던 올라프는 겨우 열 살의 나이에 두 나라를 다스리는 왕이 되었다.

결국 어린 왕을 대신해 모후인 마르그레테가 섭정으로 덴마크와 노르웨이를 통치했다. 그리고 1387년 올라프가 열일곱의 나이로 요절하자, 양국의 여왕으로 즉위해 마르그레테 1세가 되었다. 1389년에는 스웨덴 국왕 알브레히트와 싸워 승리하면서 스웨덴 여왕까지 겸임했다.

마르그레테는 1397년 스웨덴 남동부에 자리한 항구도시 칼마르에서 3국의 통합을 꾀하는 동맹을 출범시켰다. 칼마르 동맹^{Kalmar Union}은 덴마크 왕을 수장으로 120여 년 동안 지속되었는데, 16세기에 들어서면서 스웨덴이 동맹에서 이탈하려는 움직임을 보였다.

동맹의 수장국인 덴마크는 스웨덴과 한판 접전을 펼쳐 승리를 거두었지만, 스웨덴의 독립 의지를 꺾지는 못했다. 그리고 1523년 스웨덴의 귀족 구스타브 바사^{Gustav Vasa}가 봉기하면서 덴마크군을 무찌르고 독립의 꿈을 달성했다. 이로써 칼마르 동맹은 해체되었으며, 구스타브 바사는 독립 국가인 스웨덴 국왕 자리에 올라 구스타브 1세가 되었다.

4

근대 시대

30년 전쟁의 발발

유럽의 종교 전쟁은 16세기에 숙제를 끝마치지 못했다. 그 결과 못다한 숙제를 해치우느라 17세기 전반기 동안 유럽의 거의 모든 나라가 들러붙어 30년 동안 싸움을 벌였다. 유럽에서 종교 문제로 발생한 가장 크고 가장 나중의 전쟁으로 기록되고 있는, 이른바 30년 전쟁은 대강 네 시기로 구분된다.

첫 번째 시기는 1618년부터 1620년까지로, 합스부르크 왕조의 구교 세력과 보헤미아의 신교 세력 사이에 전투가 벌어졌다. 싸움의 발단은 신성 로마 영방의 제후들에게 구교와 신교의 선택권을 부여한 1555년 아우크스부르크 화의로 거슬러 올라간다.

아우크스부르크의 결정으로 독일, 즉 신성 로마 제국 안에서 날개를 단 것은 신교 세력이었다. 신교 중에서도 특히 칼뱅교가 황실이 있는 오스트리아를 제외한 제국 전체로 빠르게 퍼져 나갔다.

그 기세가 어찌나 대단했는지 영방 가운데 열에 아홉이 신교를 선택할 정도였다. 구교 세력은 예수회를 필두로 교세 회복에 적극적으로 나섰다. 예수회는 1540년 창설된 가톨릭 남

개신교 연합 대표 프리드리히 5세

30년 전쟁의 배경이 된 프라하 투척 사건

성 수도회로, 기도와 고행에 철저하고 교육 사업과 봉사 활동에 매진
해 당시 아시아든, 아프리카든, 아메리카든 어디라도 가리지 않고 달
려가 복음을 전파하는 열성을 보였다.

자유로운 포교가 전투적으로 진행되면서 구교와 신교의 갈등이 다
시금 불거지기 시작했다. 1608년 개신교를 선택한 제후들이 팔츠 선
제후인 프리드리히 5세를 대표로 삼아 개신교 연합을 결성했다. 그러
자 이듬해에는 가톨릭계 제후들도 바이에른 대공인 막시밀리안을 대
표로 세워 가톨릭 연맹을 만들었다.

이렇게 개신교 연합과 가톨릭 연맹이 서로 견제하면서 세력 대결을
펼치는 가운데, 오스트리아 대공 카를 2세의 아들인 페르디난트 2세
가 1617년 보헤미아의 왕으로 즉위했다. 독실한 가톨릭 신자였던 페

30년 전쟁의 첫 번째 기간을 끝낸 화이트 마운틴 전투

르디난트 2세는 개신교 귀족들이 장악한 의회를 무시한 채 신교 탄압 정책을 추진했다.

이에 불만이 고조된 개신교 의원들은 1618년 왕의 신임을 받는 가톨릭 관리들을 궁궐 창문 밖으로 던져 버리는 사건을 일으켰다. 페르디난트 2세가 의원들의 행동을 반란으로 규정하고 진압에 나선 데 대해 개신교 귀족들은 무장 투쟁으로 맞섰다.

결국 보헤미아의 개신교 세력과 전쟁을 시작한 페르디난트 2세는 이듬해 신성 로마 제국 황제인 사촌형 마티아스가 후사 없이 죽자 제위를 물려받았다. 위상이 급상승한 페르디난트 2세는 가톨릭 국가인 에스파냐를 전쟁에 끌어들였다.

한편, 보헤미아의 귀족들은 개신교 연합의 내표인 프리드리히 5세를 새 왕으로 추대하고 항전 태세를 다졌다. 신성 로마와 스페인 등이 가담한 가톨릭 군대와 일부 제후들이 연합한 개신교 군대의 대결 결과는 불을 보듯 뻔했다.

1620년, 개신교 군대는 프라하 서쪽의 바이서베르크 전투에서 참패했으며, 프리드리히 5세는 네덜란드로 도망쳤다. 그리고 개신교 국가를 지향했던 보헤미아는 합스부르크 왕조가 통치하는 신성 로마 제국의 영토로 복귀했다. 그와 동시에 신교도들에 대한 탄압도 시작되었다.

30년 전쟁의 확전과 종전

전쟁의 두 번째 시기는 1625년에서 1629년까지로, 망명한 선제후 프리드리히 5세의 호소에 호응하는 차원의 전쟁이었다. 개신교 국가인 잉글랜드, 네덜란드 등의 지원에다 덴마크 국왕 크리스티안 4세의 참전이 이루어졌다.

알프레히트 폰 발렌슈타인

국제전의 양상을 띠기 시작한 전쟁의 명분은 억압당하는 독일 개신교도의 구제였지만, 그 이면에는 다른 계산들이 꿈틀거리고 있었다. 덴마크 국왕은 독일 영토에 대한 관심이 각별했고, 잉글랜드는 가톨릭적 반동 정책을 펼치는 합스부르크 왕조에 대한 견제가 필요했으며, 네덜

브라이텐펠트 전투 배치도

란드는 에스파냐로부터의 독립 의지를 대외적으로 천명코자 했다.

개신교 국가들의 연합군에 맞서는 합스부르크 군대의 총지휘관은 보헤미아의 소귀족 출신인 알브레히트 폰 발렌슈타인Albrecht von Wallenstein이 었다. 발렌슈타인이 지휘하는 가톨릭 군대는 크리스티안 4세가 이끄는 개신교 군대와 싸워 대승을 거두었다. 1629년 양측은 독일 북부 발트해 연안의 뤼베크에서 강화 조약을 체결하고 전쟁을 끝냈다.

신성 로마 제국 군대가 발트해까지 진출한 이듬해, 이번에는 스웨덴 국왕인 구스타브 2세가 페르디난트 2세에게 도전장을 넌졌다. 이렇게 재개된 세 번째 전쟁은 1635년까지 이어졌다.

이번 전쟁에는 여태 참전하지 않았던 신교 군주들이 스웨덴 군대에 가담하면서 세력이 크게 불어났다. 1631년 구스타브 2세가 이끄는 개신교 연합군은 라이프치히 근교의 브라이텐펠트에서 황제의 군대를

뤼첸 전투에서 전사한 구스타브 2세

격파했다. 이때 제국 안에서 발렌슈타인과 더불어 최고의 장군으로 불리던 요한 틸리 장군이 전사했다.

전황은 개신교 군대에 전적으로 유리하게만 돌아가지 않았다. 다음 해 역시나 라이프치히 근교의 뤼첸에서 구스타브 2세의 군대는 발렌슈타인의 제국 군대와 싸워 이겼다. 하지만 구스타브 2세의 전사로 승리는 퇴색되었다.

수장을 잃은 이후로 개신교 군대에 불리해진 전황은 적장인 발렌슈타인의 갑작스런 파면으로 전기를 맞게 되었다. 당시 발렌슈타인이 자의적으로 화의를 진행하려 한 것이 페르디난트 2세의 심기를 건드리면서 취해진 조치였다.

파면 조치의 배후에는 페르디난트 2세와 발렌슈타인의 사이를 벌려 놓으려 했던 프랑스 재상 리슐리외^{Richelieu}의 이간질이 작용하고 있었다.

리슐리외는 신성 로마 제국의 약화가 이웃 나라인 프랑스의 국익에 보탬이 된다고 보았다.

파면 이후 반란을 획책하던 발렌슈타인은 1634년 황제파 자객들에게 암살당했다. 그리고 이듬해에는 프라하에서 신성 로마 제국과 스웨덴 간의 평화 조약이 체결되었다. 이렇게 세 번째 전쟁도 마무리되었다.

하지만 조약서에 잉크가 마르기도 전에 프랑스가 전면에 등장해 독일을 치고 에스파냐에도

종전을 제의한 페르디난트 3세

선전포고를 했다. 1635년부터 1648년까지 전개된 네 번째 전쟁에서 프랑스는 스웨덴과 연합전선을 폈다.

발렌슈타인이 사라진 제국의 군대는 프랑스와 스웨덴 연합군에 고전했다. 1637년에는 페르디난트 2세마저 죽었다. 다만 그런 상황에서도 일방적으로 밀리지는 않았다. 전황은 오락가락하면서 양쪽 진영에서 쉴 새 없이 전사자를 만들어 냈다.

한정 없이 길어지는 전쟁에 출구를 마련한 것은 신성 로마 제국의 새 황제인 페르디난트 3세였다. 부왕으로부터 상속받은 전쟁에서 별다른 희망을 발견할 수 없었던 페르디난트 3세는 1641년 종전을 제의했다. 그리고 1644년 참전국들이 모두 모인 가운데 강화 회의가 시작되었다.

서로 다른 입장들이 충돌하면서 협상은 늪지대를 행군하는 병사들

30년 전쟁을 끝낸 베스트팔렌 평화 조약

처럼 허우적거렸다. 그러다 1648년 스웨덴이 프라하를 점령하고, 프
랑스 군대가 제국 군대와 에스파냐 군대를 제압하자 협상에 속도가 붙
었다. 그리고 다음 해, 독일 북서부에 자리한 베스트팔렌에서 평화 조
약을 맺고, 30년을 끌어온 전쟁에도 마침내 종지부를 찍었다.

신성 로마의 추락과 프로이센의 등장

1649년 체결된 베스트팔렌 조약은 유럽을 조약 이전과 조약 이후로
나눌 정도로 큰 변화의 분기점이 되었다. 종교를 앞세웠으나 뒤로는

패권을 다툰 전쟁이었던 까닭에 참전국들 사이에 주고받아야 할 전리품이 많았다.

승전국인 프랑스는 라인강 유역까지 영토를 넓힐 수 있었다. 또한 스웨덴도 발틱해와 북해의 넓은 지역을 차지하게 되었다. 그리고 네덜란드와 스위스는 독립국의 지위를 공식적으로 승인받았다.

한편, 칼뱅파와 루터파에게는 동등한 신앙의 자유가 주어졌다. 농노나 신민의 경우에도 지주나 영주의 믿음과 다른 종교 행사에 참여할 수 있게 되었다. 자유는 신성 로마 제국 황제에게 묶여 있던 제후들에게도 주어져 관할 영토에 대한 주권, 외교권, 조약 체결권 등에서 황제의 개입이 차단되었다.

이처럼 베스트팔렌 조약은 로마 가톨릭과 신성 로마 제국의 지배적 질서를 해체시켰다. 그 결과 유럽의 정치는 오랜 종교적 속박에서 벗어나 세속화할 수 있는 전기를 맞이했는데, 이는 근대화와 절대주의 국가의 성립으로 이어졌다.

그리고 합스부르크 왕가의 경우는 오스트리아와 주변 소국들로 통치 범위가 크게 축소되면서 독일 지역에 새로운 강자가 출현할 수 있는 기회로 작용했다. 브란덴부르크 공국이 그런 기회를 잡았는데, 북동부의 프로이센과 결합해 브란데부르크-프로이센, 흔히 프로이센이라고 부르는 국가가 되었다. 프로이센은 30년 전쟁으로 황폐해진 독일 재건의 중심 역할을 수행하면시 지역 내 최고의 실력자로 성장해 나갔다.

루이 14세, 국가가 된 절대군주

30년 전쟁으로 신성 로마 제국이 몰락한 유럽에서 프랑스는 최고 강대국의 자리를 차지했다. 프랑스의 국력을 신장시키는 데 공헌한 인물은 루이 13세 때 재상을 지낸 리슐리외였다. 고문관에서 재상까지 왕의 측근으로 18년을 활동하는 동안, 리슐리외는 절대왕정 체제의 기반 구축에 힘을 쏟았다.

정통 가톨릭 신자였던 리슐리외는 개신교인 위그노파를 탄압했는데, 이것은 종교 갈등이라기보다는 왕권에 순종하지 않는 세력을 제거한다는 성격이 강했다. 30년 전쟁에서 가톨릭 국가인 신성 로마 제국의 지도부를 이간질한 것도 그의 정치적 판단 기준이 종교가 아닌, 국익이라는 사실을 잘 보여 준다.

1642년 리슐리외가 죽고 이듬해 루이 13세도 숨을 거두면서 프랑스의 리더십은 루이 14세와 신임 재상 마자랭^{Mazarin}에게로 넘겨졌다. 즉위 당시 루이 14세의 나이가 겨우 다섯 살이었기 때문에 정국의 관리는 전적으로 마자랭의 몫이었다.

마자랭은 리슐리외의 노선을 그대로 이어받아 대외적으로 신성 로마 제국의 분열을 꾀하고 대내적으로는 절대왕정 확립을 추구했다. 왕권 강화에 반대한 세력들이 일으킨 프롱드의 난으로 두 차례나 망명까지 했던 그는 난 수습 이후 빠르게 정국을 장악했다. 그리고 에스파냐와의 전쟁을 유리하게 이끌어 프랑스의 위상을 높였다.

1661년 마자랭이 숨을 거두면서 스물세 살로 이미 성년이 된 루이 14세의 친정이 시작되었다. 이미 대내외적으로 강력해진 프랑스 왕실의 권력 기반 위에서 젊은 국왕은 신의 대리자를 자처하면서 자신이

루이 14세와 마자랭

곧 국가라고 선언했다. 프랑스 절대왕정이 찬란하게 빛을 뿜는 순간이
었다.

루이 14세는 재상 직위를 없애고, 5개 분과의 국왕참사회, 즉 정치
와 외교를 담당하는 고등과, 재무과, 사법을 담당하는 계쟁과, 공문서
과, 종교를 담당하는 양심과를 두어 최고 행정기관으로서 역할을 수행
하게 했다. 또한 참사회의 각료 회의를 직접 주관함으로써 국왕의 명
령이 제대로 전달되고 시행되게끔 했다.

그리고 중앙의 명령이 각 지방으로 원활하게 하달될 수 있도록 전국
적인 관료 조직망을 구축했다. 그런 한편으로 왕의 명령을 심사하는
권한을 가진 파리고등법원의 기능을 축소시켜 단순히 사법적인 재판
권만 가지게끔 했다.

직물 공장을 방문한 루이 14세와 콜베르

이처럼 국왕이 절대적인 권한을 행사할 있게 된 구조에서 루이 14세
의 특별한 신임을 얻은 인물은 재무장관으로 발탁된 콜베르^{Colbert}였다.
그는 재무, 상업, 건축, 예술, 해군, 식민지 등 여러 분야의 국정에 관여
했다. 특히 관세 부과로 프랑스 산업을 보호하고 육성하면서 해외 식
민지 개발로 시장을 넓혀 무역 흑자를 보고자 중상주의 정책을 적극적
으로 추진했다.

프랑스는 체계적이고 효율적인 해외 시장 개척을 위해 잉글랜드와
네덜란드에 이어 동인도회사와 서인도회사를 설립했다. 그리고 세계
각지에 식민지를 늘리면서 활발한 무역 활동을 전개했다. 그 결과 막

화려하고 웅장한 베르사유궁

대한 부가 프랑스로 유입되었다.

루이 14세는 화려하고 웅장한 베르사유 궁전을 짓고 매일 밤 파티를 열어 자신을 접견하러 온 귀족들을 관리하는 연회 정치를 펼쳤다. 점점 더 높아진 국왕의 위세에 대귀족들은 납작 엎드렸으며, 베르사유 궁전의 일상은 유럽의 군주들 사이에서 흠모의 대상으로 떠올랐다.

태양처럼 찬란한 존재로 떠받들어진, 이른바 태양왕 루이 14세는 자신의 힘을 만방에 과시코자 하는 정복 전쟁의 유혹에 사로잡힌 채 주변 열강들과 충돌했다. 1672년 네덜란드를 침공하는가 하면, 1689년 독일에서 아우크스부르크 동맹 전쟁을 일으켰으며, 1701년 에스파냐

네덜란드를 침공한 루이 14세

왕위 계승 전쟁도 촉발시켰다.

　이와 같은 도발로 유럽 각국을 적대적으로 뭉치게 만든 프랑스는 천문학적인 전비를 쏟아부으면서도 눈에 띄는 성과를 거두지 못했다. 그때문에 재정 적자가 심화될 수밖에 없었고, 루이 14세는 하나의 국가에 하나의 종교를 표방하며 1685년 낭트 칙령을 폐지하는 결정을 내렸다.

　박해를 두려워한 수많은 개신교 기술자들과 상공업자들이 국외로 이주했으며, 이는 프랑스 국내 산업에 타격을 입혔다. 국왕의 실정에서 비롯된 국내외의 혼란은 프랑스의 위상을 약화시키고, 태양왕 루이 14세의 절대왕정도 서서히 기울게 만들었다.

북유럽의 패권 경쟁

1523년 스웨덴의 국왕으로 즉위한 구스타브 1세는 왕실 재정을 확충하기 위해 조세 제도를 정비하고 왕령지를 늘렸다. 또한 루터주의를 수용해 교회를 개혁했으며, 유능한 인재의 관리 등용과 국왕 직속의 육군 및 해군 증강에 힘을 쏟았다. 그리고 왕위 계승을 선출제에서 장자 상속제로 바꾸는 등 스웨덴 근대화의 기틀을 마련했다.

1560년 구스타브 1세에 이어 스웨덴 국왕에 오른 에리크 14세^{Erik XIV}는 국방력 강화에 매진했다. 발트해 연안의 지배권을 둘러싸고 주변국들과의 긴장이 고조되는 가운데, 1563년 이른바 '북유럽 7년 전쟁'이 발발했다. 부왕 시절부터 다져 온 강력한 해군력을 앞세운 에리크 14세는 덴마크-노르웨이와 폴란드 등의 연합군을 격파하고 발트해를 장악할 수 있었다.

7년 전쟁의 승리 이후 점점 국력이 커진 스웨덴은 17세기에 들어와 북유럽 최강자의 위치에 올라섰다. 러시아와 싸워 발트해 동쪽의 핀란드만 일대를 차지한 데 이어, 폴란드를 압박해 몇몇 무역항들을 빼앗았는가 하면, 덴마크-노르웨이도 힘으로 굴복시켰다.

발트해를 장악한 에리크 14세

폴란드 원정에서 교전 중인 칼 10세

　물론 도전적인 상황은 계속되었다. 1654년 스웨덴 국왕이 된 칼 10세
는 당시 폴란드 동부 지역을 장악한 러시아를 견제하기 위해 즉위 이
듬해 폴란드 원정에 나섰으나, 전투가 소강상태에 빠져들었다.

　이때 오스트리아가 스웨덴군을 공격했으며, 덴마크-노르웨이도
1657년 스웨덴군을 상대로 싸움을 걸어왔다. 즉각적인 대응에 나선
칼 10세는 덴마크-노르웨이로 쳐들어가 북해와 발트해 사이의 이윌
란반도(유틀란트반도)와 코펜하겐을 점령해 버렸다. 그리고 1658년 로스
킬레 조약을 체결하고 당시 덴마크-노르웨이 영토의 절반 정도를 할
양받았다.

　하지만 덴마크-노르웨이의 절반이 아닌 전체를 욕심낸 칼 10세는
5개월 만에 평화 조약을 깨트렸다. 덴마크-노르웨이는 네덜란드 함대

의 지원을 받아 스웨덴의 기습 공격을 효과적으로 막아 냈다. 칼 10세의 야심은 육상과 바다에서 모두 난관에 부딪쳤으며, 이듬해 철군하게 되었다.

덴마크-노르웨이에 당한 스웨덴의 패배는 한때의 비틀거림으로 끝나지 않았다. 1672년 네덜란드 전쟁에서 스웨덴은 프랑스 편에 섰다가 다시금 패배의 쓴맛을 보아야 했다. 1699년에는 스웨덴에 대적하기 위한 러시아, 덴마크, 폴란드 등의 군사동맹이 만들어졌다.

표트르 대제, 러시아의 근대화

1613년, 이반 4세의 조카인 미카엘 로마노프가 폴란드에서 해방된 러시아 공국의 차르에 올라 미하일 1세$^{Mikhail\ I}$가 되었다. 미하일 1세를 시작으로 문을 연 로마노프 왕조는 사회주의 혁명이 일어나는 20세기까지 러시아를 지배했다.

미하일 1세의 정책은 혼란의 시대가 남긴 각종 폐단들을 척결하고 나라의 살림살이를 정상화시키는 데 초점을 맞추었다. 그에 따라 제도 개선을 비롯해 세수 확대, 산업 시설 구축, 군사력 강화 등이 추진되었다. 하지만 이러한 변화들은 전제군주제의 질서 안에서 이루어진 데다, 봉건적인 농노 체제의 개선과 무관하다는 점에서 일정한 한계를 지녔다.

유럽에 속하면서도 상대적으로 낙후되고 폐쇄적으로 운영되던 러시아가 유럽의 국가다운 면모를 갖추기 시작한 것은 표트르 1세$^{Pyotr\ I}$ 때였다. 1689년 차르에 오른 표트르 1세는 로마노프 왕조의 4대째 군

네덜란드 조선술을 배우는 **표트르 1세**

주로 흔히 표트르 대제로 불린다.

1697년 서유럽 사절단 파견 때, 그 일원으로 변장한 표트르 1세는 러시아 군주로서는 처음 서유럽 세계를 둘러보았다. 그리고 포술과 조선술 등을 익히기 위해 직공 노릇도 마다하지 않았다. 이처럼 열성적인 견학을 중단시킨 것은 본국의 반란 소식이었다.

급히 귀국해 반란을 진압한 표트르는 러시아를 개조하는 작업에 착수했다. 우선 완고한 구식에다 몽골의 외래식까지 더해진 러시아식 풍습을 서유럽식으로 리모델링했다. 그리고 군사를 비롯해 행정, 산업, 종교, 교육 등 각 분야에 걸쳐 대대적인 개혁을 단행했다.

하지만 표트르의 개혁이 제대로 힘을 받기 위해서는 해결해야 할 숙제가 있었다. 당시 북방의 강자였던 스웨덴을 꺾어야만 했다. 지난날 스웨덴에 빼앗겼던 발트 연안의 영토를 회복하는 일은 러시아의 숙원

폴타바 전투에서 스웨덴을 궤멸시킨 표트르 1세

사업이었다.

따라서 1700년 발발한 북방 전쟁에 표트르 1세는 자신이 가진 정치적 자산의 상당 부분을 걸었다. 하지만 개전 초기 에스토니아에 위치한 나르바 지역 전투에서 스웨덴군에 러시아군이 참패하는 등 출발이 좋지 않았다.

이후 전력을 재정비한 러시아군은 1709년 러시아로 쳐들어온 스웨덴군을 우크라이나 동부의 폴타바 지역 전투에서 궤멸시켰다. 분위기가 급변하면서 폴란드를 비롯해 덴마크, 프로이센, 하노버 등이 스웨덴에 선전포고하는 가운데, 표트르 1세는 러시아군을 발트해로 집중시켰다. 그리고 1714년 핀란드 남서부에 자리한 항코 지역에서 스웨덴 함대를 격파하고, 발트해의 제해권을 장악했다.

1718년 국왕 카를 12세의 죽음으로 전의를 상실한 스웨덴은 북방

오늘날 상트페테르부르크 겨울 궁전 모습

전쟁을 끝내기 위해 1721년 핀란드 니스타드에서 러시아와 강화 조약을 체결했다. 이를 통해 러시아는 북방의 새로운 강자로 떠올랐으며, 귀족회의인 두마로부터 대제의 칭호를 받은 표트르 1세는 더욱 강력하게 개혁을 추진할 수 있게 되었다.

폴타바의 승리가 있기 6년 전인 1703년, 표트르 1세는 스웨덴으로부터 되찾은 상트페테르부르크에 새 수도를 건설하기 시작했다. 그리고 1712년 모스크바에서 네바강 하구의 계획도시로 수도를 옮겨왔다. '신성한 표트르의 도시'라는 의미를 가진 상트페테르부르크는 러시아가 유럽을 만나는 창구이자 발트해 지배를 위한 기지 노릇을 했다.

러시아 왕정 체제에 절대주의를 확립한 표트르 대제의 개혁은 낡고 뒤처졌던 러시아를 근대화시키고 서구화시키는 데 일정 정도 성공했다. 하지만 의회민주주의에 무지한 데다, 수많은 러시아 농민들의 비참한 삶을 돌보지 않는 등의 한계를 보였다.

빈 전투와 오스만의 쇠퇴

1683년 오스만 제국의 군대가 다시금 유럽 공략에 나섰다. 발칸과 동유럽의 군대를 깨트린 오스만군은 오스트리아로 진군했다. 그리고 1529년에 이어 두 번째로 빈을 포위했으나, 이번에도 함락시키는 데는 실패했다.

합스부르크 왕가는 유럽 열강들이 참여하는 신성동맹 연합군을 통해 오스만 군대에 대한 반격에 나섰다. 1697년 세르비아에 있는 젠타 지역 남쪽의 티서강 유역 전투에서 합스부르크의 유럽연합군은 오스만 군대를 대패시켰다.

1699년 도나우 깅변의 카를로비츠에서 평화 조약이 체결되었다. 그 결과 도나우강 이북의 땅은 합스부르크 왕가의 차지가 되었다. 헝가리 지역이 합스부르크 왕조의 통치 아래 들어간 것도 바로 이때의 일이었다.

이처럼 합스부르크 왕가에 결정적인 승리를 안긴 2차 빈 전투는 오스만 제국에 몰락의 계기로 작용했다. 하지만 18세기 중반까지는 발칸반도에 대한 오스만의 군사적 우위가 유지되었다. 따라서 발칸의 국가들이 오스만의 손아귀에서 벗어나는 것은 이후의 일이었다.

제임스 1세, 왕권신수설의 창안자

1603년 엘리자베스 1세가 일흔 살의 나이로 숨을 거두자, 평생 독신이었던 여왕의 주변에 마땅한 후계자가 보이지 않았다. 그런 상황에서 당시 스코틀랜드의 왕이었던 제임스 6세가 잉글랜드 왕위에 올라 제임스 1세가 되었다.

제임스 1세의 모친은 스코틀랜드를 통치했던 메리 1세, 그리고 메리 1세의 할머니는 잉글랜드 국왕 헨리 8세의 누나였다. 이처럼 외가 쪽으로 튜더 왕조의 피를 받은 덕분에 제임스 6세는 무주공산이 된 잉글랜드의 왕좌를 차지할 수 있었다. 그 결과 잉글랜드는 튜더 왕조가 퇴장하고 스튜어트 왕조가 등장했다.

제임스 1세는 잉글랜드를 통치하면서 동시에 제임스 6세로 스코틀랜드도 다스렸는데, 재위 기간 동안에 양국의 통합을 추진했다. 그 일환으로 잉글랜드의 국기인 성 조지의 십자가와 스코틀랜드의 국기인 성 앤드류

제임스 1세

의 십자가를 합쳐 그레이트브리튼 왕국 국기를 만들기도 했다.

하지만 제임스 1세의 통합 시도는 의회의 강한 반대에 부딪혀 좌절되었다. 결국 잉글랜드와 스코틀랜드는 공통의 국왕 아래 서로 다른 의회와 정부를 가진, 이른바 왕관 연합의 관계를 유지하게 되었다. 두 왕국이 통합되어 하나의 국가인 그레이트브리튼 왕국, 즉 영국이 만들어진 것은 앤 여왕 치세기인 1707년의 일이었다.

이처럼 제임스 1세는 자신이 통치하는 두 왕국을 합치는 데는 실패했지만, 왕의 권한은 신에게서 받은 것이라 선언했던 자신의 왕권신수설에 입각해 절대 권력을 추구했다. 국가의 중요 정책을 결정할 때 엘리자베스 1세가 의회에 동의를 구한 것과 달리 제임스 1세는 의회를 무시했다.

신에게 권력을 받았으니 오직 신에게만 책임지면 된다고 주장한 제임스 1세에게 신과 만나는 길은 국교회 하나로 충분했다. 국교회가 아닌 종교는 개신교라도 탄압을 가했다. 1620년 칼뱅주의에 투철한 개신교 개혁파인 청교도들이 메이플라워호를 타고 미국으로 망명한 이유도 제임스 1세의 편협하고 강경한 종교 정책 때문이었다.

의회를 국정 파트너가 아닌 조언자 정도로 생각하는 왕을 의회가 제어하기는 어려웠다. 왕의 일방통행식 통치에 반발했지만, 되돌아온 건 습관적인 무시와 눈 밖에 난 개별 의원에 대한 체포였다. 공공연히 적들을 만들어 내면서도 제임스 1세는 운 좋게도 자신의 치세를 위협할 만한 적을 만나지는 않았다. 그러나 아들 대까지 운이 좋은 것은 아니었다.

찰스 1세, 시민 혁명의 도발자

1625년, 제임스 1세가 죽고 찰스 1세가 왕위에 올랐다. 새 국왕은 부왕이 주창한 왕권신수설의 신봉자였다. 당연하게도 왕권에 대한 의회의 견제를 부당한 간섭이라고 생각했다. 그리고 노골적으로 의회를 무시했다.

즉위 초반, 찰스 1세는 전쟁 비용 등을 포함한 재정 문제로 의회와 갈등을 빚었다. 에스파냐와 치른 전쟁, 네덜란드와 벌인 전쟁, 프랑스 개신교도의 반란을 지원하는 원정군 파병 등 부왕 때부터나 당대에 시작된 군사 활동은 막대한 전비를 들였으면서도 결과가 좋지 않았다.

찰스 1세

좋지 않는 결과에 대해 의회에서 해명이나 조사 요구를 했을 때, 찰스 1세는 설득력 있는 답변이나 성실한 대응을 하기보다는 의회를 무시하거나 해산하는 방식을 취했다. 그리고 자신의 조치에 반발하는 인사들은 잡아다 가두는 등의 폭정을 일삼았다.

누적된 불만들이 1628년 소집된 의회를 통해 폭발했다. "의회의 동의 없이는 어떠한 세금도 부과할 수 없고 법률에 의하지 않고는 그 누구도 체포할 수 없다."는 내용의 권리 청원서를 국왕에게 제출했던 것이다. 의회의 기세에 눌린 찰스 1세는 자신에게 내밀어진 청원서에 어쩔 수 없이 서명했다.

1215년 존 1세의 대헌장 서명에 이어 귀족들이 국왕에게서 두 번째로 항복 선언을 받아 냈던 셈인데, 실망스럽게도 찰스 1세는 약속을 지키지 않았다. 1629년 또다시 의회를 해산했으며, 세금도 마음대로 부과했다. 의원들은 배신감에 치를 떨었지만, 당장은 국왕에게 맞설 수 있는 힘이 없었던 까닭에 때가 오기를 기다려야 했다.

크롬웰, 청교도 혁명의 독재자

1629년 이래로 잉글랜드에서는 11년 동안 의회가 소집되지 않았다. 의회를 소집할 수 있는 권한은 오직 국왕에게만 있었다. 의회의 간섭 없이 마음대로 국정을 주무르던 찰스 1세가 1640년 의회 소집령을 발동한 이유는 전쟁 자금이 떨어진 때문이었다.

당시 찰스 1세는 종교 문제로 스코틀랜드와 전쟁을 벌이는 중이었다. 장로교 국가인 스코틀랜드의 종교를 국교회로 바꾸려는 시도가 계속 실패하자, 스코틀랜드의 기를 꺾으려고 군대까지 이끌고 쳐들어갔던 것이다. 하지만 스코틀랜드의 강한 저항에 부딪히면서 전쟁은 끝나지 않고 길어졌다.

전쟁 수행에 필요한 자금을 세금만으로는 충당할 수 없어진 가운데, 찰스 1세는 군사를 물리기보다는 의회에 호소하는 쪽을 선택했다. 하지만 상황은 왕이 기대했던 방향으로 흘러가 주지 않았다.

11년 만에 소집된 의회는 찰스 1세의 전비 지원 요구를 서절했다.

그리고 왕의 실정을 성토하면서 측근들에 대한 처벌을 요구했다. 이에 찰스 1세는 한 달 만에 의회를 해산시켰으나, 그해 말 다시 소집령을 내려 의회의 도움과 측근의 목숨을 맞바꿔야 했다.

찰스 1세의 열악한 사정은 이듬해인 1641년 잉글랜드의 속령인 아일랜드에서 발발한 독립 투쟁으로 더욱 열악해졌다. 켈트족의 후예인 데다 로마 가톨릭을 신봉하는 아일랜드로서는 국교회를 강요하는 잉글랜드와 충돌할 수밖에 없었다.

찰스 1세는 의회의 동의도 없이 아일랜드로 진압군을 파병했다. 이에 의회가 들고 일어나자, 반발하는 의원들에 대한 체포령이 내려졌다. 왕과 의회의 대결 속에서 의회는 마지막 저항 수단으로 무기를 들었다.

의회의 봉기를 계기로 잉글랜드 전역은 왕의 편에 선 왕당파와 의회의 편에 선 의회파로 갈라졌다. 왕당파가 주로 국교회 신도들이고 로

올리버 크롬웰

마 가톨릭교도가 일부 섞였다면, 의회파는 청교도가 다수를 차지했다. 의회파 세력이 왕의 폭정에 대항해서 일으킨 이날의 혁명을 청교도 혁명이라 부르는데, 이는 세계 시민 혁명사의 첫 페이지를 장식한다.

혁명 전쟁 초기 전세는 왕당파 쪽으로 기울었다. 잘 조직되고 훈련받은 왕의 군대를 청교도 시민군이 당해 내기는 힘들었다. 패퇴를 거듭하던 의회파 진영에 구세주처럼 등장

크롬웰 개신교 전사 집단이 왕당파의 군대를 짓밟은 마스턴무어 전투

한 인물이 올리버 크롬웰Oliver Cromwell이었다.

크롬웰은 여타 오합지졸의 시민군과 달리 엄격한 규율을 갖춘 기병 연대를 편성해 훈련시켰다. 철기군이라 불린 크롬웰의 개신교 전사 집단은 에지힐 전투, 게인즈버러 전투, 마스턴무어 전투 등에서 왕당파의 군대를 짓밟았다. 그리고 1645년 네이즈비와 랭포트 전투에서 결정적인 승리를 거두었다.

궁지에 몰린 찰스 1세는 결국 의회파에 사로잡혔고, 탈주를 시도했다가 다시 붙잡혔다. 그런 가운데, 크롬웰은 웨일스에서 일어난 왕당파의 봉기를 진압하는가 하면, 잉글랜드 북서부의 프레스턴에서 남하 중인 스코틀랜드 군대를 격파하기도 했다.

한편, 의회는 왕정 이후의 향배를 둘러싸고 입헌군주제파와 공화파로 갈려 있었다. 공화파였던 크롬웰은 의회의 분열과 왕정 회복의 싹

반역죄로 처형당한 찰스 1세

을 제거할 목적으로 1649년 찰스 1세를 반역죄로 처형해 버렸다.

왕을 처단하고 자연스레 공화정으로 넘어온 잉글랜드에서 크롬웰은 국무회의 의장직에 올라 나랏일을 관장하기 시작했다. 1651년 발표한 항해조례는 자국의 상업과 무역 육성을 위해 이웃나라와의 충돌을 꺼리지 않는 크롬웰의 전투적인 의지를 보여 주었다.

항해조례는 잉글랜드 국적의 배나 상품 생산국의 배가 아니면 잉글랜드 항구에 들어오지 못하게 하는 입법 조치로, 이는 당시 중개 무역으로 막대한 수익을 올리고 있던 네덜란드 무역상들을 겨냥했다. 결국 잉글랜드와 네덜란드 사이에 전쟁이 터졌고, 군사력에서 앞선 잉글랜드가 승리했다. 이로써 무역의 주도권은 네덜란드에서 잉글랜드로 넘어오게 되었다.

이와 같은 업적에도 불구하고, 군대에 기반하는 권력과 여전히 안팎으로 불안정한 정세는 크롬웰을 개인적 소신인 입헌주의로부터 떼어내 독재주의로 흐르게 만들었다. 크롬웰에 우호적이지 않은 의회에 대해 군대의 불만은 커져 갔고, 이는 결국 1653년 의회의 강제 해산과 크롬웰의 호국경(護國卿) 취임으로 귀결되었다.

'나라를 지키는 귀족'이란 뜻을 가진 호국경이란 지위는 표현만 다를 뿐 왕의 자리라고 할 수 있었다. 호국경 크롬웰은 잉글랜드는 물론 스코틀랜드와 아일랜드의 적대 세력까지 진압하면서 강력한 철권통치를 이어 나갔다.

1657년 국왕이 즉위하기를 바라는 의회의 청원을 뿌리친 크롬웰은 이듬해 병으로 런던의 화이트홀에서 숨을 거두었다. 그의 죽음과 함께 1640년 의회가 찰스 1세와 대립하면서 시작된 청교도 혁명도 막을 내렸다. 그리고 혁명 때 프랑스로 달아났던 찰스 1세의 아들 찰스 2세가 귀국해 즉위함으로써 잉글랜드 왕정이 복고되었다.

명예혁명과 입헌군주제의 성립

청교도 혁명으로 망명생활까지 해야 했던 찰스 2세는 잉글랜드를 개신교가 아닌 가톨릭 국가로 만들고 싶어 했다. 그래서 개신교도들을 박해했지만, 의회와는 크게 충돌하지 않았다. 이때 의회는 왕당파인 토리당과 의회파인 휘그당으로 나뉘었다.

1685년 찰스 2세가 죽고 제임스 2세가 왕에 올랐는데, 그는 모든 관료들에게 가톨릭을 신봉할 것을 강요했다. 또한 법을 어기면서까지 가톨릭교도들을 고위 관직에 임명했다. 그리고 자신의 시책에 반발하는

제임스 2세

사람들은 모두 잡아다 투옥시켰다. 왕과 의회 사이의 갈등이 재연될 수밖에 없는 상황이었다.

하지만 의회는 제임스 2세의 폭정에 대해 반응을 자제했다. 국왕과 의회의 갈등이 내전으로까지 치달았던 과거의 사태를 재연할 수도 있어서였다. 결정적으로는 아들이 없는 제임스 2세의 유력한 왕위 계승자인 큰딸 메리가 개신교 신자인 까닭이었다. 결국 의회의 입장에서는 시간이 약인 상황이었다.

이런 상황이 급반전하게 된 것은 1688년 제임스 2세가 아들을 낳으면서부터였다. 메리의 여왕 즉위를 손꼽아 기다리던 의회로서는 비상수단을 강구할 수밖에 없었다. 토리당과 휘그당은 제임스 2세를 축출하고 메리를 왕위에 앉히기로 합의했다.

당시 메리는 네덜란드 총독이자 역시나 개신교 신자인 오렌지 공 윌리엄과 결혼해 네덜란드에 머물고 있었다. 잉글랜드 의회로부터 왕이되어 달라는 요청을 받은 메리는 윌리엄 공과 함께 군대를 이끌고 바다를 건넜다.

잉글랜드 남서부에 상륙한 메리의 부대가 런던으로 진격을 시작하자, 귀족들과 지방 호족들이 속속 가세했다. 심지어 왕명을 받고 출동한 진압군도 메리의 진영으로 투항할 정도였다. 대세가 기울었음을 깨달은 제임스 2세는 어린 아들을 데리고 프랑스로 망명했다. 이듬해,

메리 2세와 윌리엄 3세

메리는 공석이 된 왕의 자리에 앉기에 앞서 의회가 제출한 권리장전에
서명했다. 그리고 남편과 공동으로 왕위에 올라 메리 2세와 윌리엄 3세
가 되었다.

　이처럼 청교도 혁명과 달리 한 방울의 피도 흘리지 않고 성사시킨
1688년의 변혁을 명예혁명이라고 부른다. 그리고 명예혁명의 핵심이
자 거의 전부라고 해도 좋을 권리장전은 의회의 입법권과 과세권 및
상비군 유지에 관한 승인권을 보장하는 한편, 신앙의 자유를 인정하
고, 의회의 정기 소집을 비롯해 언론과 출판의 자유 등을 법제화했다.
이로써 영국식 입헌군주제의 성립 내지는 근대적 의회민주주의의 실
현이 유럽 땅에서 처음 이루어졌다.

근대적 철학과 과학의 전개

17세기에서 18세기는 유럽을 꽁꽁 얼려 놓았던 절대왕정의 지배가 서서히 풀어지고, 바닥에서 시민의식의 싹들이 돋아난 시기였다. 시민의식의 성장으로 유럽 안에서 가장 먼저 근대의 봄볕을 쬔 곳이 잉글랜드였다. 물론 정도의 차이는 있지만, 유럽의 여타 지역에서도 근대적 세계로 나아가기 위한 꿈틀거림이 활발하게 전개되었다.

이러한 시대적 분위기 속에서 태동한 것이 계몽주의 사상이었다. 이성의 힘으로 무지와 미신의 벽을 깨트리고 세상을 바람직한 방향으로 이끌고자 한 계몽주의는 우선과제로 당대의 지배적인 질서였던 절대왕정의 개혁에 주목했다. 계몽주의는 합리적인 의지와 이성적인 노력으로 근대화를 추구하는 사상 조류라 할 수 있었다.

이성의 힘과 역사의 진보를 신봉하는 계몽주의 사상의 스승격에 해당하는 인물은 17세기 프랑스에서 활동한 르네 데카르트Rene Descartes였다. 1637년 데카르트가 발언한 "나는 생각한다. 고로 존재한다."라는 명언은 인간 존재의 기반을 집단의 전통과 관습에서 생각, 즉 이성적 사유 행위로 바꿔 놓았다. 중세의 질서가 허물어지고 근대적인 합리성이 새로운 질서로 자리 잡는 시대를 겨냥한 철학적 언술이었다.

유럽 대륙에 데카르트의 합리적 이성이 존재했다면, 바다 건너 잉글랜드에는 프랜시스 베이컨Francis Bacon의 경험적 인식이 활보했다. 베이컨은 자연 세계에 대한 경험에서 참된 지식을 얻을 수 있다고 주장한 인물로, 1620년 저서 《신기관》을 통해 개별적 사물에 대한 경험이 보편적 진리를 이끌어 내는 인식 방식인 귀납법을 제시했다.

베이컨의 경험 중시 철학을 이어받아 완성한 인물은 같은 잉글랜드

데카르트와 로크

철학자인 존 로크^{John Locke}였다. 로크에게서 인간은 경험과 성찰을 통해서 앎에 이른다. 지식의 근원을 경험과 이성으로 보았던 것인데, 그는 데카르트의 합리적 이성까지 수용한 자신의 경험 철학을 현실 정치에 적용했다.

로크는 당시 군왕들이 신봉해 마지않는 왕권신수설을 부정하면서 사회계약설을 주창했다. 모든 인간은 자연 상태에서 자유와 생명과 재산 등을 누리며 살았는데, 이와 같은 자연권을 다인에게 침해당하는 경험을 하면서 보호의 필요성을 느낀 결과, 서로 계약을 맺고 공동체인 국가를 형성했다는 게 사회계약설의 국가관이었다. 로크에게서 고귀한 신의 선물은 자연권인 셈이었다.

권력의 출처가 신이 아닌 계약이라면, 왕이 세약을 어기고 국민의

토머스 홉스와 《리바이어던》 표지

자유와 생명과 재산을 지켜주지 않거나 침해하는 경우에 국민은 계약 파기를 선언할 수 있었다. 그 때문에 로크의 사회계약설은 전제적인 왕정의 타도를 정당화하는 이론으로 주목받았다. 실제로 프랑스혁명에 영감을 주었을뿐더러, 오늘날 민주주의 발전에도 크게 공헌했다.

한편, 국가관에서 로크와는 대척점에 선 인물이 역시나 잉글랜드 철학자인 토머스 홉스Thomas Hobbes였다. 1651년 홉스는 저서 《리바이어던》을 통해 국가는 서로 더 많이 가지려는 이기적인 인간들의 싸움이 만인에 대한 만인의 투쟁으로 번지는 것을 막아 주는 보호자이자 조정자로서 등장한 것이라고 주장했다.

홉스에게서 국가는 부득이하게 존재해야 하는 필요악인 셈이었다. 국가의 본질을 냉철하게 꿰뚫어 본 홉스의 혜안은 18세기 계몽주의 발

볼테르와 장 자크 루소

전에 큰 영향을 주었다. 하지만 만인이 서로 들러붙어 싸우는 무정부 상태를 막아 주는 게 국가의 역할이라면, 국민의 삶을 옥죄는 독재국가도 국가의 역할을 제대로 하고 있다고 봐야 하는 오류를 품고 있었다.

최고의 계몽주의 사상가로 평가받는 인물은 프랑스의 철학자 겸 역사가이자 문학가인 볼테르^{Voltaire}였다. 로크의 자연법사상에 영향을 받은 그는 역사를 인간 정신의 진보 과정으로 파악하고 진보의 원동력을 인간 정신의 계발, 즉 계몽에서 찾았다.

그러나 볼테르에 따르면, 세상 속에서 실제로 이성적 능력을 발휘힐 수 있는 존재는 창의적이고 의지력을 가진 소수일 뿐이며, 이들의 노력 덕분에 점진적으로 진보가 이루어져 왔다. 이처럼 대중을 염두에 두지 않은 볼테르의 영웅주의와 점진주의는 프로이센이나 러시아를 통치하는 세몽 전제군주들로부터 크게 환영받았다.

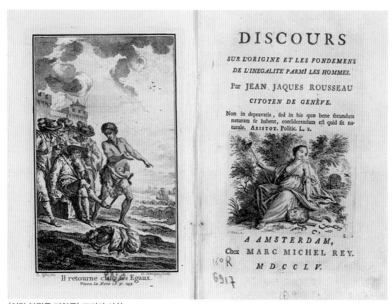

《인간 불평등 기원론》 표지와 삽화

    상층부의 진보 역량에 주목했던 볼테르와 달리 스위스 출신의 프랑스 사상가인 장 자크 루소^{Jean Jacques Rousseau}는 인간 일반의 본성으로부터 혁명의 가능성을 읽어 냈다. 1755년 《인간 불평등 기원론》을 출간한 루소는 자유롭고 평등하도록 창조되어진 인간 본성에 어긋나는 제도, 즉 교환과 경쟁에 기초한 사유재산제가 사회를 타락시키고 인간을 불행하게 만든다고 주장했다.

    병든 세계를 치유하는 처방으로 루소는 자연으로 돌아가라고 역설했는데, 이는 인간 본성에 부합하는 제도의 실현을 의미했다. 볼테르가 보기에, 공동체에 속한 모든 사람들이 자유롭고 평등하기 위해서는 전체 구성원의 결집된 의사가 그 공동체를 지배하고 있어야 했다. 결국 볼테르가 바라는 이상적인 제도는 직접민주주의를 가리킨다고 할

지동설을 주장해 종교재판에 직면한 갈릴레오 갈릴레이

수 있었다.

17세기는 사상가들뿐 아니라 자연과학자들의 활동도 도드라진 시기였다. 이탈리아 천문학자이자 물리학자인 갈릴레오 갈릴레이^{Galileo Galilei}는 스스로 망원경을 제작해 하늘을 관측했다. 그 결과 1610년 지구를 포함한 행성들이 태양을 중심으로 돌고 있다는 지동설을 주장했다.

지동설은 1543년 폴란드의 천문학자인 코페르니쿠스^{Copernicus}가 주장한 바 있었다. 이것을 갈릴레이가 다시 끄집어 낸 까닭은 목성의 위성, 토성의 띠, 태양의 흑점 등 지동설이 옳다는 강력한 증거들을 발견한 때문이었다.

하지만 당시는 천지창조가 이루어진 지구를 우주의 중심에 두고 보는 로마 교황청의 입김이 과학자의 주장을 압도하던 시대였다. 결국

케임브리지대학교 식물원에 있는 뉴턴의 사과나무

교황청의 압박을 받은 갈릴레이는 지동설을 철회하게 되었다.

창조의 성소인 지구를 태양의 일개 행성으로 끌어내린 갈릴레오의 과학적 발견 이후, 신의 섭리를 물리 법칙으로 대체시키는 위대한 과학적 발견이 또다시 이루어졌다. 장소는 잉글랜드, 발견자는 아이작 뉴턴Isaac Newton이었다.

1687년 런던 왕립학회 회원이었던 뉴턴은《자연철학의 수학적 원리》라는 저서를 통해 만유인력의 법칙을 세상에 발표했다. 일찍이 그는 땅으로 추락하는 사과를 보면서 물체와 물체 사이에 서로 끌어당기는 힘이 작용한다는 사실을 발견한 바 있었다.

오래 묵혀 둔 만유인력의 법칙을 마침내 발표함으로써 뉴턴은 근대적 우주상을 새로 제시했다. 그 결과 창세기 이래 신의 투명한 손가락으로 돌려지던 하늘은 만유인력이 작용하는 뉴턴의 하늘로 대체되었다.

또한 뉴턴은 갈릴레이의 연구를 바탕으로 고전적인 운동 법칙을 중력의 법칙, 관성의 법칙, 작용과 반작용의 법칙으로 세분화해 공식화시켰다. 그리고 태양 빛을 프리즘을 통해 스펙트럼으로 분리하는 실험을 진행해 광학 발전에도 이바지했다.

중상주의, 귀금속에서 무역수지로의 변화

17세기 유럽의 경제사를 장악한 이데올로기는 중상주의였다. 그리고 중상주의의 충직한 신도는 잉글랜드와 네덜란드였다. 두 나라는 30년 전쟁과 청교도 혁명으로 혼란스러웠던 때에도 해외 시장을 넓히는 일을 멈추지 않았다.

중상주의는 국부의 증대에 초점을 맞춘 경제정책으로, 중상주의 시대 초기에 국부의 기준은 금과 은의 보유량이었다. 따라서 유럽 국가들은 금광이나 은광 채굴이 가능한 식민지 정복 활동에 경쟁적으로 뛰어들었다.

당시 이윤은 생산 과정이 아니라 유통 과정에서 발생하는 것으로 이

중상주의 정책의 절정기였던 1638년 프랑스 항구 풍경

해되었으며, 모든 시장에서 통용 가능했던 금이나 은 등은 부의 크기를 재는 척도로 대접받았다. 그 때문에 각 나라마다 거래 과정에서 금과 은의 유출을 제한하고 유입을 장려해 보유량을 늘리는 중금정책을 시행했다.

그러다 중상주의 초기 시대를 벗어나자, 무역 거래에서 남는 차액이 주목받기 시작했다. 개별적인 거래 과정에서 금이나 은이 유출되더라도 국가의 전체 수출액이 전체 수입액보다 많다면 그만큼 국부가 증대한 것이라는 무역 차액 이론이 세력을 얻었던 것이다.

무역 차액 이론에 따라 유럽 국가들은 무역으로 발생한 수지를 흑자로 유지하기 위해 수출입 경제에 적극적으로 개입하는 모습을 보였다. 수출 촉진 정책으로는 국내 산업을 보호하고 육성하는 조치들을 취하면서 주요 수출 품목에 대해 보조금과 면세 등의 혜택을 주었다.

그런 반면, 수입 품목에는 높은 관세를 부과해 관련 수요를 억제하고, 특정 상품에 대해서는 수입 금지 조치까지 내렸다. 1651년 네덜란드 상선의 영국항 입항을 막은 크롬웰의 항해조례나 프랑스 루이 14세 당시 재무장관 콜베르가 취한 관세 정책 등이 대표적인 예라고 할 수 있다.

러시아의 여성 황제 시대

18세기에 러시아는 여성 황제 시대를 맞이했다. 첫 테이프를 끊은 것은 예카테리나 1세^{Ekaterina I}였다. 리투아니아 지역의 평범한 농민 출신이었던 그녀가 러시아의 황제 자리에까지 도달하게 된 데는 북방 전쟁과 표트르 1세라는 징검다리가 필요했다.

예카테리나는 러시아가 스웨덴과 벌인 북방 전쟁 중 1702년 러시아군에 포로가 되었다가, 그녀의 미모를 눈여겨본 군대의 지휘관에게 발탁되면서 우연히 표트르 1세의 식사 시중까지 들게 되었다. 황제는 시중드는 여성의 외모와 상냥함에 푹 빠져들었다.

예카테리나 1세

그 후, 표트르 1세는 황후인 예브도키아 로푸히나를 폐위시켜 정교회 수녀원으로 쫓아 버리고, 1712년 예카테리나를 새 황후로 맞아들였다. 그 사이 두 사람 사이에는 아들 둘과 딸 둘이 태어났는데, 불행히도 아들 둘은 일찍 사망했다.

1725년 표트르 1세가 폐렴으로 숨을 거두자 후계에 문제가 생겼다. 황태자는 1718년 반란에 가담한 죄목으로 고문을 받아 이미 옥사한 데다, 그 아들인 표트르 2세도 황위를 잇기에는 너무 어렸다.

이런 상황에서 예카테리나는 대신들과 근위대의 추대로 황제에 올라 예카테리나 1세가 되었다. 러시아 초대 여성 황제의 치세는 무슨 업적을 남기기에는 너무 짧았다. 즉위한 지 겨우 2년 만인 1727년 마흔셋의 나이로 숨을 거두었던 것이다.

러시아의 두 번째 여성 황제로 등극한 인물은 안나 이바노브나[Anna]

두 번째 여성 황제 안나 이바노브나와 세 번째 여성 황제 엘리자베타 페트로브나

Ivanovna였다. 안나는 표트르 1세의 형인 이반 5세의 딸로, 1730년 표트르 2세가 재위 3년 만에 천연두에 걸려 후계자 없이 사망하자, 추밀원 회의에서 황제로 추대되었다.

황제의 권한을 제한하려 드는 추밀원을 즉위 후에 해체시킨 안나 여제는 비밀경찰을 운영해 정부에 반대하는 인사들을 감시하고 탄압했다. 그리고 귀족의 국가 봉사 기간이 35년을 넘지 않도록 했다.

한편, 러시아의 산림 보존을 위해 벌채를 금지하는 법안 제정을 명령했다. 또한 러시아 정교회의 순수성을 유지하고자 이단 활동을 엄격히 단속하는 한편, 제국 안의 16개 도시에 신학교를 세웠다. 아울러 신성모독죄에 대해서는 사형으로 다스리게끔 했다.

이처럼 내치에서 보수적이고 반개혁적인 면모를 보였던 안나 여제는 외치에서는 표트르 1세의 노선을 따랐다. 하지만 표트르 1세 당시 합병했던 카스피해 연안 지역을 페르시아의 사파비 왕조에 넘겨주는 가 하면, 오스만과 싸워 이겼으면서도 러시아에 불리한 조건으로 조약을 체결하는 등 성과가 좋지 않았다.

엘리자베타 페트로브나Yelizaveta Petrovna는 러시아를 통치한 세 번째 여성 황제였다. 표트르 1세와 예카테리나 1세의 딸인 엘리자베타는 두 번째 황제 안나가 1740년에 사망하고 이종조카의 아들인 이반 6세가 즉위하자, 새 황제의 모후이자 섭정인 레오폴도브나에게 추방당할 위기에 처했다. 이에 1741년 자신을 추종하는 무리들을 이끌고 궁정 쿠데타를 일으켜 이반 6세 세력을 축출했다. 권력 장악에 성공한 엘리자베타는 관료들과 고위 성직자들이 지켜보는 가운데 황제 선포식을 가졌다.

엘리자베타 여제는 부친인 표트르 1세 당시에 확립했던 제도와 질서를 복원하는 데 힘썼다. 통치 체제의 중앙집권화를 추진하는 한편, 국가 최고 기구로서 원로원의 위상도 회복시켰다.

엘리자베타 여제의 통치 전반기에 원로원을 통과한 거래세 및 잡화세 폐지 법안으로 지역과 지역 사이에 상업망이 활발하게 구축되었을 뿐더러, 러시아 최초의 은행 설립도 이루어졌다. 또한 조세 개혁도 실시하면서 국가의 재정 상태가 개선되었다.

엘리자베타 여제의 지세기에는 문화적인 부문에서도 일정한 성취가 이루어졌다. 1744년 초등교육 확대를 위한 칙령 공포에 따라 전국적으로 초등교육 체계가 갖춰졌다. 1755년 러시아 최초의 대학인 모스크바 대학교가 설립되었으며, 이듬해에는 러시아 최초의 극장이 페테르부르크에서 개관했다. 그리고 1757년에는 예술 아카데미 설립과

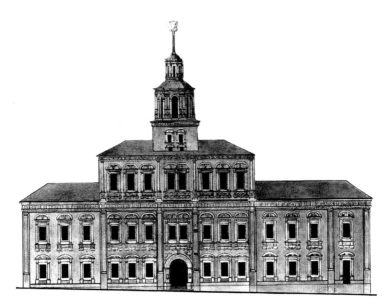
1755년 러시아에서 처음으로 설립된 모스크바 대학교

더불어 과학 및 예술계 인사들에 대한 국가적인 지원이 시행되었다.

한편, 대규모 건축이 잇따라 이루어진 것도 옐리자테바 여제 시대의 특징으로 꼽을 수 있다. 페테르부르크에 황실의 주요 거처인 에르미타주 궁전, 이른바 겨울 궁전이 건설되었을뿐더러, 핀란드만 해변에 자리한 표트르 1세의 페테르고프 궁전도 재건축되었다. 이와 같은 건축 사업들은 당대 최고의 건축가들을 해외에서 초빙해 이루어졌다. 그러면서 러시아 국내에도 선진 건축 기술을 습득한 전문 인력의 양성이 촉진되었다.

옐리자베타 여제의 통치기에는 국가 권력의 증대와 아울러 귀족의 사회적 특권도 확대되었다. 토지 및 농민에 대한 지주의 소유 권한이 강화되었으며, 반대로 토지에 예속된 농민의 권리는 더욱 쪼그라들었다.

1762년 예카테리나 2세가 남편을 폐위하고 황제에 오르기 위해 일으킨 정변

　치세 후반기에 엘리자베타 여제는 자신의 측근에게 정치를 전담시키면서 국고가 사적으로 유용되는 폐단을 낳았다. 하지만 재임 기간에 시행되었던 교육과 문화 전반에 대한 지원은 이후 전개될 예카테리나 2세 시대의 계몽적 절대주의 정치의 토대가 되어 주었다.

　1761년 엘리자베타 여제가 숨을 거두고, 일찍이 후계자로 지명되었던 여제의 조카 표트르 3세가 잠시 황제에 올랐다가 황후인 예카테리니에게 축출되었다. 프로이센 귀족 가문 출신인 예가테리나는 1762년 정변을 일으켜 무능한 남편을 폐위시키고 황제에 올랐다. 이로써 러시아의 네 번째 여제 예카테리나 2세가 등장했다.

　예카테리나 2세는 행정 및 법률 제도를 개선하는 한편, 각 지방관들에게 직접 정무를 결재해 주는 방식으로 황세의 권한을 강화했나. 대

예카테리나 2세

외적으로는 크림반도와 폴란드의 상당 부분을 차지하는 등 확장 정책을 펼쳤다. 그리고 계몽주의 사상에 호감을 가지고 볼테르 등과 교우했으며, 문학을 비롯해 예술, 교육, 학예 등을 장려하는 데 지원을 아끼지 않았다.

표트르 1세의 여성 버전이라고 할 만큼 강력한 군주였던 예카테리나 2세는 정치적으로나 문화적으로 러시아를 유럽 세계에 완전히 편입시켰다. 치세 기간 동안 대내외적으로 쌓아올린 업적들 덕분에 예카테리나 2세에게는 표트르 1세처럼 대제의 칭호가 붙게 되었다.

예카테리나 대제는 치세 초기 계몽주의에 입각한 이상적인 개혁을 추진한 바 있었다. 하지만 전제적인 군주로서 권한을 축소하거나 포기할 수 없었던 데다, 귀족 지주 계급들도 농부들에 대한 지배력이 약화되는 것에 강력 반발했다.

결국 예카테리나 대제는 계몽주의적 개혁의 뜻을 접고 현실에 순응하는 쪽을 택했다. 그에 따른 부작용을 가장 크게 받은 것은 최하층 계급인 농노들이었다. 예카테리나 대제가 자신의 즉위 전에는 농노제가 실시되지 않았던 지역에도 농민들의 이동을 금지했기 때문이었다.

예카테리나는 국고로 잡힌 교회의 영지와 황실 소유의 영지 중 많은 부분을 떼어 내 농노들과 함께 묶어 신하들에게 나눠 주기까지 했다. 그 결과 계몽주의에 밝았던 대제의 치세기에 러시아 농노제의 강화는 절정에 달하게 되었다.

1796년 예카테리나 대제는 67세의 나이로 숨을 거두었다. 그리고 대제의 아들인 파벨 1세가 제위에 올랐다. 이로써 71년 동안 이어져 왔던 러시아의 여성 황제 시대도 막을 내리게 되었다.

에스파냐 왕위 계승 전쟁의 발발

1700년, 북방 전쟁이 벌어진 바로 그해에 에스파냐의 카를로스 2세가 숨을 거두었다. 후사가 없었던 카를로스 2세는 프랑스 국왕 루이 14세의 손자인 필립에게 왕위를 물려주라는 유언을 남겼다.

당시 프랑스는 유럽의 최강대국인 데다가, 루이 14세의 모후인 안 도트리슈가 에스파냐 국왕 펠리페 3세의 딸이었던 점을 감안해 볼 때, 전혀 엉뚱한 유언은 아니었다. 결국 선왕의 유언대로 필립은 에스파냐의 왕위를 물려받아 펠리페 5세가 되었다.

하지만 에스파냐 왕실에 프랑스가 발을 들이민 데 대해 오스트리아는 반발했다. 에스파냐의 합스부르크 왕통이 단절되었다면, 프랑스의 부르봉 가문이 아닌 오스트리아의 합스부르크 가문에서 왕통을 잇는 게 합당하다고 주장했다.

1701년, 오스트리아가 프랑스와 전쟁을 벌이면서 이른바 에스파냐 왕위 계승 전쟁이 시작되었다. 전쟁이 발발하자, 프랑스와 에스파냐의 연대를 달가워하지 않았던 잉글랜드, 네덜란드, 프로이센 등은 오스트

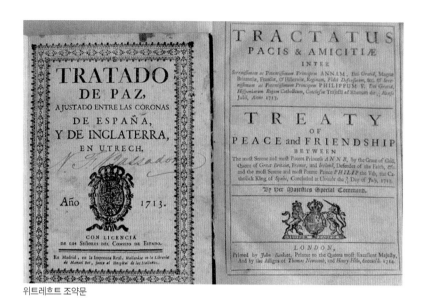
위트레흐트 조약문

리아와 동맹을 체결했다.

전쟁 초기에는 프랑스 군대가 우세했으나, 1702년 이베리아반도 북서쪽 끄트머리에 자리한 비고만 해전에서 잉글랜드-네덜란드 함대가 프랑스-에스파냐 함대를 격파하면서 전세가 뒤집혔다. 이후 수세에 몰린 프랑스와 에스파냐 군대가 방어에 급급한 가운데, 1706년 오스트리아 카를 대공의 군대가 에스파냐의 수도 마드리드에 입성했다.

전황이 불리해진 프랑스 쪽에서 강화 제의가 나왔지만, 협상은 지지부진한 채로 포성이 계속 이어졌다. 강화 협상이 진전된 것은 동맹국들 내부적으로 권력 교체가 이루어지면서 종전의 목소리에 힘이 실리게 된 덕분이었다.

1713년 네덜란드 위트레흐트에서 참전국들 사이에 조약이 체결되었다. 하지만 위트레흐트 조약 후에도 싸움을 이어 가던 오스트리아는 이듬해 독일 라슈타트에서 조약을 맺고 에스파냐 왕위 계승 전쟁에 마침표를 찍었다.

전쟁 발발의 도화선이 되었던 펠리페 5세는 전쟁 후에도 에스파냐의 왕위를 유지했다. 프랑스는 신성 로마 제국에 빼앗겼던 알자스 지방을 회복할 수 있었다. 이것이 에스파냐와 프랑스가 얻은 전리품의 전부였다. 그 대신에 빼앗긴 것은 많았다.

에스파냐는 네덜란드 남부 지역과 나폴리, 사르데냐, 밀라노 등을 오스트리아에 내주었다. 네덜란드 남부 지역은 펠리페 2세가 독립 투쟁을 전개하는 북부 지역으로부터 분리시켜 보호했던 곳으로, 오늘날 벨기에에 해당한다. 그리고 전쟁 기간 중 스코틀랜드와 통합해 그레이트브리튼 왕국을 세운 잉글랜드, 즉 영국에는 지브롤터와 마요르카섬 등을 빼앗기고, 노예무역 계약의 독점권도 넘겨주었다.

프랑스의 경우는 북아메리카 식민지 중 뉴펀들랜드, 노바스코샤, 허드슨만 지역을 영국에 빼앗겼다. 전쟁 이전 유럽 최강대국의 위상을 자랑하던 프랑스는 기세가 한풀 꺾였고, 전쟁의 최대 수혜국인 영국은 유럽의 으뜸 국가로 부상했다.

오스트리아 왕위 계승 전쟁의 발발

1740년 신성 로마 제국 황제이자 오스트리아 국왕인 카를 6세가 죽고, 그의 유언에 따라 딸인 마리아 테레지아Maria Theresia가 왕의 자리에 올랐다. 이는 여자가 왕이 되는 것을 금지하는 게르만 관습에 위배되는 일이었다.

마리아 테레지아와 프리드리히 2세

　제국 안의 몇몇 영방들이 반발하는 가운데, 바이에른의 선제후인 카를 7세가 가장 공격적인 태도를 보였다. 마리아 테레지아에게는 왕이 될 자격이 없으며, 그 자격은 자신에게 있다고 주장했던 것이다.

　카를 7세의 도발로 궁지에 몰린 마리아 테레지아를 돕겠다고 나선 것은 프로이센의 프리드리히 2세였다. 부왕인 프리드리히 1세 때부터 군사 강국의 길을 걸어온 프로이센은 에스파냐 왕위 계승 전쟁에 참전하고 위트레흐트 조약을 통해 공국에서 왕국으로 승격한 상황이었다.

　1740년 프로이센의 주인이 된 프리드리히 2세는 자신의 왕국을 보다 강력한 군사 강국으로 만들고자 철과 석탄이 풍부한 슐레지엔 지방을 정복할 계획을 세웠다. 그리고 계획을 성취할 기회를 마리아 테레지아의 위기에서 찾았다.

프리드리히 2세는 마리아 테레지아를 도와주는 조건으로 슐레지엔을 프로이센에 넘기라고 요구했다. 그러고는 떡 줄 사람이 생각도 해보기 전에 군대를 보내 슐레지엔을 날름 먹어 버렸다. 이로써 1차 슐레지엔 전쟁이 발발했다.

프로이센의 개입으로 명분을 얻은 프랑스와 에스파냐가 참전해 카를 7세를 돕는 등 오스트리아 왕위 계승 전쟁도 본격화되었다. 다급해진 마리아 테레지아는 프랑스와 사이가 좋지 않은 영국의 지원을 받아 전쟁을 수행했으며, 그 와중에 종전되었다가 재발한 슐레지엔 전쟁을 수습하기 위해 1745년 드레스덴 조약 체결로 프로이센의 슐레지엔 지배를 승인해 주었다.

같은 해, 카를 7세가 사망하면서 왕위 계승 전쟁의 주요 동인도 사라져 버렸다. 이후 큰 전투 없이 이어지던 전쟁은 라인강 하류 지역인 아헨에서 1748년 체결한 평화 조약을 통해 마침표를 찍었다.

7년 전쟁의 발발

오스트리아 왕위 계승 전쟁 당시 억울하게 슐레지엔을 빼앗겼던 마리아 테레지아 여왕은 슐레지엔 탈환을 목표로 군비 증강에 힘썼다. 그런 한편 리시아, 스웨덴, 작센 등 주변 열강과 동맹을 맺고, 심지어는 200년 동안 적대적으로 지내 왔던 프랑스와도 관계를 개선시켰다.

이에 영국과 손을 잡은 프로이센은 1756년 신성 로마 제국의 영방인 작센을 기습적으로 침공했다. 앞으로 7년 동안이나 계속될, 이른바 7년 전쟁의 서막이 열리는 순간이었다. 슐레지엔의 지배권을 둘러싸

프로이센이 대패한 쿠너스도르프 전투

고 벌이는 세 번째 전쟁인 까닭에 3차 슐레지엔 전쟁이라고도 불린다.

개전 초기에 우세했던 쪽은 프로이센이었지만, 전쟁이 계속되면서 프로이센의 전력이 차츰 밀리기 시작했다. 그러다 1759년 프랑크푸르트 동쪽에 자리한 쿠너스도르프에서 오스트리아와 러시아 연합군에게 대패한 프로이센군은 후퇴를 거듭해 결국 수도인 베를린까지 점령당하게 되었다.

영국의 지원도 끊긴 상태에서 고립무원의 위기에 처한 프리드리히 2세는 절망에 빠져 자살을 결의하기까지 했다. 그런 와중에 1761년 적국인 러시아의 옐리자베타 여제가 죽고 표트르 3세가 즉위하면서 상황이 급반전하게 되었다.

표트르 3세는 오스트리아와 체결한 동맹을 깨고 프로이센과 강화협정을 체결했다. 기사회생한 프리드리히 2세는 러시아군이 빠져나간 전쟁터에서 그간 잃은 점수들을 차근차근 만회해 나갔다. 반면 연합군 쪽은 싸움을 지속할 흥미와 동력이 크게 줄어들었다.

결국 1763년 라이프치히 교외의 후베르투스부르크에서 마주한 프리드리히 2세와 마리아 테레지아는 조약을 체결해 7년 전쟁에 마침표를 찍었다. 이날의 조약으로 슐레지엔의 영유권을 확고히 한 프로이센은 유럽의 강대국으로 인정받게 되었다. 그리고 신성 로마 제국 안에서 대표선수 노릇을 해왔던 오스트리아와 대등한 위치로 올라섰다.

한편, 프로이센을 지지한 영국과 오스트리아를 편든 프랑스도 명암이 갈렸다. 7년 전쟁의 실질적인 승자인 프로이센과 함께 싸운 영국은 오스트리아 쪽에 서서 싸운 프랑스에 다시금 승리함으로써, 유럽 안에서 절대 강국의 지위를 굳혔다. 그리고 7년 전쟁이 끝나면서 양국 사이에 체결된 파리 조약으로 프랑스는 북아메리카에 있던 거의 모든 식민지를 영국에 빼앗기게 되었다.

해가 지지 않는 나라 영국의 식민지 활동

1588년 스페인 무적함대를 깨부순 잉글랜드는 대서양 너머의 신대륙으로 손을 뻗기 시작했다. 영국의 신대륙 경영 방식은 스페인과 달랐다. 스페인의 경우, 국왕이 직접 군내와 사람을 보내 식민지를 나스린 반면, 잉글랜드는 얼마간의 돈을 낸 개인이나 단체에 특허장을 주어 식민지를 경영하게 했다.

1607년, 런던 주식회사라는 이름의 투자 관련 단체 사람들이 오늘날 버지니아주의 체사피크만 연안에 도착했다. 그들은 만을 따라 50킬로미터 정도 들어간 지역에 식민지를 세우고, 당시 국왕인 제임스 1세의 이름을 차용해 그곳을 제임스타운이라 명명했다.

1620년에는 청교도들이 종교의 자유를 찾아 대서양을 건너 북아메리카로 이민 오기도 했다. 청교도들은 빠른 속도로 정착지를 늘리면서 신자들의 이민을 적극 추진한 결과, 1세기 만에 그 수가 4만 명으로 불어났다. 그리고 18세기 중엽까지 무려 13개 주의 식민지를 세웠다.

잉글랜드 사람들이 북아메리카를 중심으로 개척 활동을 펼치는 동안, 프랑스인과 네덜란드인도 개척지를 찾아 움직였다. 1608년 캐나다 지역에 퀘벡 식민지를 세운 것은 프랑스 사람들이었으며, 1625년 오늘날 뉴욕 맨해튼 남단의 뉴암스테르담과 1652년 오늘날 남아프리카공화국 지역을 개척한 것은 네덜란드 사람들이었다.

1650년대부터 잉글랜드의 공격을 받기 시작한 뉴암스테르담은 1664년 잉글랜드에 점령당하면서 뉴욕으로 개명되었다. 또한 남아프리카공화국 지역은 1815년, 잉글랜드에 스코틀랜드와 아일랜드를 합친 연합왕국, 즉 영국의 차지가 되었다.

1707년 잉글랜드와 스코틀랜드 합병으로 그레이트브리튼 왕국 탄생, 1801년 그레이트브리튼 왕국과 아일랜드 합병으로 그레이트브리튼 아일랜드 연합왕국 탄생 등 18세기 초엽부터 통합되기 시작한 영국은 유럽뿐 아니라 식민지 세계에서도 승승장구했다.

이런 영국과 가장 치열하게 경쟁했던 나라는 프랑스였다. 양국은 세계 곳곳에서 충돌했고, 거의 전부 영국이 승리했다. 그 결과는 해가 지지 않는 대영제국의 탄생, 그리고 프랑스의 절대왕정 몰락과 대혁명을 촉발시켰다.

양국의 충돌을 구체적으로 살펴보면, 유럽에서 7년 전쟁이 발발하

1755년 프렌치-인디언 전쟁

기 1년 전인 1755년 북아메리카에서 프렌치-인디언 전쟁이 벌어졌다. 영국군이 피츠버그의 프랑스군 요새를 공격하면서 시작된 이 전쟁은 7년 전쟁이 마무리된 1763년에 끝났다. 전쟁 시기가 거의 일치하는 두 전쟁은 대서양 건너편에서 각각 벌어졌지만 서로 무관하지 않았다. 실제로 7년 전쟁을 매듭짓는 파리 조약에서 프렌치-인디언 전쟁 문제도 다루었다.

프렌치-인디언 전쟁은 북아메리카 인디언들을 상대로 모피 교역을 벌인 프랑스 이민자들과 정착촌을 건설한 영국 이민자들이 삭사 영역을 넓혀 가던 중 오하이오강 유역에서 맞부딪히면서 발생했다. 프랑스 쪽 군대가 영국 쪽 이민자들을 쫓아내자, 영국 쪽 군대가 보복 차원에서 피츠버그의 프랑스 쪽 기지를 공격했던 것이다.

개전이 되자 영국은 에스파냐와 연대했고, 프랑스는 교역 상대였던

1757년 플라시 전투

인디언들과 손잡았다. 전쟁 명칭에 프렌치-인디언이 붙은 것은 그 때문이었다. 하지만 전쟁은 이름만 프랑스에 우호적이었을 뿐, 승리는 영국의 몫이었다. 그 결과 프랑스의 식민지인 캐나다는 영국으로 넘어갔으며, 루이지애나도 미시시피강 동쪽 땅은 영국에, 서쪽 땅은 에스파냐에 할양되었다.

인도에서도 영국과 프랑스는 싸웠다. 영국이 인도에 진출한 것은 1600년 동인도회사를 설립하고부터였고, 프랑스는 훨씬 나중에 인도로 들어왔다. 양국 간의 전투는 1746년 프랑스군이 영국 쪽 거점인 마드리드를 선제공격하면서 시작되었다.

결정적인 전투는 구대륙에서 7년 전쟁이 발발하고 1년 후인 1757년 캘커타 북서쪽의 플라시 평원에서 벌어졌다. 영국군과 프랑스의 지원을 받은 벵골 태수 시라지의 군대가 벌인 전투에서 승리한 쪽은 영국이었다. 이에 프랑스는 북아메리카에서처럼 인도에서도 쫓겨났으며, 인도는 영국의 차지가 되었다.

그 밖의 지역에서도 영국은 활발하게 식민지 정복 활동을 벌여 나갔다. 1788년 오스트레일리아로 보내진 영국인 죄수 700여 명은 현지 정착촌 건설을 시작했다. 빠른 속도로 확장된 영국인들의 정착촌은 19세기 초반 뉴질랜드의 웰링턴 지역까지 뻗어 갔다.

산업 혁명의 시작

중세 말에서 근대 초 유럽에서는 수공업 활동의 중심지가 도시에서 농촌으로 옮겨 왔다. 엄격한 길드 체제나 혼란스런 계층 갈등에 지친 기술자, 장인 등이 도시 인근의 농촌으로 유입된 데 따른 변화였다.

마침 농촌에는 값싸게 부릴 수 있는 노동력이 풍부했다. 게다가 지리상의 발견으로 식민지 개발 및 해외 시장의 확대가 이루어지고, 인구 증가와 경제 팽창 등으로 상품 수요가 크게 늘어난 탓에 농촌 공업은 급성장했다.

이런 가운데 자금력을 가진 상인들까지 뛰어들면서 '산업 혁명 이전의 산업화' 또는 '초기 산업 혁명'이라고 불리는 사회 현상이 나타났다. 유럽의 경제가 가내수공업에 기초한 상업 자본주의 체제로 재편되었던 것이다.

이때 가내수공업은 도시의 상인이 양털이나 털실 등 원료를 농가에 조달하면, 농촌의 수공업자가 상인의 주문 내역에 따라 제품을 생산하고 대가를 받는 방식으로 운영되었다. 일부 수공업자의 경우에는 작업장에 생산 도구를 갖추고 농촌의 유휴 인력들을 고용해 분업 방식으로 제품을 생산하는 공장제 수공업에 뛰어들기도 했다.

이와 같은 가내수공업과 공장제 수공업이 자취를 감추게 된 것은 18세기 후반 산업 혁명이 시작되면서부터였다. 산업 혁명의 진원지는 영국이었다. 당시 영국은 유럽 최고의 상업 국가이자, 전 세계적으로 거대한 식민지를 확보한 자본주의 제국이었다. 게다가 국내적으로는 16세기 이래 계속된 인클로저 운동으로 농촌에서 빠져나온 값싼 노동자들이 많았던 데다가, 투자처를 필요로 하는 발달된 금융 시스템, 풍부한 매장량을 자랑하는 석탄과 철 등 산업화하기에 유리한 환경이 조성되어 있었다.

영국의 산업 혁명은 섬유 산업, 특히 면직물 산업에서 첫선을 보였다. 일찍이 남아메리카에서 수입한 면화를 가지고 농민들이 작은 공장에서 면직물을 만들었는데, 수요가 늘면서 여기에 자본가들이 뛰어들었고, 생산량을 늘리는 과정에서 마침내 기계가 투입되었다.

1764년 다수의 방추를 한 사람이 동시에 작동시킬 수 있는 제임스 하그리브스의 복식 수동 방적기가 발명되었다. 그 후 이를 계량하고 발전시킨 러처드 아크라이트의 수력 방적기, 새뮤얼 크럼프턴의 뮬 방적기 등이 차례로 선보였다. 이것들은 수작업에 비해 월등한 생산량의 증가를 가져다주었지만, 인력이나 수력에 의존한다는 점에서 증가폭에는 한계가 있었다.

이 한계를 뛰어넘게 해 준 발명품이 1770년 발명된 제임스 와트의 증기기관이었다. 물을 끓여 발생시킨 증기의 힘으로 기계를 돌리는 제

면 방직 공장

임스 와트의 발명품은 1780년대 거의 모든 면직물 공장에 주요 원동기로 투입되었고, 생산량은 비약적으로 증가했다.

생산량의 증가로 수입이 늘어나자, 자본가들은 너도나도 공장 확장에 나섰다. 날로 커지는 공장들은 도시의 풍경을 바꿔 나갔다. 이때 맨체스터 같은 도시는 영국 산업의 중심지로 떠올랐다.

대량 생산으로 저렴해진 면직물 제품은 영국은 물론 유럽 전체로 팔려 나갔다. 그러고도 수요를 초과한 제품은 식민지로 흘러갔다. 특히 소규모로 면직물을 생산해 온 인도의 경우는 대량으로 싸게 들어온 영국산 면직물 때문에 자체적인 생산 기반이 무너지는 상황에 직면하게 되었다.

루이 16세, 프랑스 절대왕정의 붕괴

1715년 프랑스 절대왕정의 상징적 인물인 루이 14세가 화려하고 눈부셨던 태양왕의 삶을 마감하자, 그의 치세가 남긴 부작용들이 프랑스 전체를 암울하게 짓누르기 시작했다. 너무 많은 전쟁을 치른 탓에 바닥난 국고를 다시 채우고자 루이 15세는 세금을 올려야 했다.

세금 인상은 사방에 적들을 양산하는 정책이었다. 게다가 큰 흉년이 들어서 백성들은 기근에 시달리는 데다, 왕권을 위협하는 계몽주의 사상은 역병처럼 번지고 있었다. 그래도 루이 15세까지는 그럭저럭 버틸 만한 힘이 있었다. 불똥은 그 손자에게로 튀었다.

1774년 왕위에 오른 루이 16세는 루이 14세 말기부터 고질병처럼 만성화된 재정 부족 문제를 고스란히 떠안았다. 이런 상황에서 이듬해 미국 독립 전쟁이 발발하자, 루이 16세는 영국을 견제해야 한다는 명분에 이끌려 미국에 대한 군사적 지원에 나섰다. 그 때문에 재정은 더욱 악화되었다.

루이 16세는 고위 성직자와 귀족에게 손을 내밀었지만, 국왕의 권위가 예전 같지 않았던 탓에 주머니를 여는 데는 실패했다. 결국 만만한 서민들에게서 세금을 더 거둬들일 수밖에 없었는데, 증세 조치를 취하려면 의회

루이 16세

삼부회 소집

의 동의가 필요했다.

이에 루이 16세는 국왕의 고유 권한인 삼부회의 소집령을 발동했다. 루이 13세 때인 1614년 삼부회 소집 이후 175년 만의 일이었다. 그동안은 삼부회 없이도 재정 문제를 해결할 수 있을 만큼 국왕의 힘이 강했던 것이다. 그 힘이 루이 16세에게는 없었다.

1789년 베르사유 궁전에서 열린 삼부회는 루이 16세에게 큰 시련으로 다가왔다. 제1신분인 성직자와 제2신분인 귀족의 찬성만 끌어내면 무난하게 통과되리라 여겼던 증세 요구가 제3신분인 평민들의 강한 반발에 부딪혔다.

머릿수가 월등히 많았던 평민 대표들은 신분별 투표가 아닌, 전체

테니스코트의 서약

다수결 투표를 주장하고 나섰다. 게다가 귀족들의 특권 폐지까지 요구함으로써 귀족 대표들의 반발을 불렀다. 제1신분인 성직자 대표들은 개인적 사정에 따라 입장이 갈렸다.

평민 대표들은 회의장에서 나와 따로 국민의회를 결성하고 특권층에 대한 비협조를 천명했다. 귀족 대표들 중 일부가 국민의회에 가담한 가운데, 다급해진 루이 16세는 국민의회 사람들이 삼부회에 참여하지 못하도록 회의장을 봉쇄해 버렸다.

그러자 국민의회는 가까운 곳에 있는 테니스장으로 옮겨 가서 새로운 헌법 제정을 촉구하는 시위에 돌입했다. 그리고 자신들의 요구가 수용되어 헌법이 제정되기 전까지는 해산하지 않겠다는, 이른바 테니스코트의 서약을 발표했다.

강대강의 대치 속에서 상황은 급박하게 돌아갔다. 이때 루이 16세가 꺼내든 카드는 타협이 아니라 국민의회를 강제 해산시키기 위한 군대 동원령이었다. 베르사유에 3만여 명의 병력이 투입되었다는 소식이 전해지자, 분노한 파리 시민들이 들고 일어났다. 프랑스 혁명이 시작되었던 것이다.

프랑스 혁명의 발발

1789년 7월 14일, 파리 시민들은 왕권에 저항한 정치범들이 수용되어 있는 절대왕정의 상징인 바스티유 감옥을 습격했다. 그리고 정부군과 치열한 교전을 펼친 끝에 감옥을 함락시켰다.

시민들이 바스티유 감옥을 장악했다는 소식은 빠른 속도로 퍼져 나갔고, 이에 고무된 농민들도 일제히 봉기했다. 그들은 영주의 저택을 습격하고 약탈했으며, 자신들을 예속시킨 땅과 관련된 문서들을 모조리 불태워 버렸다. 파리에서 시작된 혁명의 불길이 프랑스 전체를 집어삼키는 거대한 불길로 화한 것이었다.

걷잡을 수 없이 커지고 과격해진 민중 봉기에 놀란 국민의회는 분노한 민심을 달랠 수 있는 대책 마련에 나섰다. 그 결과 나온 것이 봉건적 신분 제도와 영주 제도를 폐지한다는 선언이었나. 농민에세만 부과되었던 세금도 사라졌고, 모든 국민은 법적으로 평등한 존재로 바뀌었다.

낡은 체제인 앙시앵레짐이 붕괴하면서 왕이 쥐고 있던 모든 권력은 국민의회로 넘어갔다. 권력을 장악한 국민의회는 국민은 누구나 자유와 평등의 권리를 가진다, 주권은 국민에게 있다, 모든 국민은 자신의

바스티유 습격

재산권을 보호받는다는 내용의 인권선언을 채택했다.

　루이 16세는 국민의회의 인권선언을 받아들이지 않았다. 정치사회적 혼란과 물가 상승에 따른 생활고에 시달리던 시민들이 곳곳에서 폭동을 일으켰으며, 심지어 여성들까지 집단으로 베르사유 궁전에 난입해 먹을 것을 요구하는 생존권 투쟁을 벌였다.

　이런 압박 속에서 루이 16세는 마지못해 인권선언을 인정했을 뿐만 아니라, 거처도 베르사유 궁전에서 파리의 튈르리 궁전으로 옮겨 와야 했다. 이로써 루이 16세 일가는 성난 파리 시민들의 감시 아래 놓이게 되었다.

　1791년 6월, 루이 16세가 가족과 함께 파리를 떠나 외국으로 망명

을 시도하다가 붙잡혀 파리로
압송되는 사건이 발생했다. 여
론은 급격히 악화되었고, 왕의
폐위와 재판 회부를 요구하는
시위로 파리가 들썩였다.

이때 국민의회를 이끄는 세력
은 미라보, 라파예트 등 온건파
혁명주의자들이었다. 이들은 여
론을 업고 목소리를 높이는 강
경파를 견제하면서, 그해 9월 제
한선거와 입헌군주제를 골자로
한 새로운 헌법 제정을 주도했
다. 그리고 10월 새 헌법에 의거

라파예트가 제안한 프랑스 시민 인권 선언

한 첫 번째 선거가 실시되고, 입법의회가 탄생하기에 이르렀다.

입법의회는 온건하고 보수적인 입헌군주제파와 국왕이 없는 체제
를 지향하는 공화파로 갈라섰다. 그리고 공화파는 다시 온건한 개혁을
주장하는 지롱드파와 급진적인 개혁을 바라는 자코뱅파로 나뉘었다.
이들 파벌은 루이 16세의 운명과 프랑스의 미래를 두고 갈등하고 대
립했다.

새로 출범한 입법의회 앞에 놓인 현실은 만만치 않았다. 물가 급등
으로 민심은 극도로 사나워졌고, 지방에서는 반혁명 움직임도 생겨나
기 시작했다. 이런 상황에서 루이 16세의 탈주 시도 사건 이후 크게 늘
어난 망명 귀족들이 해외 군주들의 지원을 받아 프랑스 국경 지대에서
군사적 도발을 꾸미고 있었다.

튈르리 궁전 습격

이와 같은 나라 안팎의 혼란을 타개할 방법으로 전쟁이 고려되기 시작했다. 전쟁에서 승리한다는 전제 아래, 공화파는 혁명 반대 세력을 한꺼번에 처리하고 프랑스 혁명 이념을 유럽에 전파하는 기회로 삼고자 했다. 그리고 입헌군주제파는 파리 시민들을 공화파의 급진 세력으로부터 떼어 놓을 수 있는 계기를 마련할 수 있으리라 기대했다. 그 한편에서 루이 16세는 프랑스가 전쟁에서 패할 거라 전망하며 군주정과 왕권 회복을 꿈꾸었다.

1792년 4월, 프랑스는 마리 앙투아네트 왕비의 친정으로 그간 혁명 상황을 주시하며 끝없이 위협을 가해 온 오스트리아에 선전포고했다. 전국에서 결성된 애국적인 의용대들이 파리로 집결했다. 입헌군주파의 지도자인 라파예트가 선두에 서서 그들을 지휘했다.

그러나 프랑스 장교들의 기강은 형편없었다. 대부분 귀족들인 그들 가운데 상당수가 망명한 데다가, 남은 자들도 무능하거나 전투 의지가 바닥나 있었다. 이런 상태에서 잘 훈련받은 적군과 싸워 승리하기는 어려웠다. 라파예트가 이끄는 프랑스군은 개전하고 얼마 되지 않아 백기를 들었다.

프랑스군의 패전은 애국심과 혁명 열기를 증폭시키는 결과를 가져왔다. 국민의회가 조국의 위기를 선언한 가운데, 이에 호응한 의용군들이 전국 각지에서 파리로 구름 떼처럼 몰려들었다.

패장 라파예트와 더불어 입헌군주제파의 입지가 약화되고, 공화파가 힘을 얻기 시작했다. 왕과 왕비가 프랑스의 적국인 오스트리아와 내통했다는 사실이 발각되면서 두 파벌의 희비는 극명하게 엇갈렸다.

분노한 파리 시민들이 튈르리 궁전으로 몰려가 왕과 왕비의 처벌을 압박했다. 이때 전면에 나선 공화파는 왕과 그 가족을 탕플 탑에 가둔 후, 보통선거를 통한 새 의회 구성과 새 헌법 제정을 약속했다. 그리고 9월, 새로 구성된 국민공회는 왕정의 폐지와 공화정 수립을 선포했다.

로베스피에르, 공포 정치의 실시

의원내각제로 운영된 공화정에서 초기 집권 세력은 지롱드파였다. 부르주아 계급을 대변하는 온건파인 지롱드파는 루이 16세의 처리 문제를 두고 민중을 대변하는 급진파인 자코뱅파와 본격적으로 대립하기 시작했다.

1793년 1월 여론을 등에 업은 자코뱅파가 국민공회에서 지롱드파의 반대를 뚫고 루이 16세에 대한 처형 안건을 통과시켰다. 그리고 일

루이 16세 처형

주일 뒤 프랑스 절대왕정의 희미한 그림자처럼 남아 있던 루이 16세
가 단두대 위에서 목이 잘렸다.

당장 프랑스 국경 너머에서는 반혁명 움직임이 고조되었다. 영국의
주도로 대불 동맹이 결성되었으며, 혁명의 확산을 막기 위한 방어선들
이 프랑스 국경에 둘러쳐지기 시작했다. 이에 국민공회는 대불 동맹에
참여한 국가들에 선전포고하고, 30만 명의 징집 명령을 내렸다.

오스트리아를 비롯해 프로이센, 에스파냐, 러시아, 이탈리아 등 대
불 동맹국의 군대와 사방에서 맞붙은 프랑스군은 고전을 면치 못했다.
그 와중에 엎친 데 덮친 격으로 프랑스 안에서도 징집령에 반발한 방
데 지역 농부들의 반란과 같은, 왕당파가 개입된 것으로 짐작되는 반
혁명적 소요 사태가 여러 곳에서 발생했다.

잇따른 패전 소식과 소요 사태로 지롱드파는 리더십에 큰 타격을 입

었다. 그 틈을 타서 자코뱅파가 국민 공회에서 지롱드파를 내쫓고 권력을 장악했다. 자코뱅파의 지도자인 로베스피에르Robespierre는 급진파의 우두머리답게 반대파를 모조리 제거해야 혁명을 완성할 수 있다고 생각했다. 그는 자신의 생각을 실행에 옮겼다.

로베스피에르

파당이 다르고 사상이 다른 인사들이 색출되어 단두대 위에 섰다. 불과 몇 달 사이에 수천 명이 반혁명분자로 낙인찍혀 목숨을 잃었다. 로베스피에르를 정점으로 한 자코뱅파의 피비린내 나는 독재는 프랑스 사회를 공포로 몰아넣었다.

자코뱅파는 이른바 공포정치로 정적들을 숙청하는 한편, 국가총동원을 선포하고 징병제를 실시해 병력을 확충했다. 그리고 프랑스 내정에 간섭하려는 주변국 군대에 반격을 가하는 데 성공했다.

로베스피에르는 농민에 대한 무상 토지 분배나 노예 제도의 폐지 등을 추진한 혁신적 개혁가이면서도, 단두대 정치를 지나치게 남발한 탓에 사방에 적들을 만들어 냈다. 그 때문에 1794년 7월에 참석한 국민공회에서 기습적으로 탄핵을 받아 실각당하는 불운을 자초했다. 그리고 바로 다음 날 자신의 측근들과 함께 그토록 애용했던 단두대에서 비극적으로 생을 마감하고 말았다.

나폴레옹 등장과 통령 정부 수립

로베스피에르의 실각과 죽음으로 프랑스 혁명의 열기는 서서히 가라앉았다. 공포정치 시대의 기구들이 사라지고, 지롱드파의 복권이 이루어졌다. 급진 개혁 세력이 물러간 자리를 차지하기 시작한 온건 개혁 세력은 프랑스를 흔드는 외부의 위협을 줄이기 위해 1795년 프로이센, 에스파냐 등과 화의를 맺어 제1차 대불 동맹을 해체시켰다.

이런 성과에도 불구하고 정치적 지향점이 부르주아 공화국의 건설이라는 점에서 내부의 위협을 가중시켰다. 반혁명 체제를 바라는 우파 청년들의 백색 테러가 난무하는가 하면, 로베스피에르에 향수를 느끼는 빈민 대중의 시위가 빈발했다.

나폴레옹

이처럼 좌우 세력의 준동으로 혼란스러운 가운데, 1795년 10월 왕당파들이 파리에서 봉기했다. 자칫 정부가 전복될 수도 있을 정도로 위협적이었던 왕당파의 대규모 반란을 포격으로 진압한 인물은 청년 장군 나폴레옹 보나파르트Napoléon Bonaparte였다.

이후 국면 전환을 위해 헌법을 개정하고, 다섯 명의 총재가 공동으로 국정을 운영하는 총재 정부를 세웠지만, 혼란은 진정되지 않았다. 날이 갈수록 정부의 통제력은 줄어드는 반면, 치안 유지를 위한 군대의 역할은 늘어났다.

대외적으로 중요한 전투에서 잇달아 승리하면서 프랑스 국민들 사이에 신망이 높아진 나폴레옹은 1799년 파리 주둔군 사령관으로 부임한 지 얼마 안 돼 배짱이 맞는 의원들과 공모해 쿠데타를 일으켰다. 그리고 세 명의 통령이 국정을 공동 책임지는 통령 정부를 세웠다.

나폴레옹은 10년 임기의 실권을 가진 제1통령에 취임했는데, 나머지 두 통령의 역할이 미미하다는 점에서 총통 직위에 오른 것이나 다름없었다. 이로써 프랑스 혁명의 과제와 전쟁 수행에 관한 모든 책임이 나폴레옹 한 사람에게로 집중되었다.

나폴레옹 전쟁의 발발

실질적인 1인 통치였지만 겉보기로는 공화정의 모습을 취한 통령 정부 시대는 5년 만에 종식되었다. 제1통령인 나폴레옹이 황제가 되었기 때문이었다. 1802년 종신 통령에 오른 그는 1804년 자신이 황제가 되어도 좋은지 여부를 국민투표에 부쳤다.

결과는 99.93퍼센트의 압도적인 찬성으로 나왔다. 혁명을 통해 왕의 목을 날렸던 프랑스 국민들이 15년 만에 도로 왕을 세우기로 결정한 데는 혁명 이후 계속된 혼란에 지친 민심이 반영되었다.

나폴레옹은 대중들에게 혼란을 종식시켜 줄 적임자처럼 보인 측면이 있었다. 1801년 오스트리아, 이듬해 영국 등과 화의를 체결해 제2차 대불 동맹을 해체시켰을뿐더러, 같은 시기에 교황과 종교 협약을 맺어 혁명 초부터 불거져 나온 종교적 분열과 갈등을 봉합했던 것이다.

나폴레옹 대관식

코르시카 출신의 젊은 무장인 나폴레옹은 교황의 축성을 받으며 황제로 즉위해 나폴레옹 1세가 되었다. 나폴레옹 1세의 탄생과 더불어 프랑스 제정의 역사도 시작되었다. 특히 즉위년인 1804년부터 나폴레옹 1세가 몰락한 1815년까지 시기를 프랑스 제1제정이라고 부른다.

나폴레옹이 황제에 오른 그해, 프랑스 민법전이 완성되었다. 나폴레옹 법전으로 불리기도 하는 이 민법전은 평등한 법 적용, 직업과 계약 및 종교의 자유, 사유재산권의 보장, 균등상속 등 프랑스 혁명의 정신을 반영한 2,281개 조항으로 이루어져 있었다.

훗날 근대적 법전의 형성에 지대한 영향을 끼친 민법전을 제정, 공포한 프랑스 황제 나폴레옹은 당대의 세계관에도 커다란 영향을 미칠 군사적 행보에 나섰다. 첫 상대는 해상강국, 해가 지지 않는 나라 영국이었다.

트라팔가르 해전

하지만 처음부터 상대를 잘못 골랐다. 1805년 오스트리아, 러시아, 스웨덴 등과 제3차 대불 동맹을 결성한 영국은 넬슨^{Nelson} 제독을 앞세워 프랑스와 에스파냐가 연합한 함대를 선제공격했다. 에스파냐의 카디스 지역 남쪽에 자리한 트라팔가르곶 앞바다에서 프랑스 해군은 참패했다.

트라팔가르 해전 패배로 영국 침공의 뜻을 접은 나폴레옹은 곧장 대륙 정복으로 방향을 선회했다. 이번에는 상대를 제대로 골라 연전연승했다. 오스트리아가 머리를 조아렸으며, 이탈리아가 무릎을 꿇었다.

오스트리아를 정벌한 나폴레옹은 1649년 베스트팔렌 조약 이후 영방 체제를 유지해 온 신성 로마 제국을 해체했다. 이로써 962년 오토 1세의 로마 황제 대관식으로 시작된 신성 로마의 역사는 1806년 프란츠 2세의 황제 퇴임과 함께 막을 내렸다. 제국의 빈자리를 채운 것은

베를린에 입성하는 나폴레옹

유럽의 새 황제 나폴레옹이 급조한 라인 동맹이었다.

　오스트리아와 이탈리아 다음에 나폴레옹이 상대한 나라는 군사 강국 프로이센이었다. 1806년 제4차 대불 동맹에 가담한 프로이센은 프랑스에 선전포고했으나, 나폴레옹의 군대에 맥없이 무너졌다. 나폴레옹은 프로이센의 영토를 쪼개 바르샤바 공국과 웨스트팔리아 왕국을 세우는 한편, 막대한 보상금과 군비 축소를 프로이센에 부과했다.

　그해 프로이센의 수도 베를린에서 나폴레옹은 자신의 영향력 아래 놓인 모든 유럽 국가들을 상대로 영국의 상품을 수입하지 말라는 칙령을 내렸다. 이른바 대륙봉쇄령이었다. 영국을 고립시키려 했던 나폴레옹의 전략에 구멍을 낸 포르투갈과 에스파냐는 톡톡한 대가를 치러야 했다. 1807년 포르투갈 왕실은 남미로 도피했으며, 이듬해 에스파냐 국왕은 나폴레옹의 형제에게 왕위를 내주어야 했다. 그리고 1809년에는 제5차 대불 동맹이 해체되었다.

서유럽을 거의 장악한 나폴레옹은 이후로도 전쟁의 고삐를 늦추지 않았다. 그 결과 1811년에는 이탈리아 남부에서 발트해까지 유럽의 대부분을 지배하게 되었다. 그야말로 정복 전쟁으로 특화된 나폴레옹 시대의 최대 전성기라 할 수 있었다.

러시아 원정 실패와 황제의 몰락

황제 나폴레옹의 정복 전쟁에 걸림돌이 된 나라는 항상 영국이었다. 바다 건너 숙적의 기세를 꺾고자 나폴레옹이 야심차게 추진했던 대륙 봉쇄령에 협조하지 않는 나라들 중 아직 손보지 않은 곳이 러시아였다.

나폴레옹이 꿈꾸는 대제국 건설을 위해서라도 러시아 정벌은 피해 갈 수 없는 숙제였다. 1812년 6월, 나폴레옹 황제는 프랑스 안팎에서 소집한 병사들로 이루어진 60만 대군을 이끌고 러시아를 침공했다.

개전 초기 전황은 프랑스 군대에 유리하게 전개되었다. 러시아 병사들은 전투를 벌이다가도 물자들을 모조리 불사른 다음 후퇴하기 바빴다. 수세적인 국면에서 되풀이된 러시아군의 퇴각은 개전 3개월 만에 프랑스 군내의 모스크바 점령을 불러왔다.

러시아의 심장부인 도시는 앞서 점령했던 지역들과 마찬가지로 폐허 상태였다. 변변한 전투 없이 적의 수도를 점령했지만, 전쟁의 승자인 나폴레옹 앞에는 항복문서에 서명해 줄 패자가 보이지 않았다.

기다려도 나타나지 않는 적들 대신에 겨울이 모스크바에 들이닥쳤

러시아에서 철군하는 나폴레옹

다. 나폴레옹은 퇴각 명령을 내렸고, 추위에 쫓기는 프랑스 군대의 사방에서 러시아 병사들이 공격해 왔다. 그리고 러시아 주력군의 반격이 본격화되었다. 추위와 굶주림과 러시아군의 삼중 공격 속에서 나폴레옹은 병사의 4분의 3을 잃었다.

나폴레옹의 패전으로 고무된 유럽 각국은 제6차 대불 동맹을 결성해 프랑스 공격에 나섰다. 16만의 프랑스군이 그 두 배 규모의 동맹군에 맞섰지만 당해 내지 못했다. 1814년 동맹군이 프랑스의 수도 파리에 입성했다. 그리고 곧 프랑스 황제에게서 항복 선언을 받아 냈다.

권좌에서 내려온 나폴레옹은 이탈리아 서해에 자리한 엘바섬으로 유배 조치되었으며, 루이 16세의 동생인 루이 18세가 파리로 들어와 왕정을 복고했다. 이렇게 프랑스 제국의 수명이 다한 듯 보였다. 그러나 1년 후 엘바섬에서 탈출한 나폴레옹이 파리로 귀환하면서 멈췄던 제국의 심장은 다시 뛰기 시작했다.

황제의 자리에 복위한 나폴레옹은 50만 군대를 꾸려 재기에 나섰다. 하지만 나폴레옹에게 허락된 운은 거기까지였다. 프랑스군은 오늘날 벨기에 중부에 자리한 워털루에서 영국과 프로이센 연합군에 패했다. 그리고 또다시 유배형에 처해진 나폴레옹은 가까운 지중해의 섬이 아닌, 멀리 남대서양에 있는 세인트헬레나섬으로 보내졌다. 거기서 6년을 살다가 1821년 숨을 거두었다.

메테르니히, 유럽을 장악한 보수와 반동의 체제

나폴레옹을 권좌에서 끌어내리고 엘바섬으로 쫓아 버린 유럽의 지도자들은 1814년 9월 오스트리아 빈에서 회의를 열었다. 유럽의 지도를 바꿔 놓은 나폴레옹 전쟁의 뒷수습을 위해 마련된 빈 회의에서 주도적인 역할을 한 인물은 오스트리아 총리인 메테르니히^{Metternich}였다.

나폴레옹에게 신성 로마 제국의 황제 자리를 빼앗긴 나라의 총리답게 메테르니히는 나폴레옹의 유산을 없애 버리고픈 열망을 강하게 드러냈다. 유럽의 모든 국경선을 프랑

메테르니히

빈 회의

스 혁명 이전 상태로 돌리자고 주장했던 것이다.

혁명과 전쟁으로 달라진 여건들이 나라들마다 제각각이었던 까닭에 논의가 쉽게 진전되지는 않았다. 게다가 나폴레옹이 엘바섬을 탈출해 프랑스로 복귀하고서부터는 회의가 잠정적으로 중단되는 사태도 벌어졌다.

나폴레옹을 다시 패배시킨 이후 재개된 회의에서도 의견 통일을 이루기는 어려웠다. 이에 메테르니히는 밤마다 각국 지도자들에게 유흥을 제공하면서 환심을 샀다. 이와 같은 술수가 먹혀들면서 유럽을 프랑스 혁명 이전 체제로 돌리는 내용의 최종 합의가 1815년 6월에 이루어졌다.

이후 유럽에는 시계를 30년 전으로 되돌리는 보수적이고 반동적인 정치 실험이 강행되었다. 직격탄을 맞은 나라는 패전국인 프랑스였는

데, 루이 18세를 통해 부르봉 왕조가 공식적으로 부활했다. 그 외에도 유럽 각국에서 사라진 왕조들이 속속 복원되었다.

주요 승전국인 오스트리아, 영국, 러시아, 프로이센 등은 이익의 독점을 서로 견제할 수단으로 4국 동맹을 결성했다. 4국 동맹은 빈 회의 결과로 조성된 보수적 체제의 수호와 프랑스 혁명 사상의 확산 방지를 선언했다. 3년 후인 1818년에는 프랑스가 동맹에 가담하면서 5국 동맹이 되었다.

강대국들 사이에서는 전리품의 분배가 이루어졌다. 즉, 오스트리아는 북이탈리아 지역과 체코를 수중에 넣는 한편, 폴란드를 절반씩 쪼개서 러시아와 나눠 가졌다. 네덜란드는 벨기에를 흡수했으며, 강대국들 틈바구니에 낀 스위스는 영세 중립국으로 만들어 어느 쪽으로도 기울지 못하게 했다.

이미 사라진 신성 로마 제국의 경우는 과거에 제국에 속했던 영방들을 한데 묶어 독일 연방을 출범시켰다. 그리고 연방의 대표 자리는 신성 로마 제국 때처럼 오스트리아가 차지했다. 프로이센으로서는 동의할 수 없는 결정이었지만, 갈등을 확대시키는 대신 후일을 도모하자는 자강론으로 기울었다.

프랑스 7월 혁명의 발발

다시 살아난 부르봉 왕조의 첫 국왕인 루이 18세는 온건한 정책을 펼쳤다. 과거 혁명의 주역이었던 시민 세력을 자극하지 않으려는 조심스러운 치세 덕분에 그의 집권기는 별다른 잡음 없이 지나갔다.

들라크루아가 7월 혁명을 주제로 그린 〈민중을 이끄는 자유의 여신〉

　1824년 루이 18세가 죽고 동생인 샤를 10세가 왕위에 올랐다. 그는 보수적이고 반동적인 색깔을 진하게 드러냈다. 언론을 탄압하고 시민들을 억압했으며, 귀족들의 특권 같은 구제도의 부활을 꾀했다.

　시민 계급은 1827년 의회 선거를 통해 국왕의 역주행에 제동을 걸었다. 하지만 샤를 10세는 반동적인 책동을 멈추지 않았다. 낡은 것들이 하나하나 되살아났다. 급기야 1830년에는 의회마저 해산시켜 버렸다.

　그로부터 2개월 후 실시된 총선거에서 시민 계급은 자신들의 대변자로 나선 자유주의자들에게 몰표를 안기는 것으로 샤를 10세의 독재에 저항했다. 의회는 시민 대표들로 북적거렸고, 국왕은 여전히 전제적 자세를 고수했다.

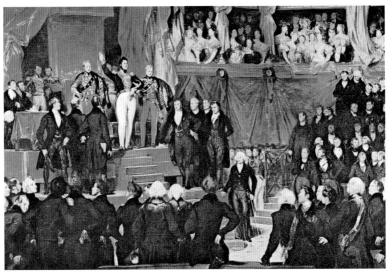

7월 혁명 후 왕위에 오른 루이 필리프 1세

그해 7월, 샤를 10세는 출판 자유의 정지, 의회 해산, 선거 자격 제한 등을 골자로 한 칙령을 발표했다. 자유주의 저널리즘이 국왕에 대한 저항을 요구하는 가운데, 소부르주아를 비롯해 기능공, 노동자, 학생 등 파리 시민들이 들고 일어났다. 이른바 7월 혁명이 발발했던 것이다.

마침 국왕의 정예 부대가 북아프리카의 알제리에 파병 나가 있는 상태에서 바리케이드를 친 시민들은 정부군과 시가전을 벌여 3일 만에 승리를 쟁취했다. 그리고 샤를 10세는 권좌에서 내려와 영국으로 망명했다.

시민들이 궐기해 왕정을 중단시켰다는 점에서 7월 혁명은 프랑스 혁명의 뒤를 밟을 수도 있었다. 하지만 시민을 대표하는 인사들 중 상당수 자유주의자들은 과거와 같은 혼란이 재현될까 두려워한 나머지 공화국 대신에 입헌군주정을 선택했다. 부르봉 왕실의 친척인 오를레앙 공작 루이 필리프를 새 왕으로 추대했던 것이다.

이로써 루이 필리프 1세 치하에서 7월 왕정이 성립되었다. 그리고 혁명에 참여한 대다수 하층 민중의 뜻보다는 상층 부르주아의 이익을 대변하는 자유주의적 지배 체제가 자리 잡았다. 하층민에게는 투표권이 주어지지 않던 당시의 선거제도처럼 새 정부 수립을 위해 피 흘린 다수의 목소리를 대변해 줄 기관은 어디에도 존재하지 않았다.

이런 한계에도 불구하고 7월 혁명에 관한 장밋빛 소문은 널리 퍼져 나갔고, 이탈리아와 독일, 벨기에, 폴란드 등지에서 시민 혁명을 촉발시켰다. 하지만 벨기에를 제외한 모든 지역의 혁명은 실패로 돌아갔다. 벨기에의 경우, 1830년 8월 혁명으로 네덜란드로부터 독립하는 데 성공했을뿐더러, 1839년 런던 회의에서 영세중립국의 지위까지 보장받았다.

2월 혁명과 루이 나폴레옹의 등장

7월 혁명 이전 정치적으로 한배를 탔던 상하층 시민들이 혁명 이후 갈라서기 시작했다. 두 계급은 서로 갈등하면서도 유혈 충돌 없이 불편한 공존 상태를 죽 이어 갔다. 그러다가 1846년 발생한 대흉년이 모든 것을 뒤흔들었다.

수확을 못한 농민들은 궁핍과 굶주림을 견디다 못해 폭동을 일으켰고, 일반 시민들은 곡물 가격 폭등에 따른 생계 부담으로 씀씀이를 줄여야 했다. 그 때문에 매출이 급감한 중소 상인과 공장이 도산하면서

2월 혁명

실업자들이 크게 늘어나 사회 불안을 가중시켰다. 이와 같은 혼란에 대해 아무런 수습책도 내놓지 못하는 정부 때문에 사태는 더욱 절망적으로 느껴졌다.

1848년 2월, 파리의 하층 시민들이 생계 대책을 요구하며 도심에서 시위를 벌였다. 시위가 격해지면서 파리 시청이 시민들에게 점거되었고 시민들은 바리케이드를 설치하고, 출동한 정부군에 맞서 싸웠다.

적잖은 사상자가 발생한 가운데, 7월 혁명 때와 마찬가지로 시민들이 정부군을 꺾고 승리했다. 루이 필리프 1세는 영국으로 망명했으며, 시민들은 임시정부를 세워 의회 구성 작업에 돌입했다. 그때 임시정부는 자유주의자들과 사회주의자들로 구성되어 있었다.

4월에 의원 선거가 실시되었는데, 이번에는 하층 시민들에게까지 투표권이 주어졌다. 즉, 성인 남성 모두에게 자신들의 대표를 뽑을 기회가 제공되었던 것이다. 아직 여성에게는 투표권이 주어지지 않은 한계가 있긴 했지만, 2월 혁명은 국민 주권 차원에서 일정한 진보를 이룬 셈이었다.

문제는 선거 절차상의 진보가 선거 결과의 진보로 이어지지 않았다는 사실이었다. 급진적인 사회주의자들은 모조리 탈락하고, 부르주아 계층의 이익을 대변하는 자유주의자들이 의회를 장악했다. 노동자를 비롯한 하층 시민들로서는 크게 실망할 수밖에 없는 결과였다.

이러한 실망은 두 달 후, 정부 타도를 외치는 노동자들의 무력 시위로 터져 나왔다. 이른바 6월 혁명은 일부 하층 시민들을 제외한 여타 시민들과 특히 농민들로부터 외면당했다. 농민들은 도시의 노동자들이 공장에서 물건들을 마구 만들어 내 농촌 수공업의 씨를 말린다고 보았다. 그들의 눈에는 노동자들 뒤에 서 있는 부르주아 자본가들이

나폴레옹 3세

보이지 않았다. 결국 고립된 상태에서 싸움을 이어 가던 노동자들은 정부군에 진압되었다.

그해 11월, 의회는 프랑스를 공화정으로 되돌리는 새 헌법을 제정했다. 그리고 12월에는 프랑스 제2공화국의 대통령을 뽑는 선거가 실시되었다. 그 결과 뜻밖의 인물이 당선되었다. 루이 나폴레옹이라는 이름의 중년 사내였다. 변변한 정치 이력도 없는 그가 여러 쟁쟁한 후보들을 제치고 당선될 수 있었던 것은 단지 보나파르트 나폴레옹의 조카였기 때문이었다.

당시 프랑스 국민들은 나폴레옹 황제 시절을 그리워하고 있었다. 그 시절의 영광을 조카인 루이 나폴레옹이 재현해 줄 것이라는 기대가 74.2퍼센트의 압도적인 득표율을 그에게 안겨 주었다.

이처럼 지도자의 자질을 고려하지 않은 과도한 대중적 지지가 어떻게 배신당하는지를 루이 나폴레옹은 여실히 보여 주었다. 대통령 임기 만료를 1년 앞둔 1851년 12월, 루이 나폴레옹은 갑작스레 쿠데타를 일으켜 반대파를 숙청하고는 종신 대통령에 올랐다. 그리고 이듬해 11월에는 황제에까지 올라 나폴레옹 3세가 되었다.

이로써 프랑스에는 공화정이 중단되고 다시 제정 시대가 도래했다. 종신 대통령이 되기 위한 헌법 개정 투표 때 국민들로부터 신임을 확인받았던 나폴레옹 3세는 제정 실시를 위한 국민투표에서도 그다지 노선적인 상황을 겪시 않았다. 나폴레옹 3세에 대한 실밍보다는 나폴레옹 1세에 대한 향수가 그만큼 더 강했다고 볼 수 있었다.

1848년, 유럽을 휩쓴 혁명의 불길

1830년 7월 혁명이 벨기에의 독립을 낳았던 것처럼 1848년 2월 혁명은 오스트리아, 프로이센, 이탈리아, 헝가리 등 유럽 곳곳에서 혁명을 촉발시켰다. 유례없이 광범위한 지역에서 혁명의 불길이 치솟았던 1848년은 유럽 혁명의 해로 불린다.

2월 혁명의 여파가 오스트리아의 수도 빈을 강타한 것은 3월이었다. 노동자와 대학생을 주축으로 한 시민 혁명군은 자유주의 의회의 수립을 요구하며 투쟁을 벌였다. 이에 황제 페르디난트 1세가 시민들의 요구를 수용하면서 보수 반동 체제를 주도했던 메테르니히 내각이 붕괴되었다.

군국주의 국가인 프로이센도 2월 혁명의 여파가 비껴가지 않았다. 귀족들의 특권 철폐와 자유주의 헌법 제정을 요구하는 시위로 베를린의 3월이 뜨겁게 달아올랐다. 국왕 프리드리히 빌헬름 4세는 무력으로 시위를 제압하려 했으나, 결국에는 시민들에게 새로운 헌법 제정을 약속할 수밖에 없었다.

이처럼 빈과 베를린을 휩쓴 혁명은 독일의 모든 영방들이 참가하는 프랑크푸르트 국민의회의 출범을 낳았다. 그리고 의회에 참여한 영방들은 통일된 독일을 건설하자는 데 원칙적인 합의까지 보게 되었다.

여기까지는 자유주의자들이 바라던 대로 상황들이 흘러갔다. 하지만 독일 통일의 방식을 둘러싸고 자유주의 세력 사이에 이견들이 충돌했다. 그 때문에 의회의 논의가 더는 진전되지 못하고 시간만 허비하게 되었다.

그런 사이 오스트리아에서 다시 터진 시위는 자유주의자들이 똘똘

프랑크푸르트 국민의회 1948년 6월 회의

뭉치지 못한 탓에 정부군에 무참히 진압되었다. 프로이센의 경우는 약속대로 1849년 새 헌법을 제정하긴 했지만, 각 영방에서 시작된 자유주의자들에 대한 탄압 흐름에 편승하면서 끝내 국민의회를 해산했다.

빈 회의의 결정으로 오스트리아의 지배를 받기 시작한 북이탈리아에도 2월 혁명의 물결이 밀어닥쳤다. 밀라노 폭동이 터진 데 이어, 민족적 각성과 이탈리아 통일을 주창한 주세페 마치니Giuseppe Mazzini의 주도로 1849년 로마 공화국 수립이 이루어졌다. 하시만 오스트리아의 반격이 시작되면서 독립 투쟁의 성과들이 모두 무효가 되고 말았다.

북이탈리아처럼 오스트리아의 속박에 놓여 있던 헝가리에서도 독립을 위한 저항 활동이 전개되었다. 코슈트 등이 중심에 선 혁명은 1848년에서 1849년에 걸쳐 이루어졌으며, 헝가리가 군주국으로 올라서는 성과를 거두었다. 그러나 혁명의 끝은 역시나 이탈리아처럼 비극적인 실패로 마무리되었다.

칼 마르크스, 사회주의의 출현

1848년 유럽 대륙이 자유주의 혁명으로 들썩거리기 직전, 바다 건너 영국에서는 새로운 혁명의 씨앗이 뿌려지고 있었다.《공산당 선언》이 발표되었던 것이다. 칼 마르크스^{Karl Marx}와 프리드리히 엥겔스^{Friedrich Engels}라는 두 독일 지식인이 국제 노동자 단체인 공산주의자 동맹의 의뢰를 받아 작성한 이 독일어 선언문은 영어, 프랑스어, 러시아어 등으로 번역되어 유럽 각국에 전해졌다.

최초의 사회주의 이론서인《공산당 선언》은 "하나의 유령이 유럽을 배회하고 있다. 공산주의라는 유령이."라는 문장으로 시작되며, 총 네 개의 장으로 구성되었다. 훗날 사회주의자의 경전으로 평가받기도 하는《공산당 선언》은 유럽인들 사이를 떠돌며 수많은 공산주의자들을 양산해 냈다.

공동 집필자인 마르크스와 엥겔스는 2월 혁명이 일어나기 5년 전인 1843년 파리에서 만났다. 자유주의 사상을 가진 유대인 변호사의 아들로 태

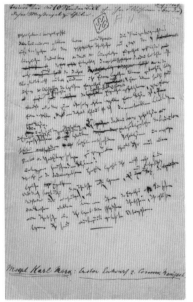
공산당 선언 초안

칼 마르크스와 프리드리히 엥겔스

어난 마르크스와 부유한 자본가 집안에서 자란 엥겔스를 동지로 묶어
준 것은 새로운 혁명 사상에 대한 욕구였다.

당시 유럽 세계는 산업 혁명이 진전되면서 늘어난 부의 대부분을 소
수의 자본가가 독점하고, 나머지를 다수의 노동자들이 조금씩 나눠 가
난하게 살아가는 불평등한 상황이 심화되고 있었다. 생산 활동의 주체
이면서도 정당한 노동의 대가를 받지 못하는, 이른바 노동의 소외 현
상을 극복하는 방안으로 마르크스는 노동자들의 단결을 통한 반자본
주의적 혁명을 제시했다.

마르크스의 사회주의는 당시 유럽의 자본주의가 무시하고 있던 노
동자의 권리를 부각시켰다. 노동자의 권리 실현은 탐욕스런 자본가와
폭력적인 국가 권력의 결합으로 번번이 좌초될 수밖에 없으므로 노동
자들의 강고한 연대와 폭력 투쟁을 통해 자본가와 국가 권력의 결합을

국제노동자협회 설립 회의(제1인터내셔널)

끊어 내야 한다고 마르크스는 권고했다.

1799년 영국에서는 단결금지법을 만들어 노동자들의 단체 행동을 불법화시켰다. 그 법에 따르면, 노동자들은 시위나 파업을 할 수 없는 것은 물론이거니와 아예 단체를 조직할 수도 없었다.

법의 보호를 받을 수 없게 된 노동자들이 취한 행동은 기계를 때려 부수는 것이었다. 1812년부터 영국의 공장들에서 이루어지기 시작한 기계 파괴 운동은 주동자로 알려진 인물의 이름을 따서 '러다이트 운동'이라 불리었다.

마르크스는 이런 정도의 투쟁으로는 세상을 바꿀 수 없다고 보았다. 노동자의 진정한 권리 실현은 노동자가 국가 권력을 장악했을 때에라야 가능하다고 믿었기 때문이었다. 그는 자신의 믿음대로 세상을 바꿀 수 있는 기회를 1848년의 유럽 혁명에서 찾았다.

마르크스에 따르면 유럽에 혁명의 때가 도래했다. 그는 3월 혁명에 휩쓸린 고국 프로이센으로 돌아가 함께 혁명을 주도할 동지들을 모았다. 하지만 세력 결집이 생각만큼 쉽지 않았다. 독일 지역의 자유주의자들은 사회주의에 대해 별로 호의를 보이지 않았다.

그런 상황에서 자유주의 진영이 분열하고 보수 세력이 반격해 오면서 어느새 혁명의 열기도 빠르게 식기 시작했다. 사회주의 혁명을 실현시킬 방도를 찾지 못한 마르크스는 아무런 소득 없이 프로이센을 빠져나올 수밖에 없었다.

혁명을 실현시키지는 못했지만, 마르크스의 사회주의 사상은 유럽 전체로 널리 퍼져 나갔다. 그리고 1864년 유럽 각국의 노동자 대표들이 런던에 모여 세계 최초의 사회주의 단체인 국제노동자협회를 결성하기에 이르렀다. 흔히 인터내셔널, 정확히는 제1인터내셔널로 불리는 국제노동자협회는 "만국의 노동자여, 단결하라."는 구호로 사회주의 노동 운동의 진로를 밝혔다.

기술의 발전과 신문물의 등장

18세기 후반 시작된 산업 혁명으로 영국은 세계의 공장이자 최고의 부국으로 성상했다. 그리고 뒤늦게 산업 혁명에 동참한 유럽 대륙에서는 1870년경 벨기에, 프랑스, 독일, 스위스 등이 후발 산업 강국으로 올라서게 되었다.

19세기에 접어들면서 생겨난 대표적인 변화는 증기 기관차의 등장이었다. 1814년 영국의 조지 스티븐슨George Stephenson이 철로 위를 날릴 수

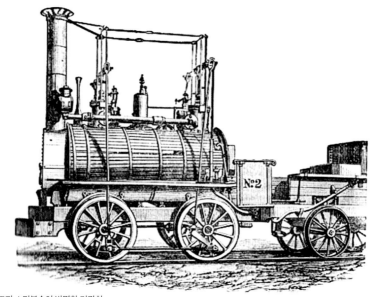

조지 스티븐슨이 발명한 기관차

있는 증기 기관차를 발명했다. 이후 개량을 거듭한 스티븐슨의 증기 기관차는 1825년 스톡턴에서 달링턴까지 90톤의 석탄을 싣고 달리는 데 성공했다.

운반용 증기 기관차의 출현은 산업의 발전 속도를 배가시켰다. 원료 공급과 제품 수송이 보다 원활해졌기 때문이었다. 그리고 점점 성능이 개선되면서 보다 많은 물건을 보다 빠르게 운반할 수 있게 되었다.

증기 기관차의 발명 외에도 많은 발명품들이 경제를 발전시키고 생활의 편리를 도왔다. 19세기의 대표적인 발명품으로는 사진기, 영화, 전화기 등이 있었다. 이것들은 현대인들의 생활에서도 빼놓고 생각하기 힘든 문명의 이기들이다.

사진기는 1837년 프랑스의 화가인 루이 다게르Louis Daguerres가 발명했다. 처음에는 촬영하는 데 꽤 시간이 걸린 탓에 피사체가 고정되어 있는 풍경 사진을 주로 찍었다. 그러다 기술 개발로 촬영 시간이 줄어들면서 인물 사진을 많이 찍기 시작했다.

고정된 사진 화면을 움직이는 화면으로 바꾸는 영화 기술이 등장한 것은 1878년이었다. 영국의 사진 작가인 에드워드 머이브리지^{Eadweard} ^{Muybridge}가 미국 캘리포니아 새크라멘토 경마장에서 말이 달리는 모습을 24장의 사진으로 찍어 연속 동작을 재현해 보인 것이 최초였다.

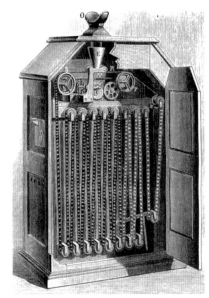

최초의 영사기 키네토스코프

1889년에는 미국인 발명가인 토머스 에디슨^{Thomas Edison}이 최초의 영사기인 키네토스코프^{kinetoscope}를 발명했다. 이것은 자동장치로 회전하는 필름의 아래쪽에서 전구 빛을 쏘고 위에서 확대경으로 들여다보게끔 만든 기계로, 한 번에 한 사람밖에는 이용할 수 없는 구조였다.

에디슨 영사기의 단점을 극복하고 공동 관람이 가능한 영사기를 만든 인물은 프랑스의 뤼미에르 형제^{Louis Lumière}였다. 그들은 1895년 움직이는 영상을 스크린 위에 비추는 방식의 영사기 시네마토그라프^{Cinematographe}를 제작하고, 1분 미만인 짧은 영화들을 찍어 상영까지 했다. 그 때문에 오늘날 현대 영화의 아버지라는 타이틀을 얻게 되었다.

한편, 활용 빈도 면에서 사진기나 영화는 비교가 되지 않을 정도의 생활필수품으로 자리 잡은 전화기는 최초 발명자를 두고 설들이 분분

현대 영화의 아버지 뤼미에르 형제

했다. 1876년 특허권을 얻은 영국 출신의 미국인 과학자 알렉산더 그레이엄 벨Alexander Graham Bell이 발명자로 공인받아 왔으나, 이탈리아의 안토니오 무치Antonio Meucci가 최초의 발명자라는 사실이 뒤늦게 밝혀지기도 했다. 벨의 특허보다 앞선 1837년 영국에서 통화 실험이 진행된 바 있으며, 1879년에는 벨이 만든 전화회사가 런던에 진출해 유럽 최초의 전화국을 설립했다.

만국박람회의 등장

18세기 중반에 시작된 산업 혁명은 유럽의 풍경을 바꿔 놓았다. 급속하게 변하는 세계의 발전상을 집약적으로 보여 주는 대규모 전시 행사가 1851년 런던에서 개최되었다. 당시 유럽 대륙은 3년 전 촉발된 혁명의 뒷수습에 매달려 있었는데, 영국은 그만큼 앞서 나갔던 것이다.

박람회장으로 쓰인 하이드파크의 수정궁은 철과 유리로 건축된 거대한 궁전이었는데, 그 자체로 대단한 볼거리가 되었다. 내부에는 전 세계에서 출품한 13,939점의 제품들이 전시되어 있었고, 청과 일본에서 보내온 도자기며 그림 등도 눈에 띄었다. 그것들은 산업화의 흐름에 뒤처진 아시아의 현실을 보여 주는 단적인 증거들이었다. 행사 기간 동안 수정궁을 다녀간 관람객의 숫자가 600만 명에 달할 정도로 런

제1회 런던 만국박람회

던에서 열린 제1회 만국박람회는 큰 성공을 거두었다.

이후 만국박람회는 국제박람회로 개칭되어 1900년까지 모두 13회 개최되었다. 그중 다섯 번이 프랑스에서 열렸고, 영국과 미국에서는 각각 두 번씩, 그리고 오스트리아, 에스파냐, 벨기에, 오스트레일리아에서는 각각 한 번씩 개막했다.

국제박람회 최다 개최국인 프랑스는 행사 때마다 매번 런던의 수정궁을 의식한 행보를 보였다. 1855년 파리 국제박람회는 획실히 런던에 미치지 못했고, 1867년에는 건축가 구스타브 에펠이 설계한 타원형의 유리 건물로 수정궁에 도전했지만 역시나 상대가 되지 못했다.

오스트리아 빈과 미국 필라델피아를 거쳐서 1878년에 다시 국제박람회를 유치한 파리는 이전보다 훨씬 성숙하고 진화된 건축 양식으로

1900년 파리 만국박람회 전경

수정궁을 위협했다. 설계자는 이번에도 에펠이었다. 그의 진가가 유감 없이 발휘된 것은 프랑스 혁명 100주년을 기념한 1889년 파리 국제박 람회에서였다. 높이 300미터의 거대하면서도 매끈한 철탑 구조물이 구름 관중을 끌어모았던 것이다.

에펠탑으로 수정궁을 뛰어넘은 파리는 1900년 만국박람회를 통해 지난 세기의 변화를 둘러볼 수 있는 전시 문화의 정점을 찍었다. 총 관 람객 숫자가 5,000만 명에 달했으며, 수많은 전시품들 속에는 유성영 화를 비롯해 디젤유를 태워 동력을 얻는 엔진, 최초의 자석식 녹음기 인 텔레그라폰, 움직이는 계단인 에스컬레이터 등 당대의 신문물이 등 장해 사람들의 시선을 사로잡았다.

공황과 노동 소외

1825년 영국에서 공황이 발생했다. 자본주의가 발달한 상태에서 세계 최초로 터진 공황은 많은 기업과 은행의 숨통을 끊어 놓았다. 공장들이 문을 닫고, 출근할 일터가 사라진 노동자들은 거리를 배회했다. 다만 이때의 공황은 바다 건너로까지 크게 확산되지는 않았다.

그 후로도 공황은 37년, 47년, 57년, 66년 등으로 대략 10년 주기를 가지고 발생했다. 그때마다 파급력은 전에 없이 커져 갔다. 영국뿐 아니라 유럽 국가들과 심지어 멀리 대서양 너머 미국까지 자본주의가 확산되면서 모든 나라들이 연결된 때문이었다. 혈관을 타고 독소가 퍼지듯 한 국가의 공황이 주변 국가들로 번져들어 속속 경제를 망가뜨렸던 것이다.

그 대표적인 예가 1857년 공황인데, 발생지는 미국이었다. 공황의 직격탄을 맞은 뉴욕은행이 파산을 선언하고 나자빠지자, 이 은행과 거래하고 있던 기업들과 유럽의 투자자들도 큰 손실을 입고 나자빠졌다. 미국의 공황이 곧장 유럽 경제를 타격하면서 이때 처음으로 세계 공황이 발생하게 되었다.

1870년 이후의 공황은 주로 미국이나 독일에서 터졌고, 이전의 공황과 달리 발생 주기도 매우 불규칙해졌다. 그리고 공황 최초 발생국 신세에서 벗어난 영국은 대서양이나 도버 해협을 건너온 공황에 영향을 받기는 했지만, 경제가 망가질 정도의 피해를 입지는 않았다.

공황의 수렁 속에서 당장이라도 망할 것처럼 보였던 19세기 자본주의는 꾸역꾸역 살아나서 다시 발전했다. 호황에서 공황, 공황에서 불황으로 이어지는 경제 사이클을 무사히 통과한 유럽의 경세는 보다 크

1857년 미국에서 일어난 공황으로 뉴욕은행 파산

고 강해진 모습으로 호황을 누렸다. 하지만 경제가 성장한 만큼이나 더욱 거대하고 치명적인 대공황이 호황의 끄트머리에서 기다리고 있었다.

이처럼 유럽의 산업 혁명과 자본주의의 발전이 거시적으로 세계 공황이라는 구조적인 결함을 낳았다면, 일상적으로는 노동 소외라는 부작용을 만들어 냈다. 정당한 노동의 대가를 받지 못하는 노동자들은 공장 주변의 빈민굴에서 하루하루를 어렵게 살아 내고 있었다.

뼈 빠지게 일해도 입에 풀칠하기 힘든 현실 속에서 19세기 초반 러다이트 운동과 같은 일탈 행동이 터져 나왔다. 점점 거세지는 노동자들의 투쟁은 영국 정부를 압박했고, 그 결과로 나온 것이 1824년 단결 금지법 폐지 결정이었다.

바야흐로 조합을 결성할 수 있게 된 노동자들은 조직적인 투쟁을 전개하기 시작했다. 노동 시간 단축과 임금 인상을 요구하는 노동조합의 목소리가 정부와 자본가의 양보를 얻기까지는 얼마간 시간이 소요되었다.

당시 노동조합을 결성하고 연대시키는 데 공헌한 인물이 사회주의자인 로버트 오언Robert Owen이었다. 노동자들의 자강론을 강조했던 오언은 혁명이나 폭력적 투쟁이 아닌, 조직적인 힘에 기초한 타협을 통해 노동 소외가 없는 노동자들의 세상을 만들 수 있다고 믿었다.

마르크스주의를 따르는 이른바 과학적 사회주의자들로부터 공상적 사회주의자로 낙인찍힌 오언은 자신의 소신을 밀어붙였으며, 그 결과 19세기 중반에는 영국 전역의 노동 운동을 관장할 수 있는 노동조합 연합체가 결성되었다.

그러자 정부와 자본가도 노동자의 목소리에 귀를 열기 시작했다. 그리고 1847년 노동 시간을 하루 10시간으로 축소하는 합의안이 노사 간의 합의로 현장에 적용되기에 이르렀다. 오언의 믿음대로 타협을 통해 노동자들의 세상을 만드는 첫걸음을 뗀 셈이었지만, 아직 갈 길은 멀고 멀었다.

많은 나라들에서 노동조합이 법의 보호를 받기 시작한 것은 19세기 후반경의 일이었다. 하지만 법과는 별개로 국왕을 위시한 권력자들과 자본가들의 눈에는 노동조합을 포함한 모든 사회주의 운동이 불순분자들의 책동으로 보였다. 그린 짐에서 1864년 런던에서 결성된 국제 사회주의 운동 단체인 제1인터내셔널은 각국 정부의 주요 감시 대상이 되기에 충분했다.

1871년, 프로이센과 벌인 전쟁에서 패한 프랑스가 굴욕적인 강화조약을 체결하자 항전을 주장하던 파리 시민들과 노동자들이 봉기해

바리케이드를 친 파리 코뮌 참가자들

혁명적인 자치정부인 인민의회를 결성했다. 두 달 동안 파리를 장악하면서 노동자 정부의 수립을 준비했던, 이른바 파리 코뮌^{Paris Commune}은 프로이센과 결탁한 프랑스 정부군의 공격을 받아 3만 명의 시민들이 학살당하는 비극 속에서 붕괴되었다.

파리 코뮌 사태로 약화된 제1인터내셔널은 1876년 해체되었다. 그러다가 1889년 파리에서 13년 만에 재결성되었는데, 이것이 제2인터내셔널이었다. 당시 유럽에는 사회주의 혁명의 기운이 조성되고 있었다. 특히 러시아와 독일에서는 사회주의에 대한 시민들의 지지가 그 어느 곳보다 뜨거웠다. 곤궁한 삶에 지친 사람들에게 노동자들의 세상을 건설하자는 주장은 메시아의 복음처럼 들릴 수밖에 없었다.

러시아-투르크 전쟁의 발발

18세기 후반부터 흑해 지역에서 발칸반도와 카프카스 방면으로 진출을 시도한 러시아는 오스만 투르크와 자주 충돌했다. 러시아와 투르크의 전쟁은 19세기 후반까지 100여 년 동안 총 여섯 차례에 걸쳐 전개되었다.

1차 전쟁은 1768년에 시작해 1774년에 끝났는데, 예카테리나 2세의 확장 정책에 따른 러시아의 폴란드 진출에 대해 프랑스가 불안을 느끼고 투르크를 부추겨 일으킨 전쟁이었다. 전쟁에 패배한 투르크는 흑해의 북동부 지역을 러시아에 빼앗긴 데다, 투르크 영토 안에 있는 그리스정교 신자들에 대한 러시아의 보호권까지 인정해야만 했다.

굴욕적인 1차 전쟁의 결과를 무효로 만들고자 투르크는 1787년부터 1791년까지 2차 전쟁을 벌였다. 하지만 알렉산드르 수보로프가 이끄는 러시아군에 또다시 패배해, 이번에는 오늘날 우크라이나와 몰도바 지역을 지나 흑해로 흘러드는 드네스트르강 유역의 땅을 러시아에 빼앗겼다.

투르크의 연이은 패배는 유럽 열강의 눈길을 동방 쪽으로 돌리게 만들었다. 마침 프랑스 혁명이 터진 데 이어 나폴레옹 전쟁에 열강들이 휘말려든 까닭에 러시아로서는 유리한 입장에 놓이게 되었다.

1806년부터 1812년까지 전개된 3차 전쟁은 러시아 원정을 계획 중인 나폴레옹이 투르크를 꾀어 러시아를 도발케 하면서 벌어졌다. 역시나 투르크는 러시아의 적수가 되지 못했고, 오늘날 몰도바의 동부 지역인 베사라비아를 러시아에 넘겨주어야만 했다. 이렇게 3차 전쟁이 끝나고 한 달 후에 나폴레옹의 러시아 원정이 개시되었다.

1821년 오스만 투르크의 지배에 반대하는 독립 투쟁이 그리스에서 일어났다. 이듬해 그리스는 독립을 선언하고 공화주의 헌법까지 만들었는데, 이는 지배자인 투르크의 가혹한 탄압을 불러들였다.

나폴레옹의 몰락 이후 메테르니히의 보수 체제가 지배하던 유럽의 무관심 속에서 유일하게 영국이 그리스의 독립 투쟁을 지원했다. 그리고 1828년에는 러시아가 투르크와 4차 전쟁을 시작해 1년 만에 승리를 거두었다.

러시아는 오늘날 터키 북서쪽 그리스 국경 지대에 자리한 아드리아노플에서 투르크와 화약을 맺고, 도나우강 하류 및 흑해 동쪽 지역을 장악했다. 또한 흑해에서 지중해 사이를 연결하는 두 해협인 보스포루스 해협과 다르다넬스 해협을 자유롭게 항해할 수 있는 권한도 확보했다. 아울러 그리스의 독립은 물론, 세르비아와 오늘날 루마니아에 속하는 몰다비아 등의 자치권까지 얻어 냈다. 이를 통해 러시아는 발칸반도에서 일어나는 슬라브 민족주의 운동의 주도권을 잡게 되었다.

한편, 그리스는 독립을 인정받은 바로 그해 런던회의에서 국제적으로 독립 국가의 지위를 인정받았다. 다만, 그간 독립을 지원해 온 영국의 간섭으로 공화국이 아닌 군주국이 될 수밖에 없었다. 결국 오스만의 전제적인 통치에서 벗어나자마자 새롭게 영국에 종속되는 신세가 된 셈이었다.

4차 전쟁 이후, 발칸반도와 서아시아 지역에서 영향력이 커진 러시아와 이를 견제하는 영국, 프랑스, 오스트리아 등 열강 사이의 대립이 점차 강화되었다. 이런 가운데 1853년 러시아가 투르크의 분할을 목적으로 5차 전쟁을 일으켰다.

유럽 열강들이 투르크를 편들며 참전하면서 5차 전쟁은 국제전으로

러시아가 승리한 4차 러시아 투르크 전쟁

변했다. 이번 전쟁은 러시아의 오스만 제국 분할 통치라는 동방 정책 아래 개시되어 제1차 동방 전쟁으로도 불린다. 또한 전쟁 장소가 크림 반도여서 크림 전쟁으로 불리기도 한다. 1856년까지 이어진 전쟁에서 러시아는 패했다.

패전의 결과, 러시아는 이제까지 투르크로부터 얻어 냈던 많은 특권들을 내놓아야 했다. 동방 정책의 위축도 불가피하게 되었다. 그렇게 빛이 바랬던 동방 정책이 부활한 것은 1870년대에 들어와서였다. 러시아 남부 지역이 경제 중심지로 떠오르면서 흑해를 통한 무역이 중요해졌기 때문이었다.

러시아는 발칸반도의 슬라브족 지역들을 부추겨 독립 투쟁에 나서

러시아에 항복하는 투르크인

게끔 했다. 1875년 보스니아가 투르크의 지배에 반대하며 봉기했다.
그러자 헤르체고비나를 비롯해 세르비아, 불가리아, 몬테네그로 등도
봉기했다.

러시아는 슬라브족의 독립 투쟁을 지원한다는 명분 아래 1877년 투
르크와 6차 전쟁에 돌입했다. 제2차 동방 전쟁으로도 불리는 6차 전쟁
에는 다른 유럽 열강들이 참전하지 않았다. 러시아가 사전에 열강들을
만나 정지 작업을 벌인 결과였다.

러시아 군대는 투르크 군대의 방어선을 속속 무너뜨리면서 적의 심
장부인 이스탄불까지 진격했다. 다음 해 승리를 확정 지은 러시아는

카프카스 지역을 차지하는 한편, 루마니아와 세르비아, 몬테네그로를 독립시키고, 불가리아의 자치권을 얻어 냈다.

여섯 차례에 걸친 러시아-투르크 전쟁에서 최종 승리한 러시아는 발칸반도에 대한 영향력을 크게 강화할 수 있었다. 이에 위협을 느낀 유럽 열강들은 러시아가 투르크로부터 얻어 낸 특권들을 제한하기 위해 공동으로 나섰다. 그리고 베를린 조약을 통해 자신들의 뜻을 일정 정도 관철하는 데 성공했다.

오스트리아-헝가리 제국의 탄생

프랑스 혁명과 나폴레옹 전쟁 그리고 1848년 혁명을 거치면서 유럽 땅에는 민족주의가 대두했다. 중세에는 민족이란 개념조차 존재하지 않았다는 점에서 근대의 발명품이라고도 할 수 있는 민족주의는 대립 쌍으로서 자유주의를 맞이했다. 독립 국가에 대한 열망과 제국주의적 야망에 따라 끊임없이 소환되고 맞선 두 이데올로기는 19세기와 그 너머의 유럽과 세상을 격동시킨 주제였다.

그런 점에서 독일 민족을 주축으로 폴란드인, 체코인, 슬로바키아 인, 세르비아인, 크로아티아인, 헝가리인, 이탈리아인 등을 아울렀던 오스트리아는 민족 문제로 몸살을 앓을 수밖에 없었다. 1848년 권할 지역들에서 촉발된 독립 투쟁을 제압했으나, 1866년 프로이센과 벌인 전쟁에서 패배해 독일 연방에서 제외되고 이탈리아 지역까지 상실하게 되자, 이민족들의 독립 활동을 제어하기가 힘들어졌다.

이에 오스트리아 황제인 프란츠 요제프 1세Franz Joseph I는 이듬해 헝가

오스트리아-헝가리 제국의 황제 프란츠 요제프 1세의 대관식

리에 자치권을 주고 왕국을 세우도록 하는 대신, 자신이 헝가리 왕국의 왕위에 올랐다. 이로써 한 국왕이 통치하는 두 왕국 체제인 오스트리아-헝가리 제국이 수립되었다.

각 왕국이 독자적인 의회와 정부를 만들어 자치를 행하되, 공동 사안인 군사, 외교, 재정은 비례대표를 통해 함께 처결하는 방식을 택했다. 이와 같은 이중 제국 결합으로 헝가리인은 오스트리아인과 함께 지배 민족으로 올라서게 되었다.

하지만 게르만족인 오스트리아인과 마자르족인 헝가리인은 제국의 시민으로 화합하지 못했다. 귀족이 아닌 평민 마자르족의 경우, 게르만족에게 여전히 종속된 민족이거나 2등 시민 취급을 받았기 때문이었다.

결국 헝가리 민중들은 저항에 나섰고, 오스트리아는 공권력을 동원해 탄압을 가했다. 그러면서 헝가리의 일원으로 마자르족의 지배를 받고 있는 남슬라브족을 부추겨 내분을 조장하는 방식으로 헝가리의 투쟁력을 약화시켰다. 이런 우여곡절을 거쳐 자리를 잡은 제국은 다음 세기까지 체제를 이어 나갈 수 있었다.

19세기 식민지 쟁탈전

민족 갈등이 폭발하고 독립 투쟁으로 시끄러운 동안에도 유럽의 산업화는 빠른 속도로 진전되었다. 그 결과 1870년대에 접어들어서는 동력원이 석탄과 증기기관에서 석유와 전기 및 내연기관으로 바뀌고, 주력 업종도 섬유와 철강에서 전기와 화학, 비철금속으로 옮겨 가는 제2차 산업 혁명이 일어났다.

이에 유럽 열강들은 자국의 산업 활동에 필요한 1차 원료, 즉 석유, 구리, 알루미늄, 고무 등을 확보하기 위한 해외 식민지 확보에 경쟁적으로 뛰어들었다. 이처럼 자국의 이익을 목표로 다른 나라를 침탈해 주권을 빼앗고 착취하는, 이른바 제국주의가 본격화된 것은 이때부터였다.

제국주의 열강들의 식민지 쟁탈전이 가장 치열하게 전개된 곳은 아프리카였다. 1870년경부터 20세기 초까지 아프리카 대륙은 에티오피아와 라이베리아를 뺀 모든 지역이 유럽의 식민지로 전락했다. 식민지의 상당 부분을 영국과 프랑스가 점령했으며, 그 나머지를 독일과 이탈리아, 포르투갈, 에스파냐, 벨기에 등이 차지했다.

1834년 영국은 아프리카 남난의 케이프에서 일찍부터 정착촌을 이

영국에 맞서 싸운 보어 게릴라 대원들

루어 살고 있던 보어인, 즉 네덜란드 이주민들한테서 강제로 땅을 빼앗았다. 정착촌에서 쫓겨난 보어인들은 트란스발과 오렌지 자유주로 이주해 새로 정착했다.

그런데 새로운 정착지에서 금광이 발견되자 당시 금에 의존하는 통화 정책을 펼치고 있던 영국이 욕심을 내면서 1899년 보어 전쟁이 발발했다. 1902년 어렵사리 전쟁에서 승리한 영국은 기존 정복지와 새 정복지를 묶어 영국령 남아프리카 연방을 세웠다.

한편, 아프리카 북부에서도 영국은 식민 활동을 전개했다. 1869년 프랑스가 지중해와 홍해를 연결하는 수에즈 운하를 이집트에 건설하자, 영국은 1875년 이집트 재정 위기를 틈타 이집트 정부의 운하 지분을 매입했다. 이로써 수에즈 운하를 프랑스와 공동 운영하게 된 영국은 1881년 이집트에서 일어난 반외세 운동을 빌미삼아 이듬해 이집트를 점령했다.

영국은 인도로 가는 편리한 교통로인 수에즈 운하의 안정적 관리를 위해 수단, 우간다, 케냐 등 인접 지역들을 장악해 나갔다. 그 결과 남쪽의 케이프에서 북쪽의 카이로까지 아프리카를 종단하는 행태의 점령 정책을 펼쳐 보였다.

그에 반해 프랑스는 서북부의 알제리에서 동남부의 마다가스카르까지 아프리카를 횡단하는 모양의 점령 계획을 실행해 나갔다. 이처럼 동서로 확장하는 프랑스는 상하로 뻗는 영국과 1898년 이집트 남부, 오늘날 수단에 속하는 파쇼다에서 충돌하게 되었다.

영국군과 프랑스군이 대치한 일촉즉발의 상황은 전쟁으로 비화하는 대신에 외교 협상으로 마무리되었다. 비스마르크^{Bismarck}의 주도로 통일을 이룬 독일 제국에 대한 견제가 보다 시급했던 까닭이었다. 영국의 이집트 점령과 프랑스의 모로코 지배를 상호 인정하는 선에서 양국은 타협했다.

당시 후발 주자인 독일 제국은 아프리카에서 토고, 카메룬 등 서부 해안 지역과 동부 및 남서부 해안 지역을 수중에 넣었다. 그 외 이탈리아는 소말리아와 트리폴리를 얻고, 포르투갈은 앙골라와 모잠비크를 확보했으며, 벨기에는 콩고 지역을 차지했다. 그리고 에스파냐는 사하라 지역을 관리했다.

아프리카를 장악한 영국의 제국주의적 위세는 아시아에서도 유감없이 발휘되었다. 1840년에서 1842년까지, 또한 1856년부터 1860년까지 두 차례의 아편 전쟁을 통해 영국은 청나라를 굴복시켰다. 그리고 홍콩과 주룽반도를 전리품으로 획득했다. 이때 러시아는 연해주를 차지했다.

영국 동인도회사의 세포이

2차 아편 전쟁이 발발한 다음 해인 1857년 영국은 세포이, 즉 자국의 동인도회사에 고용된 인도인 병사들이 열악한 처우에 분노해 봉기하자 군대를 출동시켜 진압했다. 영국은 당시 인도의 명목상 지배자였던 무굴 제국 황제를 반란의 책임자로 지목해 퇴위시켰다. 이로써 무굴 제국이 사라지고, 인도는 영국의 직할 식민지가 되었다.

인도에서 영국에 밀린 프랑스는 1884년 청나라와 전쟁을 벌여 인도차이나반도에 대한 지배권을 빼앗았다. 그 후 동남아시아로 진출하면서 영국과 다시 충돌하게 되자, 협상을 통해 영국은 말레이시아와 싱가포르를 차지하고, 프랑스는 나머지 지역과 타이의 일부 지역을 취했다. 당시 인도네시아는 네덜란드가 관장했으며, 필리핀은 에스파냐가 지배했다가 미국으로 넘어갔다.

차티스트 운동과 영국 의회의 개혁

19세기 유럽 대륙이 혁명의 소용돌이 속으로 휘말려들 때, 영국은 비교적 평온한 19세기를 보내고 있었다. 17세기에 이미 의회민주주의와 입헌군주제의 정치 질서를 확립해 놓은 덕분이었다.

물론 영국이 정치적 갈등과 변화의 무풍지대였던 것은 아니었다. 영국의 정치도 일정 정도 진통을 겪으면서 발전했다. 그 대표적인 사례가 바로 선거법 개정을 둘러싼 의회와 차티스트의 갈등이었다.

당시 영국 의회는 보수 정당인 토리당과 자유주의 정당인 휘그당으로 나뉘어 있었다. 토리당은 주로 농촌 지주들의 지지를 받고 있었으며, 휘그당은 도시 지역 부르주아 계층의 이익을 대변하고 있었다.

인구수의 증감을 반영해 선거구를 재조정하는 문제에서 농촌에 뿌리를 둔 토리당은 반대 입장을 고수한 반면, 도시에 기반을 둔 휘그당은 적극 찬성하는 쪽이었다. 유권자가 500명으로 줄어든 농촌과 5,000명으로 늘어난 도시에서 선출된 의원 수가 같은 불합리한 현상은 인구 유출로 더는 선거를 치를 수 없는 불량 선거구가 생겨날 때까지 계속되었다.

1832년 휘그당의 주장대로 선거법이 개정되면서 다수의 불량 선거구들이 사라지고, 큰 도시들에서 선출되는 의원들의 수가 늘어났다. 그 결과 토리당의 위세가 줄어들고 휘그당의 힘이 커지게 되었다. 이는 부르주아 계층의 정치적 승리로 귀결되었다.

하지만 일반 시민들과 선거법 개정은 아무런 관련이 없었다. 일반 시민들에게는 선거권이 부여되지 않았기 때문이었다. 도시 인구의 대부분을 차지하는 산업 노동자들은 자신들의 의사를 반영시킬 수 없는 선거 제도에 불만이 컸다.

1838년, 노동자를 중심으로 시민들에게도 참정권을 부여할 것을 요구하는, 이른바 차티스트 운동이 시작되었다. 정치 개혁 강령을 담은 인민 헌장Charter의 채택을 추구하는 차티스트들의 운동 방식은 무력 투쟁이 아닌 서명과 청원이었다.

운동 시작 1년 만에 차티스트들은 매년 선거 실시 및 비밀선거와 보통선거 보장을 바라는 120만 명의 서명을 모아 의회에 제출했다. 부르주아들이 장악한 의회는 투표권을 달라는 노동자들의 청원을 무시했다.

이에 다시 서명 작업을 돌입한 차티스트들은 1842년 300만 명의 서명을 모아 청원했다. 하지만 이번에도 의회는 꿈쩍하지 않았다. 자신들의 요청이 재차 거절당한 상황에서 다른 방식을 택할 수도 있었지만, 차티스트들은 청원을 고수했다.

유럽 대륙에 혁명의 기운이 넘쳐흐르던 1848년, 500만 명 이상의 서명을 받아 의회 청원에 나선 결과는 불행히도 전과 동일했다. 차티스트들은 자신들을 철저히 무시하는 부르주아 의회를 상대로 한 번도 싸워 보지 않은 채 운동을 접고 말았다. 유럽 각국의 혁명들이 실패로 돌아간 보수적 분위기에 영향을 받은 결과였다.

차티스트 운동으로 풀지 못한 민중들의 불만을 끝내 해소시켜 준 것은 뜻밖에도 의회였다. 의회가 스스로 나서서 선거법을 개정하는, 위로부터의 개혁을 추진했던 것이다. 1884년 영국의 모든 성인 남성들은 참정권을 행사할 수 있게 되었다.

그에 앞서 1871년에는 1일 노동시간을 10시간으로 제한하고, 9세 미만 아동의 노동을 금지시키는 법안이 의회를 통과했다. 그리고 의무

1848년 런던의 케닝턴 커먼에서 열린 차티스트 회의

교육 제도도 마련되었다. 이와 같은 영국 의회의 자발적인 개혁 노력
은 다음 세기에도 계속되었다.

비스마르크, 독일 제국의 건설자

나폴레옹 전쟁 당시 프랑스군에 맥없이 패해 영토가 쪼개지기도 했
던 프로이센은 나폴레옹이 몰락하면서 원상회복되었다. 그리고 빈 체
제 이후 전보다 더 적극적인 개혁에 나섰다. 특히 국민들의 교육에 힘
을 쏟아 문맹률을 크게 낮추었다.

비스마르크

경제 분야에서 프로이센은 1834년 독일 지역 영방들 사이의 관세 동맹 체결을 주도했다. 오스트리아가 빠진 39개 게르만족 국가들이 참여하는 관세 동맹 덕분에 역내의 경제력은 빠른 속도로 발전했다.

하지만 경제 발전의 과실은 개개의 민중들에게 돌아가지 않았다. 통일 독일의 전단계로서 구상되고 실행된 관세 동맹을 지배하는 사상은 민족주의였다. 개인의 자유와 이익보다는 게르만족의 단합과 국익이 우선하는 구조였던 것이다.

이러한 구조 속에서 짓눌려 있던 자유주의가 터져 나온 사건이 1848년 3월 혁명이었다. 프로이센의 지배 세력이 3월 혁명에 잠시 굴복해 국민의회 출범과 헌법 제정에 나서기도 했지만, 결국 보수의 반격으로 애초의 민족주의 질서가 복원되기에 이르렀다.

1861년, 프리드리히 빌헬름 4세가 죽고 동생인 빌헬름 1세가 국왕에 올랐다. 새 국왕은 오토 폰 비스마르크를 재상으로 발탁했다. 청년 시절 프랑스와 러시아 대사관에서 근무한 적 있는 비스마르크는 통일 독일 건설을 지상 과제로 여기는 냉철하고 보수적인 민족주의자였다.

프로이센을 게르만 국가 통일의 주축으로 만들기 위해 재상 비스마르크는 철혈 정책을 추진했다. 쇠와 피가 동원되는 전쟁을 위한 정책, 다시 말해 전쟁에서 승리할 수 있는 강력한 힘을 기르는 정책을 밀어붙였던 것이다. 의회에 포진한 자유주의자들의 불만에도 아랑곳없이 철혈 재상은 모든 정책을 먼저 추진하고 의회에는 사후 승인을 받았다.

군사력 강화에 방점을 찍은 비스마르크의 정책에 따라 병력 증강과 최신 무기 도입, 그리고 더 엄격한 군기 확립 등이 이루어졌다. 이와 같은 노력 덕분에 프로이센은 당대의 군사 강국으로 다시 부상하게 되었다.

만반의 준비를 마친 비스마르크는 통일을 위한 정지 작업으로 오스트리아를 통일 대상에서 제외시키는, 이른바 소독일주의 노선을 실행에 옮겼다. 소독일주의는 오스트리아가 게르만 국가라도 여러 민족들이 뒤섞인 탓에 통일 후에 언제든 민족 갈등에 휘말릴 수 있어 통일 대상에서 빼자는 입장이었다. 이에 반해 오스트리아까지 포함해 모든 게르만족 국가들을 합쳐야 한다는 입장이 대독일주의였다.

비스마르크는 오스트리아와 전쟁을 벌이기에 앞서 프랑스, 이탈리아 등 주변국으로부터 중립 약속을 받아 냈다. 그리고 1866년 오스트리아를 침공해 머잖아 항복을 받아 냈다. 이로써 소독일주의에 입각한 독일 통일에 걸림돌이 될 내부의 적은 사라졌다.

비스마르크가 오스트리아에 이어 타깃으로 삼은 나라는 프랑스였다. 독일 통일에 위협이 될 수 있는 강국인 데다가, 과거에 나폴레옹 황제의 군대에 점령당하는 치욕도 겪었던 프로이센으로서는 통일에 앞서 프랑스를 손보지 않을 수 없었다.

문제는 전쟁의 명분이었다. 비스마르크는 1870년 에스파냐에서 혁명으로 왕의 자리가 공석이 되자, 프로이센 왕실 사람이 왕으로 거론되는 데 대해 프랑스의 나폴레옹 3세가 반대하는 것에 주목했다. 그는 프랑스와 프로이센 사이의 갈등을 부추겨 나폴레옹 3세가 그해 7월 선전포고를 하도록 유도했다.

독일 제국 선포식의 빌헬름 1세와 비스마르크

　덫에 걸려든 나폴레옹 3세의 군대는 프로이센 군대의 손쉬운 먹잇감이 되었다. 프랑스 뫼즈강 연안의 스당 요새 전투에서 나폴레옹 3세는 프로이센의 포로로 잡히기까지 했다. 전쟁은 프랑스의 완벽한 패배로 돌아갔다.

　1871년 1월, 비스마르크는 프랑스 왕정의 상징적 공간인 베르사유 궁전에서 독일 제국의 선포식을 열었다. 오스트리아를 제외한 독일 영방의 인사들이 지켜보는 가운데, 프로이센의 빌헬름 1세는 통일 독일의 초대 황제에 취임했다.

　독일 통일의 대과업을 완수한 비스마르크의 다음 행보는 조심스러웠다. 유럽의 모든 열강들이 독일 제국의 일거수일투족을 지켜보는 상황에서 섣부른 행동을 일삼아 분쟁거리를 만들고 싶지 않아서였다.

비스마르크는 만일에 발생할 수 있는 분쟁 사태에 대비할 목적으로 1882년 오스트리아, 이탈리아와 동맹 관계를 체결했다. 프로이센의 삼국동맹을 견제하기 위해 프랑스는 1894년 러시아와 동맹을 맺고, 1904년 영국과 협상한 데 이어, 1907년 영국과 러시아 간의 협상을 포함시켜 삼국협상을 만들었다. 이후 삼국동맹과 삼국협상의 세력 균형은 전쟁의 발생을 예방하는 견제 효과를 발휘했다.

1888년 빌헬름 1세가 죽고, 후두암을 앓던 아들 프리드리히 3세도 제위 석 달 만에 숨을 거두자, 다시 프리드리히 3세의 아들 빌헬름 2세가 독일 황제에 올랐다. 늙은 명재상과 여러모로 호흡이 맞지 않았던 새 황제는 비스마르크를 해임했다. 그리고 대외적으로 확장 정책을 실시하면서 훗날 세계 대전의 불씨를 만들어 냈다.

나폴레옹 3세, 제정의 몰락과 공화정의 혼란

쿠데타를 통해 황제의 자리에까지 오른 나폴레옹 3세는 파리를 비롯해 마르세유, 리옹 등 여러 도시를 공공사업과 유사한 방식으로 재정비했다. 또한 철도 시설을 개선했고, 은행 제도를 현대적으로 바꾸었으며, 국내의 상선 규모를 크게 늘렸다. 대규모 기술 개발에도 부자한 그는 특히 발명가들을 후원했다.

그런 한편 노동자들의 주식인 빵 값을 싸게 유지했으며, 위생 시설을 갖춘 노동자 주택의 건설을 늘렸다. 황제는 노동자들에게 협동조합 개설권과 파업권을 보장하는 등 사회적 개혁을 추진했다. 아울러 여성

비스마르크에게 항복하는 나폴레옹 3세

의 교육권도 부여했으며, 공공학교에서 가르칠 필수 과목도 제정했다.

나폴레옹 3세는 대외적으로 나폴레옹 1세 때의 영광을 재현하고자 애썼다. 따라서 그의 정책은 전 세계에 걸쳐 프랑스의 영향력을 확대하고 식민지를 팽창시키는 쪽으로 나아갔다. 그는 프랑스 민족의 대외적인 팽창을 문명화의 사명이라고까지 주창했다.

1853년 발발한 크림 전쟁에서 영국과 연합해 러시아와 싸워 승리했고, 1856년에는 영국, 러시아, 미국 등과 제2차 아편 전쟁에 가담해 청의 남부 및 베트남에 대한 영향력을 확보했다. 이때부터 프랑스는 베트남을 식민화하기 시작했다.

1859년 이탈리아 통일 전쟁에서는 오스트리아 군대를 몰아낸 후에 니스와 사부아 지역을 확보했다. 아프리카 지역으로도 식민지를 확대한 나폴레옹 3세는 수에즈 운하 건설에 나서는가 하면, 1866년에는 멀리 조선에서 프랑스 선교사를 박해했다는 이유로 병인양요를 일으키기도 했다.

1870년 나폴레옹 3세는 비스마르크가 이끄는 프로이센과 일전을 벌여 적군의 포로가 되는 수모를 당했다. 황제가 프로이센에 항복하자, 프랑스 의회는 제정의 폐지를 선언하고 임시정부 주도 아래 전쟁을 계속 수행해 나갔다.

하지만 임시정부마저 프로이센의 공세 앞에 백기를 들자, 분노한 민중들이 파리코뮌을 세워 저항하다 두 달 만에 해체되었다. 그런 한편, 제정의 폐지와 함께 권좌를 잃은 나폴레옹 3세는 1871년 3월 영국으로 망명했고, 2년 후 병으로 숨을 거두었다.

19세기 러시아와 농노 개혁

유럽에서 절대왕정이 붕괴되고 자유주의 사상이 세를 얻는 동안에도 러시아는 황제인 차르가 모든 권력을 틀어쥔 절대왕정 체제를 고수해 나갔다. 이런 러시아에서 개혁의 주체는 프랑스처럼 민중도 아니고, 영국처럼 의회도 아니었다. 절대 권력자인 차르였다.

1801년 파벨 1세가 죽고 맏아들인 알렉산드르 1세가 차르에 올랐다. 그는 대학을 신설하고 근대적인 교육 제도를 도입했다. 또한 발트 지역 세 개 현의 농노들을 해방시켰다. 하지만 그 외 지역의 농노 해방은 귀족의 자발적인 선택에 맡겼다.

대륙봉쇄령에 따르지 않아 나폴레옹 군대의 원정을 받은 바 있었던 알렉산드르 1세는 전쟁으로 궁핍해진 재정 때문에 둔전병 제도를 실

데카브리스트의 난

시했다. 평소에는 농사를 지어 식량을 자급하고 전시에는 전투원으로 동원되는 이중 개념의 병사 제도는 국민들의 불만을 샀다.

1825년 알렉산드르 1세가 숨을 거두고 동생인 니콜라이 1세가 새 차르가 되었다. 이처럼 권력 교체가 이루어지던 시기에 입헌군주제와 농노제 폐지 등을 외치는 청년 장교들이 반란을 일으켰다.

러시아어로 데카브리, 즉 12월에 터진 혁명이라 해서 데카브리스트의 난으로 명명된 이 사건에 대해 니콜라이 1세는 무자비한 응징을 가했다. 그리고 반란을 구실로 삼아 비밀경찰까지 만들어 반정부 세력들의 동향을 감시했다.

안으로 옥죄고 밖으로 확장 정책을 추진했던 니콜라이 1세는 1853년 오스만 제국을 침략해, 제1차 동방전쟁 또는 크림 전쟁으로도 불리는 제5차 러시아-투르크 전쟁을 일으켰다. 영국과 프랑스 등 서구 열강의 개입으로 패전의 쓴맛을 본 니콜라이 1세는 1855년 사망했다.

니콜라스 1세에 이어 아들인 알렉산드르 2세가 제위에 올랐다. 크림 전쟁의 패배를 통해 낙후된 러시아의 현실을 확인한 새 차르는 대대적인 개혁에 나섰다. 1857년 둔전병제 폐지를 비롯해 1861년 농노제 폐지, 1863년 재정과 고등교육 개혁, 1864년 지방자치와 사법 개혁, 1870년 도시 자치 개혁, 1871년 중등교육 개혁, 1874년 군사 개혁 등이 이루어졌다.

특히 농노제 폐지의 경우는 제국의 오랜 모순을 깨뜨린 혁신적인 조치였다. 이것은 지주가 가난한 해방 농민에게 땅을 유상 분배하되, 정부와 노촌 공동체에서 8대 2의 비율로 땅값을 빌려주는 지원 조치가 뒤따랐다. 하지만 농촌 공동체의 자금줄이 대부분 지주라는 점에서 여전히 농민은 지주에게 예속될 수밖에 없는 제도적 한계가 있었다.

한편, 알렉산드르 2세는 대외적으로 확장 정책을 구사했다. 1873년 독일, 오스트리아 등과 삼제동맹을 체결해 외교 및 군사 측면에서 안정을 꾀하는 한편, 1878년 제6차 러시아-투르크 전쟁에서 승리해 5차 전쟁 때 내주었던 땅의 일부를 도로 확보했다.

극동에서는 청과 1858년 아이훈 조약, 1860년 베이징 조약을 체결해 우수리강 동쪽에 자리한 연해주 지역을 차지했다. 또한 일본과는 1875년 상트페테르부르크 조약을 통해 쿠릴열도를 내주는 대신 사할린섬을 얻었다. 그리고 1867년에는 당시 눈과 얼음으로 덮인 불모지에 불과했던 알래스카를 미국에 매각하기도 했다.

국경 안팎에서 러시아의 변화를 꾀했던 알렉산드르 2세는 개혁의 내용과 결과에 불만을 품고 수차례 암살을 시도해 왔던 급진개혁주의자의 폭탄 공격으로 1881년 3월 상트페테르부르크 거리에서 사망했다.

사르데냐, 이탈리아 통일의 주역

1848년 유럽 혁명의 열기로부터 이탈리아도 벗어나지 못했다. 당시 이탈리아의 정치적 지형을 살펴보면, 북부는 합스부르크 왕조가, 중부는 교황청이, 남부는 프랑스 부르봉 왕조가 지배하고 있었다. 정통 이탈리아 왕조가 다스리는 곳은 사르데냐섬뿐이었다.

혁명기를 맞아 이탈리아 통일을 추진한 인물은 사르데냐 국왕 비토리오 에마누엘레 2세Vittorio Emanuele II였다. 그는 자유주의 사상을 지닌 카보우르 백작을 총리직에 앉혔다. 카보우르는 열강의 지원이 있어야 통일이 가능하다고 판단해 크림 전쟁 당시 연합군 편에서 러시아와 싸웠다.

프랑스 나폴레옹 3세의 환심을 얻은 카보우르는 프랑스의 군사적 지원을 약속받은 상태에서 1859년 오스트리아와 전쟁을 벌였다. 카보우르의 군사적 모험은 샤르데냐군의 교황청 공략에 따른 프랑스의 친가톨릭 여론과 오스트리아의 강력한 반발에 부담을 느낀 나폴레옹 3세의 약속 불이행으로 롬바르디아, 토스카나, 파르마를 획득한 선에서 중단되고 말았다.

카보우르 다음에 통일 전쟁을 주도한 것은 주세페 가리발디Giuseppe Garibaldi였다. 마치니가 세운 청년이탈리아당의 일원으로 공화주의적 혁명 운동에 가담한 바 있었던 가리발디는 1860년 붉은셔츠단이라는 무장 단체를 조직해 시칠리아와 나폴리를 점령했다. 그리고 점령지를 사르데냐 왕국에 넘겨주어 이탈리아 통일 작업에 날개를 달아 주었다.

이듬해인 1861년 3월, 비토리오 에마누엘레 2세는 이탈리아 왕국의 건설을 선포하고 초대 국왕에 올랐다. 이후 1866년 프로이센의 오스트리아 침공을 기회로 삼아 오스트리아로부터 베네치아를 탈환했

크림 전쟁 당시 연합군 편에서 러시아와 싸운 이탈리아

으며, 1870년에는 프로이센-프랑스 전쟁으로 프랑스군의 방비가 허술해진 로마를 수중에 넣었다. 이로써 이탈리아 통일을 완수할 수 있었다.

북유럽 국가들의 변화

나폴레옹 전쟁 당시 스웨덴은 프랑스에 반대하며 영국, 러시아의 편에 섰다. 이에 1806년 나폴레옹 군대가 프로이센 군대를 손쉽게 격파하자 놀란 러시아가 프랑스 지지로 돌아선 가운데, 스웨덴 국왕 구스타브 4세는 프랑스에 반대하는 입장을 고수했다.

적국이 된 러시아는 1808년 선전포고도 없이 스웨덴을 침공해 핀란드 지역을 점령하고, 이듬해에는 올란드 제도와 베스테르보텐의 일부 지역까지 차지해 버렸다. 북방 전쟁 때도 러시아에 영토를 빼앗긴 적이 있었던 스웨덴은 이번에는 왕국 영토의 3분의 1을 상실하는 큰 수모를 겪었다.

러시아에 패한 그해 구스타브 4세가 쿠데타로 실각당하고, 숙부인 칼 13세가 스웨덴의 새 국왕이 되었다. 노쇠한 데다 후계자가 없었던 칼 13세는 당대의 실력자인 나폴레옹 휘하의 장 베르나도트 장군을 스웨덴 왕위 계승자로 세웠다.

스웨덴의 실질적인 군주가 된 베르나도트는 1814년 덴마크를 침공해 항복을 받아 내고, 전리품으로 노르웨이를 수중에 넣었다. 이때 노르웨이는 독립을 선포하고 헌법을 만드는 등 새로 주인 노릇을 하려는 스웨덴에 저항했다.

베르나도트는 노르웨이의 반발을 무력으로 응징한 뒤, 스웨덴-노르웨이 연합정부를 구성했다. 노르웨이의 독립은 불허하고 헌법은 인정해 주는 방식으로 합병을 성사시킨 베르나도트는 1818년 칼 13세의 뒤를 이어 국왕에 올라 칼 14세가 되었다.

한편, 스웨덴에서 러시아로 넘어간 핀란드도 노르웨이처럼 독립

칼 14세

을 위해 저항 활동을 펼쳤다. 이에 대해 러시아는 가혹한 탄압을 가했으며, 핀란드가 자신의 법을 갖는 것도 허락하지 않았다. 그런 상황 속에서도 핀란드의 독립을 향한 투쟁의 불꽃은 꺼지지 않고 계속해서 타올랐다.

1848년 유럽 혁명의 파장은 북유럽 국가들에도 미쳤다. 입헌군주제를 외치는 자유주의자들의 투쟁은 빠르게 성과를 거두었다. 바로 이듬해 덴마크와 스웨덴에서 입헌군주제가 실시되었던 것이다.

이처럼 북유럽 쪽이 당시 유럽 대륙의 열강들보다 앞서 정치적 발전을 이루기는 했지만, 덴마크의 경우는 열강들과 이웃하고 있는 지리적 환경 때문에 전쟁에 휘말리기도 했다. 그 결과 1460년 이래 한 국왕 아래 개별 정부를 갖는 형태로 보유해 왔던 슐레스비히와 홀스타인 공국을 1864년 오스트리아-프로이센 연합군에 양도하는 상황까지 겪게 되었다.

동유럽 국가들의 변화

1830년 프랑스 7월 혁명이 발발하자, 폴란드에서도 독립 투쟁의 열기가 끓어올랐다. 당시 폴란드는 빈 체제 이후로 오스트리아와 러시아에 절반씩 분할 점령되어 있던 상대였다. 폴란드 민족주의자들의 투쟁은 이듬해까지 계속되었지만, 끝내 뜻을 이루지 못했다. 결국 많은 독립 운동가들이 후일을 기약하며 조국을 떠나야 했다.

그 후 1848년 발발한 프랑스 2월 혁명의 열풍이 다시금 동유럽에도 불어닥쳤다. 17세기 밀부터 오스트리아의 지배를 받아 온 헝가리에서

루마니아 초대 국왕 카롤 1세

격렬한 독립 투쟁이 벌어졌다. 하지만 폴란드의 경우와 마찬가지로 헝가리도 오스트리아의 손아귀에서 벗어나는 데 실패했다.

이즈음 루마니아는 오늘날처럼 한 국가가 아닌, 몰다비아 공국과 왈라키아 공국으로 분리되어 있었다. 오스만 제국의 치하에서 자치권을 누리고 있던 두 공국은 러시아의 잦은 간섭에 시달렸다. 그러다 1856년 러시아가 크림 전쟁에서 패하자, 비로소 자유를 얻고 1862년 합병해 루마니아 연합공국을 이루었다.

1866년 프로이센 호엔촐레른 왕가의 후손이 루마니아 공에 올라 카롤 1세가 되었으며, 제6차 러시아-투르크 전쟁에서 러시아를 지원한 결과, 1881년 공국에서 왕국으로 승격할 수 있었다. 루마니아 왕국의 초대 국왕이 된 카롤 1세의 왕조는 1947년까지 지속되었다.

1877년 발발한 제6차 러시아-투르크 전쟁 당시, 러시아 편에서 싸운 세르비아, 불가리아, 몬테네그로 등은 오스만 제국의 지배에서 벗어날 수 있었다. 하지만 불가리아의 경우는 러시아의 자치 공국이 되었고, 오스만으로부터 마케도니아를 넘겨받았다.

불가리아의 마케도니아 접수는 발칸반도에서 영향력을 행사하려는 러시아의 지배 전략에 따른 결과였다. 러시아가 발칸을 통해 언제든 유럽 중앙부로 손을 뻗칠 수 있게 된 것에 프로이센은 강력 반발했다. 프로이센을 위시한 유럽 열강들의 압박에 밀린 러시아는 결국 마케도니아를 오스만 제국에 되돌려 주어야 했다.

5

20세기 이후 시대

제1차 발칸 전쟁의 발발

독일 제국에 참여하지 못한 오스트리아는 당시 식민지 개발 경쟁에서 뒤처진 현실을 만회할 기회를 발칸반도에서 찾았다. 내륙 국가인 오스트리아 입장에서 발칸은 식민지를 확보하고 바다로도 진출할 수 있는 최상의 카드였다.

1908년, 오스트리아는 보스니아와 헤르체고비나를 점령했다. 발칸반도에 대한 오스트리아의 무력 침탈은 이곳에 공을 들여왔던 러시아의 위기감을 자극했다. 러시아는 세르비아, 몬테네그로 등 슬라브족 국가들을 부추겨 발칸 동맹을 결성케 했다.

발칸 동맹이 가장 먼저 타깃으로 삼은 나라는 오스트리아가 아닌, 오스만 제국이었다. 1912년 발칸 동맹의 오스만 제국 공격이 이루어

발간 전쟁 당시 오스만 군대

발칸 전쟁 당시 세르비아 군인들

졌다. 이른바 제1차 발칸 전쟁의 결과는 발칸 동맹의 승리였다.

오스만이 아직 쥐고 있던 마케도니아를 비롯한 발칸반도의 땅과 크레타섬 등이 전리품으로 넘어왔다. 그러자 전리품을 서로 더 가지려는 경쟁이 발칸 동맹국들 사이에 벌어졌고, 급기야는 전쟁으로까지 비화되었다.

1913년 불가리아가 세르비아를 선공하는 것으로 제2차 발칸 전쟁이 시작되었다. 세르비아는 그리스, 몬테네그로뿐 아니라 오스만 제국과도 연합해 불가리아에 맞섰다. 세르비아를 주축으로 한 연합군에 백기를 든 불가리아는 제1차 발칸 전쟁으로 집어삼켰던 땅들을 게워내야 했다.

이후 불가리아와 세르비아 사이에 패인 미움의 골은 점점 크고 깊어졌다. 불가리아는 같은 슬라브족인 세르비아나 러시아에 등 돌린 채 게르만족인 오스트리아와 가까이 지냈다. 그 결과 제1차 세계 대전 때 불가리아는 오스트리아와 독일 편에서 참전하게 되었다.

3C정책과 3B정책의 대결

발칸반도를 제1차 세계 대전의 도화선으로 만든 나라는 오스트리아-헝가리 제국이었다. 그리고 몸통인 화약 제조에 크게 이바지한 나라는 일찍이 영국의 제국주의 전략에 맞서 확장 정책을 펼쳤던 독일이었다.

독일 제국을 건설한 비스마르크는 열강들의 견제로부터 독일의 안전을 지킬 목적으로 대외 확장 정책을 자제했을뿐더러, 군사적 보호 장치로서 오스트리아-헝가리 제국과 러시아 등에 동맹 체결을 제안하기도 했다. 러시아의 불참으로 이탈리아를 대신 끌어들여 1882년 결성한 것이 삼국동맹이었다.

동맹국들 중에서 어느 나라든 전쟁에 휘말리면 서로 돕는다는 내용의 삼국동맹을 구축한 비스마르크는 러시아와도 불가침 조약을 체결했다. 이처럼 이중의 보호 장치를 마련한 비스마르크의 노력에 찬물을 끼얹은 것은 독일의 신임 황제였다.

1888년 독일 세국의 동치사가 된 빌헬름 2세는 동일 이후 철혈 새상의 면모를 접고 소극적인 행보를 보여 온 비스마르크를 파면시켜 버렸다. 그리고 통일 독일의 힘을 적극적으로 드러내는 팽창 정책을 추진했다.

이때 빌헬름 2세가 벤치마킹한 나라는 영국이었다. 당시 영국은 3C

정책으로 불리는 세계 정복 전략을 수립해 실행하고 있었다. 이집트의 카이로, 남아프리카공화국의 케이프타운, 인도의 캘커타에서 머리글자인 C를 따서 만든 3C정책은 세 곳을 잇는 거대한 삼각형 안에 속한 모든 지역을 식민지로 만든다는 야심찬 계획이었다.

빌헬름 2세는 영국의 3C정책에 맞설 수 있는, 이른바 3B정책을 수립했다. 이것은 독일의 베를린, 발칸의 비잔티움, 중동의 바그다드에서 머리글자인 B를 따서 만든 정책이었다. 역시나 세 곳을 잇는 삼각형 안의 지역을 정복하기 위해 독일은 먼저 이스탄불과 바그다드를 연결하는 철도 건설을 추진했다.

독일의 3B정책은 3C정책의 추진국인 영국과 독일과 이웃한 열강인 프랑스를 긴장시켰다. 또한 그런 독일과 삼국동맹을 맺은 오스트리아-헝가리 제국의 발칸 지역에 대한 야심은 러시아의 경계심을 자극했다.

1894년 프랑스와 러시아의 동맹 체결, 1904년 프랑스와 영국의 협상 체결을 통해 서서히 모양을 갖춰 가던 삼국협상이 최종적으로 완성된 것은 1907년 영국과 러시아의 협상 체결을 통해서였다. 삼국동맹과 삼국협상의 대결은 지역 분쟁을 세계 대전으로 확전시킬 수 있는 전쟁 체제의 출현을 의미했다.

사라예보 사건의 발생

1914년 6월 28일, 발칸반도에 자리한 보스니아의 수도 사라예보에서 총성이 울렸다. 그리고 얼마 지나지 않아 그 총성은 세계를 뒤흔드

사라예보 사건을 묘사한 그림

는 포성으로 증폭되었다.

　그날 총성이 울리는 것과 동시에 오스트리아-헝가리 제국의 프란츠 페르디난트 황태자 부부가 쓰러졌다. 군대 시찰을 위해 사라예보를 방문했다가 피습당한 황태자 부부는 즉시 병원으로 옮겨졌지만 숨을 거두었다.

　현장에서 체포된 암살범은 세르비아 청년인 가브릴로 프린치프였다. 가브릴로의 암살 행각은 1908년 오스트리아의 보스니아 점령에 반대하는 슬라브 민족주의자의 항거로 볼 수 있었다. 게다가 오스트리아의 지배 민족인 게르만족은 슬라브족을 열등한 민족으로 여기고 있던 상황이었다.

사건에 대해 세르비아 정부는 민족주의 테러리스트에 의해 자행된 우발적 범죄라고 공식 발표했다. 하지만 세르비아 정부의 발표를 불신한 오스트리아-헝가리 제국은 오스트리아에 반대하는 모든 단체와 관리의 해임, 암살 관련자 전원 처벌, 오스트리아 관리의 자유조사권 행사 보장 등을 요구했다.

오스트리아-헝가리 제국은 요구가 받아들여지지 않자, 7월 28일 세르비아에 선전포고했다. 바로 다음 날 러시아가 세르비아 지원을 위한 총동원 체제에 돌입했으며, 그로부터 사흘 후인 8월 1일에는 오스트리아의 동맹국인 독일이 러시아에 선전포고했다. 이로써 제1차 세계 대전이 발발하게 되었다.

제1차 세계 대전의 발발

인류 최초의 세계 대전이 실제로 불을 뿜은 시점은 1914년 8월 3일이었다. 독일이 벨기에를 전격 침공한 이날, 영국도 독일에 선전포고했다. 삼국동맹과 삼국연합에 속한 여섯 개 열강 외에도 참전국들이 늘면서 전쟁의 규모는 빠른 속도로 확장되었다.

독일을 위시해 오스트리아-헝가리 제국, 불가리아, 오스만 제국 등이 동맹국 진영으로 참전했고, 영국을 비롯해 프랑스, 러시아, 포르투갈, 루마니아, 그리스, 세르비아, 몬테네그로 등이 연합국 진영으로 싸웠다. 특히 이탈리아의 경우는 동맹국이면서도 약속을 깨고 연합국으

제1차 세계 대전 당시 진군하는 불가리아 보병

로 노선을 갈아탔다.

영국은 동북아에서 러시아의 세력 확장을 막기 위해 1902년 동맹을 체결한 바 있는 신흥 열강 일본을 연합국 진영에 포함시켰다. 그리고 나중에는 자신이 관할하는 인도까지 연합국으로 끌어들였다.

제1차 세계 대전을 유럽 대륙의 사건으로 판단한 미국의 경우는 불간섭주의를 고수했다. 자국의 이익이나 안보에 직접적인 영향을 주지 않는 국외의 사건에 대해서는 개입을 꺼리는 고립주의 외교 정책을 한동안 밀고 나갔던 것이다.

전쟁의 시작점인 독일의 벨기에 침공은 전광석화처럼 재빠르게 진행되었다. 벨기에는 제대로 싸워 보지도 못한 채로 백기를 들었다. 일방적 내지는 속수무책이라고 할 수 있는 상황 전개는 독일 군대의 속전속결 작전의 승리였다.

독일군 참모총장인 알프레트 폰 슐리펜Alfred von Schlieffen이 고안해 슐리펜 작전이라 불리는 이 전쟁 계획은 서부의 프랑스군과 동부의 러시아

제1차 세계 대전 당시 진군하는 프랑스 보병

군을 상대로 독일군이 싸워 승리하기 위한 방법을 제시했다. 즉, 병력 동원에 시간이 소요되는 러시아 쪽 전선은 일단 소수 병력으로 방어하고, 그동안 모든 병력을 프랑스 쪽 전선에 집중시켜 적을 제압한 후 러시아를 상대하는 전략이었다.

벨기에를 접수한 독일군은 프랑스 북부로 침투해 파리를 서쪽으로 크게 우회함으로써 프랑스군 주력을 좌우에서 포위할 참이었다. 하지만 프랑스군의 저항이 만만치 않아 전진이 어려웠다. 게다가 영국군까지 합세해 독일군에 맞서면서 프랑스를 속전속결로 점령하려던 전략에 차질이 생겼다.

서부전선이 교착 상태로 빠져드는 동안, 동부전선은 예상보다 일찍 진격해 온 러시아군을 맞아 독일군이 선전을 펼쳤다. 그러나 러시아군을 압도하지는 못한 탓에 이쪽에서도 장기전이 불가피해졌다.

슐리펜 작전이 실패한 상황에서도 독일군이 동부와 서부에서 연합군을 상대로 대등한 전세를 유지할 수 있었던 까닭은 영국의 군사적

제1차 세계 대전 당시 영국군 포병 부대

지원이 원활하게 이루어지지 못하도록 바다를 잘 차단한 때문이었다. 그 역할을 담당한 것이 독일의 잠수함 U-보트였다.

U-보트는 다수의 영국 군함들을 격침시켰을 뿐만 아니라, 군수물자를 수송하는 선박들도 바닷속으로 가라앉혔다. 문제는 공격당한 선박에 군수송선 말고 민간 상선도 포함되어 있었다는 사실이었다.

독일 국적이 아닌 배들은 무조건 침몰시킨, 이른바 무제한 잠수함 작전은 영국의 군사적 역량의 동원을 축소시키는 데는 어느 정도 성공했다. 하지만 여태 관전 자세를 취해 온 미국을 연합군으로 참전케 만드는 결과도 초래했다. 무제한 잠수함 작전에 희생된 상선들 중에 미국 국적의 배들도 꽤 많았기 때문이었다.

1917년 4월, 미국의 참전은 연합군에 호재이고 독일군에는 악재인 사건이었다. 그리고 같은 해 10월, 혁명으로 사회주의 정권이 들어선 러시아의 전쟁 중단과 철군 결정은 반대로 독일군에 호재이고 연합군에는 악재인 사건이었다. 양측 모두에 호재와 악재가 겹쳤지만, 퇴장한 러시아보다 등장한 미국의 국력이 훨씬 컸다는 점에서 연합군에 유리한 상황이 조성되었다.

미군의 가세로 연합군은 독일군을 세게 밀어붙였다. 이에 독일군도 완강하게 대응했으나, 1918년 6월부터는 전세가 완연하게 연합군 쪽으로 기울어 패전을 거듭하기 시작했다. 이처럼 독일의 형편이 어려워지자 다른 동맹국의 사기도 크게 꺾였다. 9월부터 11월까지 불가리아, 오스만 제국, 오스트리아-헝가리 제국이 차례로 연합국에 백기를 들었다.

동맹국들이 모두 엎어진 가운데 패배의 그림자가 짙게 드리워진 독일 제국의 수도 베를린에서는 공화파 자유주의자들이 들고 일어났다. 무력해진 황제 빌헬름 2세가 퇴위하고, 공화국 건설을 목표로 하는 임시정부가 들어섰다.

그해 11월 11일, 독일 임시정부의 항복 선언과 함께 제1차 세계 대전이 막을 내렸다. 전차, 잠수함, 비행기 같은 첨단 무기가 등장하고, 독가스처럼 잔혹하고 치명적인 무기도 사용된, 4년여의 전방위적이고 총력적인 전쟁은 1,000만 명이 넘는 군인과 수천만 명에 달하는 민간인의 목숨을 앗아 갔다. 이처럼 엄청난 불행으로도 교훈이 부족했는지, 인류는 머잖아 더 큰 전쟁의 불구덩이 속으로 뛰어들었다.

베르사유 조약과 유럽의 변화

1919년 1월 프랑스 파리의 베르사유 궁전에서 강화회의가 열렸다. 제1차 세계 대전의 주요 승전국을 포함한 32개 연합국 대표들은 독일

파리강화회의 대표들 로이드 조지, 비토리오 오를란도, 조르주 클레망소, 우드로 윌슨

과 오스트리아-헝가리 제국 등 전범국 처리 문제, 영토 조정 문제, 향후 국제 전쟁의 방지 문제 등을 둘러싸고 긴 논의에 들어갔다.

무려 5개월 동안이나 계속된 대표들의 논의는 오늘날 파리강화회의로 불리는데, 마라톤 협상의 결과물인 베르사유 조약이 6월 28일 조인되었다. 연합국 중에서도 영국, 프랑스, 미국 등 강대국의 주장이 많이 반영된 조약에 따른 유럽의 변화는 다음과 같았다.

먼저, 주요 전범국인 독일은 19세기 이래 차지해 온 해외 식민지 전부를 내놓았다. 또한 본토에 대한 삭감도 이루어졌다. 즉, 1870년 프랑스-프로이센 전쟁 때 획득한 알자스와 로렌 지방은 프랑스로 반환되었고, 동쪽 영토 일부는 폴란드 및 체코슬로바키아와 리투아니아로, 서쪽 영토 일부는 벨기에로, 그리고 북쪽 영토 일부는 덴마크로 넘어갔다.

베르사유 조약에 서명하는 연합국 대표단

독일 의회 앞에서 조약에 반대하는 시위

독일의 군사력을 통제하는 조치도 취해졌다. 징병제 폐지가 이루어
졌고, 육군 병력은 10만 명 이내, 해군 군함 보유량은 10만 톤 이내로
제한되었으며, 전투기나 전차, 잠수함 등 첨단 무기의 생산 및 수입이
금지되었다. 아울러 1,320억 금화 마르크라는 어마어마한 전쟁 배상

금도 부과되었다.

다음으로, 다른 전범국인 오스트리아-헝가리 제국은 오스트리아와 헝가리로 분리된 데다, 오스트리아에 속했던 체코와 슬로바키아는 체코슬로바키아로 독립했다. 또한 제국의 지배를 받던 보스니아, 헤르체고비나, 크로아티아, 슬로베니아 등은 연합국의 일원인 세르비아로 넘겨져 베오그라드 왕국이 되었다. 제2차 발칸 전쟁 때 세르비아가 그리스에 떼어 주고 취한 마케도니아 영토의 일부와 독립국인 몬테네그로까지 포괄했던 이 왕국은 1929년 유고슬라비아 왕국으로 개칭되었다.

그리고 오스만 제국처럼 해체된 전범국도 있었다. 제국의 구성원 중에서 투르크족 이외의 민족들은 영국과 프랑스의 위임 통치 아래 놓이되, 팔레스타인과 이라크, 요르단 등은 영국의 지배를, 레바논과 시리아 등은 프랑스의 지배를 받게 되었다.

한편, 패전한 틈을 타서 오스만 제국의 본토로 쳐들어온 그리스군을 1922년 격퇴하고 권력을 잡은 케말 파샤Kemal Pasha는 공화파 개혁주의자답게 술탄 제도를 없애 버렸다. 그리고 이듬해 터키 공화국의 수립을 선포했다.

베르사유 조약에는 미국 대통령인 우드로 윌슨이 제창한 민족자결주의가 반영되었다. 각 민족은 다른 민족의 간섭을 받지 않고 스스로의 운명을 결정할 권리가 있다는 민족자결주의 원칙에 따라, 헝가리가 오스트리아로부터 분리되는가 하면, 체코와 슬로바키아, 보스니아, 헤르체고비나, 크로아티아, 슬로베니아 등은 오스트리아의 지배에서 벗어나 신생국의 일원이 될 수 있었다. 오스만 제국으로부터 독립한 국가들의 경우도 역시나 마찬가지였다.

하지만 민족자결주의 원칙이 적용된 대상은 패전국들뿐이었다. 승전국인 영국, 프랑스, 미국을 비롯해 연합국의 일원으로 참여했던 일본에는 적용되지 않았다. 일본의 경우, 전쟁 기간 중에 동아시아에 있던 독일의 점령지들을 빼앗은 데다 한국을 식민지로 확보하고 있었지만, 어느 지역의 지배권도 내놓지 않았다.

그런데 승전국도 아니고 패전국도 아닌 중간 탈퇴국인 러시아에 대해서는 패전국과 같은 결정이 내려졌다. 러시아 지배를 받던 발트 3국, 즉 라트비아, 리투아니아, 에스토니아 등을 독립시켰던 것이다.

러시아로서는 사회주의 혁명 이후 반사회주의 세력과 싸움을 벌이느라 바깥일에 신경 쓸 겨를이 없었다. 이런 상황에서 핀란드나 폴란드 등도 러시아의 지배로부터 벗어나 독립할 수 있었다. 특히 폴란드의 경우는 오스트리아, 프로이센, 러시아 등에 세 차례나 분할 점령당하면서 1795년 이래 지구상에서 사라졌다가 123년 만에 독립국으로 부활하는 감격을 누렸다.

베르사유 조약은 전쟁의 재발을 막기 위해 국제기구의 설립도 결의했다. 그 결과 이듬해인 1920년 스위스 제네바에 본부를 둔 국제연맹이 출범하게 되었다. 하지만 국제기구의 설립을 제안했던 미국이 불참하면서 국제연맹은 시작과 동시에 뒤뚱거리기 시작했다.

미국이 불참한 까닭은 고립주의와 불간섭주의 원칙에 익숙한 미국 의회의 반대 때문이었다. 미국뿐 아니라 러시아도 사회주의 국가라는 이유로 가입하지 못한 탓에 국제연맹은 영국과 프랑스의 놀이터로 전락했다. 이처럼 부실한 의사 결정 구조 때문에 국제연맹은 국제기구로서 제 역할을 수행하기가 어려웠다.

러시아의 사회주의 혁명 발발

1881년 급진개혁파의 테러로 알렉산드르 2세가 사망하자, 아들인 알렉산드르 3세가 차르에 올랐다. 그는 알렉산드르 2세의 개혁적이고 자유주의적인 통치 질서를 보수적이고 전제적인 통치 질서로 되돌려 놓았다.

강력한 통제를 통해 정치 및 사회적 안정을 확보한 알렉산드르 3세는 관세 문제 등으로 관계가 소원해진 독일을 대신해 프랑스와 새로 동맹을 맺고 자본까지 들여와 러시아 남부에 신공업을 일으켰다. 그 결과 러시아 자본주의가 진전하면서 농업의 비중이 감소하고 산업 프롤레타리아 계층이 뿌리를 내리기 시작했다. 그에 따라 급진개혁 세력의 활동도 농민 운동에서 노동자 운동으로 무게 중심을 옮겨 오게 되었다.

1894년 알렉산드르 3세가 숨을 거두고, 아들인 니콜라이 2세가 차르가 되었다. 신임 차르는 정부에 반대하는 세력을 가혹하게 탄압하면서 독재 정치를 강화해 나갔다. 하지만 반정부수의자들의 확산을 막지는 못했다. 특히 마르크스 사상으로 무장한 혁명 세력의 규모가 크게 늘어났다.

1898년 러시아 사회주의자들이

니콜라이 2세

결성한 최초의 정당인 사회민주노동당이 등장했다. 사회민주노동당을 불법 정당으로 간주한 니콜라이 2세는 해당 당원들에 대한 체포 명령을 내렸다. 차르의 탄압으로 활동이 어려워진 사회주의자들은 지하로 숨거나 해외로 대거 망명했다.

1904년 러일 전쟁이 발발하자 러시아는 한 수 아래로 보았던 일본에 고전을 거듭하다가 끝내 백기를 들고 말았다. 전쟁의 결과는 러시아인들에게 근대화에서 뒤처진 조국의 현실을 충격적으로 일깨워 주었다.

하지만 보다 충격적인 사건이 1905년 1월 22일 수도 페테르부르크에서 벌어졌다. 공장주의 해고 조치에 분노한 파업 노동자들이 자신들의 경제적, 정치적 요구를 적은 청원서를 들고 차르가 있는 겨울 궁전을 향해 행진했다.

노동자들이 겨울 궁전 앞 광장에 도착했을 때, 무장한 경찰과 군대의 발포가 시작되었다. 부지기수의 사람들이 죽고 다치는 가운데, 눈 덮인 광장을 붉게 물들여 놓은 이른바 '피의 일요일' 사건은 러시아 민중들이 차르에 대해 품고 있던 환상을 모조리 깨뜨려 버렸다.

다음 날 페테르부르크에서 노동자와 군대가 다시 충돌하고, 모스크바에서는 총파업이 벌어졌다. 무력 진압에 따른 사상자의 속출은 러시아 전국을 항의 파업과 시위로 들끓게 만들었다. 혁명이 시작된 것이었다.

안에서는 민중 혁명의 불길이, 밖에서는 러일 전쟁의 패배가 니콜라이 2세를 궁지로 몰아넣었다. 일본의 만주 진출을 허용했듯이, 차르는 러시아 민중들에게 의회 설립을 약속했다. 그리고 실제로 의회를 설립했다.

피의 일요일 사건

하지만 거기까지였다. 개혁주의자들에 대한 차르의 가혹한 탄압으로 의회는 제 구실을 하지 못하는 빛 좋은 개살구 꼴이 되었다. 폭군의 치세 아래에서 자유주의 세력과 사회주의 세력은 차르에 반대하는 공동 투쟁 전선을 구축했다.

그리고 1912년 개최된 사회민주노동당 대회에서는 무산 계급 중심의 폭력 혁명을 통해 급진적 공산화를 주창하는 볼셰비키가 부르주아 혁명을 통한 단계적 공산화를 지향하는 멘셰비키를 꺾고 사회주의 진영의 주도권을 장악했다.

당시 볼셰비키 세력의 리더였던 블라디미르 일리치 울리아노프, 즉 레닌Vladimir Il'ich Lenin은 니콜라이 2세의 정적 1호로 떠올랐다. 그는 생활고에 시달리는 러시아 민중들의 불만을 무능하고 부조리한 차르 체제에 대한 분노로 조직해 내는 데 탁월한 능력을 보였다.

블라디미르 레닌

레닌의 무리로부터 위협받던 니콜라이 2세는 1914년 제1차 세계 대전이 발발하면서 반격의 기회를 잡았다. 레닌은 반정부 세력을 제거하라는 차르의 지시가 자신의 신변에 위해를 가하기 전에 망명길에 올랐다.

전쟁은 러시아 민중의 고통을 가중시켰다. 궁핍이 창궐하는 마을마다 아사자가 속출하고, 큰 도시의 거리는 부상을 입고 퇴역한 병사들과 구걸을 일삼는 빈민들로 넘쳐 났다. 비참과 궁핍이 만연한 가운데 1917년 2월 중순경, 페테르부르크에서 정부의 식량 배급이 중단된 것에 분노한 시민들이 폭동을 일으켰다.

폭동 진압을 위해 출동한 군인들마저 시민들 편에 서면서 시위 규모는 점점 커졌고, 급기야는 차르 타도를 외치는 반정부 혁명 운동으로 발전했다. 군대의 총구가 자신에게로 돌려진 상황에서 니콜라이 2세가 할 수 있는 일은 퇴위밖에 없었다.

차르 타도에 성공한 2월 혁명의 들뜬 분위기 속에서 임시정부를 세우고, 러시아 공화국의 건설을 주도한 것은 자유주의 세력들이었다. 피 흘리며 혁명을 성취한 러시아 민중들은 부유한 자본가들이 지배하는 세상을 원치 않았다.

그해 4월, 망명 생활을 접고 귀국한 레닌은 소비에트, 즉 노동자, 농

러시아 2월 혁명

붉은 광장을 행진하는 볼셰비키

민, 군인 등으로 구성된 사회주의 정치 조직이 모든 권력을 장악해야
한다고 주장했다. 그리고 제1차 세계 대선은 제국주의 전쟁이므로 러

시아는 전쟁에서 손을 떼야 한다고 역설했다.

전쟁 때문에 고통 받고 있던 민중들은 크게 환영한 반면, 자유주의 임시정부는 연합국들을 의식해 정전 불가 입장을 고수했다. 임시정부에 대한 민중들의 불만이 고조되는 상황을 주시하던 레닌은 그해 10월 혁명을 일으켜 자유주의 임시정부를 축출하고 소비에트 정부를 세웠다. 그리고 곧 독일과 강화 조약을 체결하고 제1차 세계 대전에서 발을 뺐다.

소련의 등장과 스탈린의 독재

10월 혁명으로 권력을 상실한 자유주의 세력은 제정의 복원을 꿈꾸는 귀족 세력과 연합해 레닌의 사회주의 정부에 대항했다. 그들은 군대를 조직해 소비에트 군대와 전투를 벌였는데, 소비에트 군대는 적군으로, 자유주의자와 귀족의 연합군은 백군으로 불렸다.

1918년 7월 16일, 소비에트 정부는 제정의 복원 따위는 꿈도 꾸지 말라는 뜻으로 니콜라이 2세와 그 가족들을 모두 처형해 버렸다. 빵을 달라는 민중들에게 총알 세례를 안겼던 러시아 로마노프 왕조의 마지막 차르는 민중 정부가 쏜 총을 맞고 비참한 최후를 맞았다.

제1차 세계 대전을 승리로 이끈 영국, 프랑스, 미국 등은 사회주의 러시아를 견제하기 위해 백군에 군사적 지원을 제공했다. 열강의 후원을 받으며 소비에트 적군과 치열한 접전을 벌였던 백군은 1920년 11월 크림반도 전투에서 결정적으로 패배하면서 끝내 백기를 들고 말았다.

레닌은 사회주의자들이 오래도록 꿈꿔 온 이상적인 사회 건설을 위한 행동에 나섰다. 지주들로부터 토지를 몰수해 농민들에게 골고루 무상 분배하고, 무주택자에게는 공짜 집을, 학비를 낼 수 없는 아이에게는 무상 교육을 제공했다.

오랜 궁핍 속에서 절망적으로 살아왔던 노동자와 농민에게 레닌의 소비에트 정부는 구세주 같은 존재로 받아들여졌다. 무상으로 받고 전폭적인 지지로 화답하는 민중과 사회주의 정부의 밀월은 불행히도 오래가지 못했다.

무상에 대한 감동은 열심히 일한 자와 대충 일한 자가 동일한 보상을 받는 데 따른 실망감에 씻겨 나갔다. 근로 의욕을 상실한 노동자들 모두가 대충 일하면서 생산성은 크게 추락했다. 추락한 생산성을 끌어올리기 위한 레닌의 고민은 1921년 자본주의 경제 정책을 부분적으로 도입하는 신경제 정책 실시로 귀결되었다.

새 정책에 따라 식량을 징발하던 방식은 식량을 세금으로 거두는 방식으로 바뀌었으며, 잉여 농산물의 자유로운 판매가 보장되었다. 또한 소규모 산업의 국유화가 해제되고, 기업의 개인 소유가 가능해졌다.

그리고 사적인 거래가 허용된 가운데 대규모 시장이 부활했다. 20인 미만의 노동자를 채용하는 사기업의 신규 조직이 가능해졌을뿐더러, 농업 분야에서도 토지 임대와 노동자 고용이 허용되었다.

이와 같은 신경제 정책의 실시로 경제 상황은 1925년에 이르러 제1차 세계 대전 이전의 수준을 회복할 수 있었다. 그러나 당의 주요 정치 지도자 중 한 명

레온 트로츠키

스탈린과 레닌

인 레온 트로츠키[Leon Trotskii]는 신경제 정책을 사회주의의 타락이라고 비판하면서 즉각적인 중단을 주장해 레닌의 현실론과 대립했다.

트로츠키는 사회주의 혁명의 수출보다는 소비에트 러시아의 보존에 더 중점을 두는 레닌의 일국 사회주의도 비판했다. 사회주의의 완성을 전 세계의 사회주의화에 둔 정통 마르크스주의의 영구혁명론에 위배된다고 보았던 것이다.

트로츠키와 갈등하는 가운데, 레닌은 자신의 충직한 후계자를 자처하는 이오시프 스탈린[Iosif Stalin]에게 힘을 실어 주었다. 1922년 5월 뇌졸중 발작을 일으킨 레닌은 스탈린에게 정무를 대리하도록 했다.

그해 12월에는 사회주의 러시아의 수도인 모스크바에서 제1차 소비에트 대회가 개최되었다. 대회에 참석한 나라들은 소비에트 러시아를 포함해 우크라이나, 벨로루시, 자카프카스 등이었다. 자카프카스는 아제르바이잔, 아르메니아, 그루지야 3국이 결성해 만든 소비에트 공화국이었다. 이들 네 개 소비에트 공화국들이 연방국 건설에 합의해 출범시킨 것이 소비에트연방공화국, 즉 소련이었다.

소련이 출범한 해에 스탈린은 전(全)러시아공산당의 초대 서기장에 올랐다. 1918년 사회민주노동당이 변해서 된 전러시아공산당은 1925년 전(全)연방공산당으로 바뀌었다가, 1952년 소련공산당으로 최종 개명되었다.

1924년 최고 지도자인 레닌이 죽고, 스탈린은 트로츠키와 벌인 권력 투쟁에서 승리했다. 1927년 당에서 제명당한 트로츠키는 2년 후 국외로 추방되어 각국을 떠돌다가, 1940년 멕시코에서 스탈린이 보낸 자객에게 암살되었다.

트로츠키의 경우처럼 스탈린은 자신에게 반대하는 세력을 잔혹하게 숙청하면서 독재적 권력을 다져 나갔다. 숨어 있는 반대자들조차도 비밀경찰을 동원해 색출해서는 강제 노동수용소로 보내 버리는 공포 정치를 실시했다.

그런 와중에도 소련의 경제는 신경제 정책 덕분에 당시 미국 경제에 견줄 정도로 성장해 있었다. 아울러 상인, 사업가, 중개인, 부농 등 신흥 부르주아도 적잖이 생겨난 상황이었다. 스탈린은 중화학공업 육성을 위해 1928년 제1차 5개년 계획에 착수하면서 신흥 부르주아들

제1차 5개년 계획 포스터

을 없애 버렸다.

인민 평등주의에 입각해 부르주아들을 소탕한 공산주의자였지만, 스탈린의 5개년 계획은 기간산업 육성에 초점을 맞추었을 뿐, 인민의 삶과 직결된 경공업은 소홀히 했다. 그 결과 소련의 인민들은 만성적인 생필품 부족에 시달려야 했다.

공업에 이어 농업 분야에도 손을 뻗친 스탈린은 그 옛날 레닌이 농부들에게 무상 분배했던 토지들을 강제 몰수해 집단 농장을 세웠다. 콜호스kolkhoz라 불린 집단 농장에서 농부들은 집단으로 농사를 지었다. 평등하게 일하고, 낮아진 농업 생산성만큼 가난해진 삶을 평등하게 견디면서 지내야 했던 것이다.

이탈리아 파시즘의 등장

제1차 세계 대전 당시, 동맹국에서 빠져나온 이탈리아는 60만 명 이상의 군인 희생자들을 낳으며 연합국의 승리에 힘을 보탰다. 하지만 승전국의 일원으로서 마땅히 받을 것으로 기대했던 영토 보상을 받지 못했다. 게다가 경제는 바닥을 기었고, 늘어나는 실업자에다 생필품 부족으로 민심이 들끓어 올랐다.

이런 상황에서 한때 사회주의자로 활동하다 극우파로 변신한 베니토 무솔리니Benito Mussolini가 '파시 디 콤바티멘토', 즉 '전투단'이라는 조직을 결성했다. 조직명에 쓰인 파시(단결)에서 파시즘이란 용어가 파생되었는데, 국가와 민족의 이익을 위해 개인은 얼마든지 희생되어도 상관없다고 여긴, 이탈리아의 파시즘 신봉자들은 당시 생산 현장과 정계에

검은셔츠단

퍼져 있던 사회주의 타도를 외쳤다.

파시스트들은 주장한 바를 실천할 목적으로 '검은셔츠단'이라 불리는 전위 부대를 만들었다. 그리고 파업 중인 노동자나 사회주의 계열의 운동가 내지는 관리 및 정치인 등을 대상으로 백색 테러를 자행했다.

이탈리아의 사회주의화를 염려하고 있던 자본가들로부터 뒷돈을 받기 시작한 무솔리니는 빠르게 세력을 키워 나갈 수 있었다. 현역 경찰이나 군인 중에서도 파시스트들이 늘어나는 가운데, 1921년 총선에서 전투단을 개편해서 만든 국가파시스트당이 35석을 얻었다.

의회에서 다수를 차지한 자유주의 세력은 138석을 얻은 사회주의 정당에 대한 견제 심리로 파시스트당에 장관직 몇 개를 약속하며 연립 정부 참여를 제안했다. 이 제안은 수상직을 요구하는 무솔리니의 야심에 부딪혀 철회되었다.

베니토 무솔리니

무솔리니는 자신의 야심을 달성하기 위한 장정에 나섰다. 30만 명에 달하는 검은셔츠단 대원들을 동원해 이탈리아 북부의 사회주의 지방정부들을 폭력적으로 전복시키는 쿠데타 활동을 전개했던 것이다. 그리고 1922년 10월 최종 목적지인 로마를 점령하기 위한 진군을 개시했다.

연립 내각의 수상 루이기 파크타는 계엄을 선포하기 위해 국왕의 재가를 얻고자 했으나, 내전 상황이 벌어질 것을 우려한 비토리오 에마누엘레 3세는 수상의 요청을 거절했다. 그 덕분에 파시스트들은 손쉽게 로마에 입성할 수 있었다.

로마 시가지를 검게 물들인 파시스트들과 기존 정치권에 환멸을 느껴 온 시민들의 환호 속에서 무솔리니는 루이기 파크타를 밀어내고 수상직에 올랐다. 그리고 곧 이탈리아를 세계 최초의 파시즘 국가로 개조하는 작업에 착수했다.

무솔리니는 의회를 압박해 독자적으로 법률을 개정할 수 있는 권한을 확보했다. 또한 이듬해에는 선거에서 가장 많은 표를 받은 정당이 의회 의석의 3분의 2를 차지하는 선거법을 만들어 파시스트당의 영구 집권을 꾀했다.

강압적 통치에 필수적인 군대와 경찰의 간부직을 파시스트들이 독점하는 한편, 국가기관으로 승격된 검은셔츠단은 사회주의자 등 적대 세력에 대한 폭력적인 공격을 멈추지 않았다. 이에 대한 비판에 재갈을 물리기 위해 무솔리니는 언론 검열과 사회주의자들에 대한 무차별적인 검거를 자행했다. 그리고 지방에 대한 통제 강화책으로 지방자치제도를 폐지했으며, 파시스트당을 제외한 모든 정당을 없애 버리는 조치를 취함으로써 1당 독재 체제를 구축하기에 이르렀다.

히틀러, 전쟁과 대공황이 키운 괴물

1919년 1월, 패전국 독일은 총선거를 통해 연방공화국 체제로 재탄생했다. 선거에서 이긴 민주공화파가 프리드리히 에베르트를 대통령으로 하는 바이마르 공화국을 수립했다. 바이마르 공화국이란 명칭은 공화국 헌법의 초안과 승인 절차가 바이마르에서 이루어졌기 때문에 붙여졌다.

바이마르 정부의 행보는 순탄치 않았다. 전후 복구를 위해 애를 썼지만 경제는 전혀 나아지지 않았다. 1,320억 금화 마르크의 전쟁 배상금에다 극심한 인플레이션에 짓눌린 독일인들의 삶은 참담했다.

1923년 말경 1달러당 40억 마르크까지 치솟은 화폐 교환 비율은 이듬해 기존 마르크화를 1조 대 1로 평가절하한 통화 개혁을 통해 기적적으로 끌어내려졌다. 그리고 미국의 대규모 차관 제공과 경제 상황을 고려한 전쟁 배상금의 연도별 차등 상환 허용 등으로 안정을 찾기 시작했다.

상황이 호전되면서 바이마르 정부를 신뢰하지 않았던 독일 국민들이 지지를 보내기 시작했다. 1925년경에는 독일 경제가 서서히 기지

대공황이 일어나자 뉴욕 연방 은행에 모여든 군중

개를 켰으며, 이러한 회복 기조는 1929년까지 계속되었다.

당시 미국의 제의로 배상금 규모가 4분의 1로 축소되고 상환기한도 59년 더 연장되는 등의 여건 변화는 독일 경제의 성장을 촉진했다. 하지만 이 모든 낙관적인 추세를 한순간 바닥으로 끌어당기는 대사건이 그해 10월 24일 대서양 건너편에서 벌어졌다. 미국의 뉴욕 증권시장에서 주식이 일제히 폭락하기 시작했던 것이다.

이른바 검은 목요일 사태는 다음 날에도 걷히지 않았다. 주식시장에서 시작된 붕괴는 기업을 삼키고, 다시 은행들을 무너뜨렸다. 거리는 하루아침에 일자리를 잃은 사람들로 넘쳐났으며, 토지를 담보로 대출을 받은 농부들은 돈을 갚지 못해 땅을 빼앗겼다. 잘 나가던 미국 경제를 갑작스럽게 몰락시킨 대공황이 대서양을 건너는 데는 그리 오랜 시간이 걸리지 않았다.

유럽에 들어와 있던 미국 자본이 썰물처럼 빠져나가면서 유럽의 기업과 은행도 무너지기 시작했다. 1929년 미국의 대공황이 1930년 유럽의 대공황을 낳은 셈이었다. 세계 대공황은 제1차 세계 대전의 후유증으로 중환자실에 있다가 회복실로 넘어와 퇴원 준비를 하고 있던 독일 경제를 다시 중환자실로 보내 버렸다.

독일은 가망이 없어 보였다. 그때 구세주처럼 등장한 인물이 아돌프 히틀러Adolf Hitler였다. 1919년 창설된 독일노동자당의 후신인 국가사회주의독일노동자당, 줄여서 나치당의 당수였던 히틀러는 불안과 절망 속에서 허우적대던 독일인들에게 빵과 일자리를 약속했다.

대공황 이전인 1928년 선거에서 총 80만 표를 얻는 데 그쳤던 나치당은 1930년 선거에서는 그 8배인 640만 표를 받았다. 의석수도 12석에서 107석으로 늘어나, 겨우 2년 사이에 군소정당에서 일약 제2당으로 급부상했다.

나치당의 성장은 여기서 멈추지 않았다. 다시 2년 후 1932년 선거에서는 230석을 차지해 제1당으로 올라섰다. 이때 독일공산당도 100석을 얻는 등 선전했는데, 이는 유산계층의 경계심을 자극하면서 나치당으로 후원이 몰려드는 결과를 낳았다. 그리고 1년 후에는 히틀러가

아돌프 히틀러

독일 수상에 올랐다.

경제 위기를 통해 합법적으로 집권에 성공한 히틀러와 나치당은 무솔리니와 파시스트당의 독재 방식을 업그레이드했다. 언론과 집회의 자유를 즉각 폐기하는 한편, 1933년 2월 발생한 베를린 국회의사당 화재 사건을 독일공산당의 계획적 범행으로 몰아 공산주의자를 비롯해 나치 정책에 반대하는 정치인들을 대거 숙청했다.

나치 이외의 정당은 모두 불법화되었으며, 기존 노동조합도 전부 활동이 정지되었다. 공산주의자와 더불어 독일의 불행을 가져온 근원으로 낙인찍힌 유대인에게는 온갖 제약 조치가 취해졌다.

1934년 8월에 바이마르 공화국의 제2대 대통령인 파울 폰 힌덴부르크가 87세의 고령으로 사망했다. 히틀러는 새로 대통령을 뽑는 대신 자신이 수상과 대통령의 역할을 겸하는 총통이 되었다. 독일의 유일 지도자로 올라선 히틀러는 제3제국의 수립을 선포했다. 제1제국인 신성 로마 제국과 제2제국인 통일 독일 제국에 이어서 세 번째 황제국이 등장한 셈인데, 황제는 히틀러 자신을 가리켰다.

히틀러는 1933년 국제연맹에서 탈퇴하고, 베르사유 조약으로 폐지된 징병제를 1935년 부활시켰다. 그는 베르사유 조약을 더는 준수하지 않겠노라 선언까지 했다. 애초 유명무실했던 국제연맹으로서는 독일의 재무장을 막을 방도가 없었다.

1936년 독일은 이탈리아와 추축국(樞軸國) 동맹을 체결하고, 얼마 후에는 에스파냐와 일본도 동맹에 참여시켰다. 추축국이란 무솔리니가 "이탈리아와 독일 양국은 유럽과 세계를 크게 변화시킬 추축(중심축)이 되리라."고 선언한 데서 유래한 말이었다.

파시스트 세력은 대공황의 암울한 분위기 속에서 승승장구했다. 베

1933년 히틀러 내각

르사유 조약을 파기한 히틀러처럼 무솔리니도 도발에 나섰다. 1935년 아프리카의 에티오피아를 공격해 정복해 버렸던 것이다. 그리고 추축 국의 일원인 일본도 1931년 만주사변을 일으키는 등 파시즘 진영의 준동으로 국제 사회의 불안정성은 점차 높아지고 있었다.

에스파냐 내전의 발발

16세기 중후반부터 내리막길을 걷기 시작한 에스파냐는 보수 지배 층과 공화주의자의 다툼이 수백 년 동안 지속되었다. 그 결과 정치 체 제는 왕정에서 공화정으로 바뀌었다가 다시 왕정으로 환원되는 혼란을 거듭했다. 그 사이 에스파냐는 유럽 변방의 소국으로 전락해 갔는데, 20세기 초반 유럽 열강의 아프리카 대륙 침탈에 동참해 서사하라, 모로코, 적도기니 등을 식민지로 삼는 모습을 보이기도 했다.

1923년 군부 실력자인 프리모 데 리베라Primo de Rivera가 쿠데타로 권력을 장악하고, 국왕 알폰소 13세의 승인 아래 군사 독재를 실시했다. 프리모의 군사 정부가 1930년 세계 대공황의 직격탄을 맞고 쓰러지면서, 이듬해 4월 왕정이 폐지되고 공화국 정부가 들어섰다.

하지만 개혁을 바라는 국민적 요구를 수용하는 데 인색했던 보수 정부에 대한 불만이 폭증하는 가운데, 1936년 2월에 개혁 세력인 인민전선이 좌파 정부를 수립했다. 그리고 대대적인 개혁을 추진하려 하자, 극우 보수 세력들의 조직적인 저항이 터져 나왔다.

군부 독재자였던 프리모의 아들 호세 안토니오가 1933년 세운 팔랑헤당은 보수 기득권 세력을 대변해 목소리를 높였다. 그리고 좌파 정부가 들어선 그해 7월, 프란시스코 프랑코Francisco Franco 장군이 식민지인 모로코에서 반란을 일으키면서 내전이 발발했다.

프랑코 장군의 반란 소식에 고무된 에스파냐의 극우파 세력도 봉기해 인민전선 정부에 맞섰다. 정부군은 국내의 반란군은 제압할 수 있었지만, 8월 본국에 상륙한 프랑코의 반란군을 상대하기는 쉽지 않았다.

프랑코는 파시즘 국가인 독일과 이탈리아로부터 수만 명의 병력에다 전쟁 자금까지 지원받은 상태였다. 하지만 인민전선 정부는 소련으로부터 무기와 얼마간의 의용군을 지원받은 것 외에는 국제적인 도움을 얻지 못했다. 영국과 프랑스 등은 인민전선이 좌파 세력이라는 이유로 지원을 거절한 상황이었다.

화력에서 우세한 프랑코의 반란군을 맞아 인민전선 정부군이 고전

게르니카 벽화

하는 사이, 1937년 4월에는 반란군을 지원하고자 출격한 나치 공군이 에스파냐 북부의 소도시인 게르니카를 무차별 폭격했다. 2,000명이 넘는 사상자를 만들고 가옥의 80퍼센트 이상을 파괴한 파시즘 국가의 만행을 파블로 피카소는 〈게르니카〉라는 작품으로 그려 고발했다.

미국 작가 헤밍웨이와 영국 작가 조지 오웰 등 당대의 많은 지식인들도 참전해 인민전선 정부군을 도왔다. 하지만 전력의 우위에 힘입은 프랑코의 반란군은 1939년 1월 바르셀로나를 함락한 데 이어, 3월에는 수도 마드리드까지 점령함으로써 인민전선 정부의 심장에 비수를 꽂았다.

내전은 프랑코 장군으로 상징되는 에스파냐의 보수 우익 세력과 국외 파시즘 세력의 승리로 돌아갔다. 50만 명 이상이 죽고, 또 그만큼의 인구가 해외로 빠져나간 내전의 땅 위에서 프랑코는 그해 8월 통령에 올라 새로운 파시즘 정부의 수립을 선포했다.

제2차 세계 대전의 발발

1938년 3월, 독일이 오스트리아를 합병했다. 그런 다음 체코슬로바키아의 서쪽에 자리한 수데텐란트 지역에 대한 영유권을 주장했다. 해당 지역에 거주하는 350만 명의 독일인들을 보호하기 위해서는 불가피한 조치라는 설명이 뒤따랐다.

전쟁 발발을 염려한 영국과 프랑스는 체코슬로바키아 정부에 수데텐란트 지역의 자치권 부여를 권고했다. 그리고 무솔리니의 중재로 그해 9월 독일 뮌헨에서 히틀러를 만나 수데텐란트 지역을 넘겨주기로 합의했다.

영국 수상 네빌 체임벌린과 프랑스 수상 에두아르 달라디에는 이 정도 선에서 평화를 사는 것은 남는 장사라고 판단했다. 하지만 1939년 3월 독일이 체코슬로바키아를 통째로 장악하자, 자신들이 오판했음을 깨달았다.

독일은 소련과 불가침 조약을 체결한 데 이어, 9월 1일 새벽에는 폴란드를 전격적으로 침공했다. 결국 영국과 프랑스는 독일에 선전포고했다. 이로써 첫 번째 세계 대전이 끝난 지 21년 만에 다시 두 번째 세계 대전이 발발하게 되었다.

폴란드는 전쟁 개시 2주 만에 독일에 백기를 들었다. 이때 소련이 폴란드로 군대를 보냈다. 구원군이 아닌 침략군으로 폴란드에 발을 들이

뮌헨 협정으로 체코슬로바키아를 손에 넣은 히틀러

민 소련군은 9월 28일 독일군과 폴란드를 분할 점령했다. 제1차 세계 대전 후 독립을 얻었던 폴란드는 또다시 강대국에 나라가 찢기는 비운을 맞게 되었다.

이처럼 폴란드 동부 지역을 장악한 소련은 인근의 체코슬로바키아, 헝가리, 불가리아, 루마니아 등도 자신의 세력권 안으로 편입시켰다. 그리고 라트비아, 에스토니아, 리투아니아 등 발트 3국으로도 손을 뻗쳐 연방의 일부로 만들어 버렸다.

독일 침략에 대비한 완충 지대 확보 차원으로 진행된 소련의 세력 확장은 1939년 11월 소련-핀란드 전쟁으로 이어졌다. 전쟁에서 패한 핀란드는 남부 지역을 빼앗겼는데, 소련은 해당 지역과 카렐리야 지협을 묶어 카렐로-핀 공화국을 만든 뒤 나중에 연방에 편입시켰다.

이처럼 소련이 동유럽과 북유럽을 수중에 넣고 있는 동안 독일은 별

바르샤바를 행군하는 히틀러

다른 움직임을 보이지 않았다. 1939년 폴란드 점령 이후 조용히 지내
던 독일 군대가 침묵을 깨고 작전을 개시한 것은 이듬해 4월이었다.

히틀러의 유럽 정복

1940년 4월, 유럽의 북서부 지역으로 진출한 독일군은 벨기에, 덴마
크, 노르웨이 등을 점령했다. 이때부터 영국 및 프랑스 연합군과 독일
군 사이에 치열한 접전이 벌어지기 시작했다. 이즈음 영국의 수상은
체임벌린에서 윈스턴 처칠로 바뀌었다.

벨기에를 장악한 독일군은 곧장 프랑스 영역 안으로 밀고 들어갔다.
벨기에에서 스위스까지 이어진 750킬로미터의 방어 요새인 마지노선

됭케르크 전투 기념관

을 북쪽으로 우회해서 프랑스를 공격했던 것이다. 프랑스가 독일을 막기 위해 건설한 방어막이 무용지물이 된 셈이었다.

이때 연합군 중 30여만 명이 북쪽에 고립되었는데, 영국은 이들을 됭케르크에서 본토로 옮겨 오는 작전을 기적적으로 성사시켰다. 이런 가운데, 당초 목표했던 지점으로 쇄도하기 시작한 독일군은 6월 14일 파리를 점령하기에 이르렀다. 그리고 얼마 지나지 않아 프랑스 북부 지역을 모두 장악했다.

한편, 남부 지역에는 독일의 소종을 받는 꼭두각시 정부가 들어섰는데, 남부의 휴양 도시인 비시를 수도로 삼았다고 해서 비시 정부로 불렀다. 비시 정부의 수반은 제1차 세계 대전 때 활약한 전쟁 영웅이자 국방장관을 역임한 바 있는 필리프 페탱으로, 프랑스가 독일에 점령당하자 나치의 부역자가 되었다. 반면 페탱의 부관 출신으로 국방차관을

파리를 점령한 독일군

지냈던 샤를 드골은 영국으로 망명해 자유프랑스위원회를 조직하고
독립 투쟁을 전개했다.

프랑스를 점령한 독일이 다음으로 겨냥한 곳은 영국이었다. 대독 강
경론자인 처칠을 협상 테이블로 끌어들이기 어려웠던 히틀러는 영국
폭격에 나섰다. 처음에는 공군 기지를 폭격하다가 나중에는 런던 시내
에 폭탄을 투하했다. 그쯤하면 협상에 응할 만도 했지만, 처칠과 영국
민들은 꿋꿋하게 버티며 독일에 맞섰다.

영국을 제압하는 데 실패한 히틀러는 소련 침공 쪽으로 방향을 선회
했다. 불가침 조약은 시간 벌이용이었을 뿐, 서유럽 정복을 끝낸 상황
이라 드넓은 소련 지역에 대한 야심을 드러내기 시작했던 것이다. 히
틀러는 소련 침략을 위한 사전 작업으로 루마니아, 헝가리, 불가리아
등 발칸 지역을 공략해 수중에 넣었다.

이즈음 무솔리니의 이탈리아군도 발칸으로 진격해 그리스 점령에 나섰다. 하지만 전력이 충분히 강하지 못했던 탓에 그리스군의 반격을 받고 수세에 몰렸다. 이에 히틀러는 군대를 급파해 이탈리아군을 구하는 한편, 1941년 5월에는 그리스를 통째로 집어삼켰다. 소련 침공을 목전에 둔 시점에 독일군의 힘을 보여준 사건이라 할 수 있었다.

항공전에서 독일군에 승리를 거둔 영국 공군

파시즘 국가들의 몰락

1941년 6월, 독일은 러시아 침공을 개시했다. 독일군의 병력 수는 180만 명에 달했고, 3,600대의 전차와 2,700대의 항공기가 지상과 하늘을 덮었다. 독일군은 2개월 안에 전쟁을 끝낸다는 계획 아래 우크라이나, 오늘날의 상트페테르부르크인 레닌그라드, 모스크바 등으로 진격했다.

하지만 소련의 방어력이 예상 외로 강했던 덧에 단기전은 물 건너가고 살인적인 겨울 추위와 맞닥뜨리게 되었다. 기세가 꺾여 패퇴하던 독일군은 소련 남쪽의 주요 공업 도시이자 전략적 요충지인 스탈린그라드를 목표로 1942년 여름 2차 소련 원정을 감행했다.

이에 소련군은 11월 대반격에 나서 스탈린그라드에 대한 포위 공격

스탈린그라드 중앙 광장의 소련 군인

을 전개했고, 압박 속에서 교전하던 독일군으로부터 이듬해 2월 항복 선언을 받아 냈다. 당시 독일군 생존자는 9만여 명 정도였으며, 전사 자는 22만여 명에 달했다.

스탈린그라드 전투의 승리로 확실하게 전세를 역전시킨 소련군은 후퇴하는 독일군을 쫓아 전진하면서 적에게 내주었던 지역들을 되찾 았다. 그리고 독일군이 점령한 동유럽 지역도 다시 수중에 넣었다.

독일군이 소련에서 추위로 고전하던 1941년 12월, 연합군에 군수 물자만 제공하고 참전은 꺼리던 미국을 제2차 세계 대전의 한복판으 로 끌어들이는 사건이 벌어졌다. 일본의 해군 비행기들이 미국 해군의 주둔지인 하와이의 진주만을 공습한 것이었다.

일본의 공습은 미국이 일본의 함대 유지와 산업 발전에 필수적인 석 유 공급을 막은 데 따른 대응 공격이었다. 미국은 자국의 식민지가 있

일본의 진주만 공습

는 동남아시아로 일본이 진출하는 것을 막기 위해 영국, 네덜란드, 중국과 연대해 석유를 포함한 원료의 일본 수출을 차단했다. 이에 일본은 미국의 태평양 함대를 망가뜨려 미군이 당장 출정할 수 없게 만든 다음, 석유 등 자원 확보가 가능한 지역들을 식민지로 확보하려는 계획 아래 진주만을 공격했던 것이다.

진주만 공습 사흘 후, 미국 의회의 참전 결의가 이루어졌지만, 미 해군이 전함들을 수습해 공격에 나서는 데는 수개월이 소요되었다. 그 사이 일본은 계획대로 동남아시아 지역을 식민지화했고, 독일은 전력을 정비해 소련의 남방 지역에 대한 공략을 추진했다.

하지만 미군의 개입이 시작되면서 태평양과 아프리카 전선 등에서는 추축국 군대에 대한 연합군의 반격이 이루어졌다. 1942년 5월 코랄해전과 6월 미드웨이 해전에서 일본은 연이어 패배하면서 큰 타격을

미드웨이 해전에서 일본 순양함을 공격하는 미국 폭격기

입었다.

1941년부터 북아프리카 지역을 장악해 온 독일 기갑사단장 에르빈 롬멜의 부대는 1942년 10월 영국 제8군 사령관 버나드 몽고메리의 부대와 싸워 패했다. 그리고 11월에는 미국과 영국 연합군이 북아프리카에 상륙해 몽고메리 부대와 협공을 펼쳤다. 그 결과 이듬해 5월 북아프리카를 장악하는 데 성공했다. 뒤이어 이탈리아로 진격한 연합군은 무솔리니 정권의 항복을 받아 냈다.

스탈린그라드 패전 이후 소련에서 밀려 나온 독일군은 1944년 6월 프랑스 노르망디 해변으로 상륙한 연합군의 공격을 받고, 8월에는 프랑스 파리를 연합군에게 내주었다. 유럽 전선에서 여태 소련군만 상대

노르망디 해변으로 상륙한 연합군

해 오다가 수세 국면을 맞아 연합군까지 가세하자, 독일군의 사기는 크게 꺾였다.

독일 지역 쪽으로 점점 좁혀지던 전선은 1945년 3월 연합군의 독일 진입을 허용했다. 4월 소련군이 연합군에 합류했으며, 연합군의 베를린 입성 소식을 들은 히틀러는 벙커 안에서 자살로 생을 마감했다. 그리고 또 한 명의 파시스트 리더인 무솔리니는 스위스로 도주하다가 이탈리아 유격대에 붙잡혀 이미 죽임을 당한 뒤였다.

5월 7일 독일이 연합군에 항복을 선언하면서 홀로 남게 된 파시즘 국가인 일본도 전황이 몹시 불리해져 있었다. 미국은 8월 6일과 9일에 일본 히로시마와 나가사키에 원자폭탄을 투하했고, 15일 일본의 항복을 받아 냈다. 이로써 1939년 발발해 6년을 끌어온 제2차 세계 대전이 막을 내리게 되었다.

전후 처리와 유엔의 탄생

수천만 명의 사망자 발생, 나치의 반인종적인 유대인 학살, 가공할 대량살상 무기인 원자폭탄의 투하 등 제2차 세계 대전이 남긴 부정적 유산은 어마어마했다. 그만큼 전후 처리를 위한 국제회의도 적잖게 개최되었다.

아직 전쟁 중인 1942년 1월, 연합국에 속한 26개국 대표들이 미국 워싱턴에 모여 전범국에 대한 항전을 다짐하는 한편, 국제연맹을 대체할 새로운 국제기구로 국제연합(유엔)의 창설을 논의했다.

1943년 11월에는 미국 대통령 프랭클린 루즈벨트^{Franklin Roosevelt}, 영국 수상 윈스턴 처칠^{Winston Churchill}, 중화민국 총통 장제스 등 3개국 정상이 이집트 카이로에서 회담을 가졌다. 여기에서는 일본과 적극적으로 싸우자는 결의가 있었고, 당시 일본의 식민지였던 한국의 독립을 보장한다는 약속도 이루어졌다.

1945년 2월, 크림반도의 얄타에서 개최된 회담의 주인공들은 미국의 루즈벨트, 영국의 처칠, 그리고 소련의 스탈린이었다. 여기서 합의된 사항은 종전 후에 패전국 독일을 미국, 영국, 프랑스, 소련 등 4개국이 분할 통치한다는 것이었다.

그해 12월에는 소련 모스크바에서 미국, 영국, 소련 등 3개국 외상이 모여 회담했다. 모스크바 3상회의로 불리는 이 회담에서는 일본에

얄타 회담의 주인공들 처칠, 루즈벨트, 스탈린

서 해방된 한국에 대한 5년 동안의 신탁통치가 결정되었다.

실제로 전쟁이 끝난 뒤에 독일은 동독과 서독으로 분할되었고, 독일
이 점령했던 지역들은 원 상태로 돌아갔다. 독일과 소련이 양분했던
폴란드도 하나로 합쳐져 독립했으며, 영국과 프랑스는 물론이고 일본
의 식민지도 독립을 획득했다. 하지만 그 와중에도 발트 3국만은 소련
의 굴레에서 벗어나지 못했다.

1945년 6월에는 3년 전 워싱턴 회의에서 논의되었던 유엔 창설을
위해 50개국 대표들이 미국 샌프란시스코에 모여 유엔 헌장에 서명했
다. 그리고 10월 24일에는 새로운 국제기구인 유엔이 공식 출범했다.

미국 뉴욕에 본부를 둔 유엔은 주요 기구로 총회를 비롯해 안전보장

유엔 안전보장이사회 회의 모습

이사회, 경제사회이사회, 신탁통치이사회, 국제사법재판소, 사무국 등
을 마련했다. 총회에서는 모든 회원국들이 모여 의사결정을 하는데,
실질적인 권한은 안전보장이사회에서 행사하도록 구조되었다.

안전보장이사회에서는 국제 분쟁에 대해 무력 개입을 결정할 수 있
는 권한을 가지며, 그 권한을 뒷받침하기 위해 유엔군이 창설되었다.
미국, 영국, 프랑스, 소련, 중국 등 5개국이 이 기구의 상임이사국 자리
를 차지했다.

전문기구 및 독립기구로 국제연합교육과학문화기구ᵁᴺᴱˢᶜᴼ, 국제노
동기구ᴵᴸᴼ, 국제통화기금ᴵᴹᶠ, 세계보건기구ᵂᴴᴼ 등 다수가 포진하고, 사업

및 기금을 위한 기구도 10여 개나 되는 유엔은 국제연맹에 비해 훨씬 규모 있고 실행력도 갖춘 국제기구로 자리 잡았다.

다만 핵심적인 권한을 가진 기구인 안전보장이사회를 주요 강대국들이 종신 자격으로 차지한 데다 만장일치제로 운영되는 까닭에 국제적인 중대사가 개별 상임이사국의 이념적이거나 이권적 계산에 따라 얼마든지 발목이 잡힐 수 있는 점은 한계로 지적되었다.

냉전의 시작과 전개

제2차 세계 대전 이후 동유럽 국가들이 차례로 공산화되었다. 폴란드, 루마니아, 헝가리, 불가리아, 알바니아, 체코슬로바키아, 유고슬라비아 등이 소련의 영향권 안에서 사회주의 정부를 세웠다.

유럽에서 공산주의가 확산되는 것을 경계한 미국은 1947년 3월 트루먼 독트린을 발표했다. 유럽 국가들에 대한 경제 원조에 나서겠다고 천명한 미국 대통령 해리 트루먼의 외교 기조에 따라, 3개월 후 미국 국무장관 조지 마셜이 130억 달러 규모의 대유럽 투자 계획을 공표했다.

전후 재건 문제로 골치를 앓고 있던 유럽 각국은 트루먼 독트린과 마셜 플랜에 대해 적극적으로 환영했다. 하지만 이미 소련의 위성국이 되어 버린 동유럽 국가들에는 미국의 조치가 그림의 떡이나 마찬가지였다. 미국 자금의 동유럽 유입을 소련이 원치 않았기 때문이었다.

소련은 마셜 플랜과 관련해 일련의 대응 조치들을 취하기 시작했다. 먼저 1947년 9월 동유럽 위성 국가들을 비롯해 프랑스 및 이탈리아의 공산당과 사회주의 정당을 끌어모아 국제 공산당 정보기관인 코민포름을 창설했다. 해당 국가들 사이에 정보와 경험을 나누고 활동을 조정하는 것을 설립 목적으로 한 코민포름의 진짜 임무는 위성국들을 감시하는 데 있었다.

다음으로 취한 조치는 1949년 1월 소련 및 동유럽 공산권의 경제 협력 기구인 코메콘 창설이었다. 몽골, 쿠바, 베트남 등 비동유럽권도 가맹한 코메콘은 1960년대 이후 서유럽 경제의 눈부신 발전에 대항하기 위해 활동 형태를 경제 협력에서 통합으로 바꾸었다.

마셜 플랜과 코민포름의 대결 외에 동서 냉전을 자극한 요인으로는 패전국 독일의 처리 문제가 있었다. 전쟁이 끝난 후 독일은 동부와 서부로 나뉘었는데, 동부 지역은 소련이 차지하고, 서부 지역은 미국, 영국, 프랑스가 3분할 점령했다. 그리고 동부 지역에 위치한 수도 베를린도 4개국이 분할 통치했다. 그러다 1946년 말에 미국, 영국, 프랑스가 점령 지역을 통합하면서 자유주의 진영인 서독과 사회주의 진영인 동독의 양분 구조가 만들어졌다.

그로부터 2년 후인 1948년 하나의 경제권으로 묶인 서독에서는 경제 통합을 위한 화폐 단일화가 시행되었다. 소련은 서독 단일 화폐의 유입으로 동독에 대한 사회주의적 통제력이 약화될 수 있다며 반발했다. 그리고 동독 안의 서독 영토인 서베를린과 서독 사이의 모든 연결 통로를 차단하는 조치를 취했다.

이른바 베를린 봉쇄에 맞서 서방 국가들은 비행기를 통해 생활필수품을 서독으로 공수했다. 또한 동유럽산 물품의 수입을 전면 금지시켰다. 그 때문에 타격받기 시작한 동유럽 경제가 곧 소련에 심각한 부담으로 작용하면서, 1949년 5월 소련은 베를린 봉쇄 조치를 해제했다.

이후 서방 국가들의 합의로 서독에 단독 정부가 수립되었으며, 이에

비행기를 통해 생활필수품을 서독으로 공수한 연합국

맞서 소련도 동독에 따로 정부가 들어서도록 조치했다. 그리고 1954년
에는 서독이, 1955년에는 동독이 각각 독립 국가로 인정받게 되었다.

동서 냉전 구도가 유럽에서 동독과 서독의 분열을 낳는 동안, 멀리
아시아 쪽의 한반도에서는 남한과 북한의 분단을 초래했다. 냉전을 주
도하는 양 진영에는 연합 차원의 군사적 조직까지 구축되었는데, 자유
신영인 미국, 영국, 프랑스, 캐나다 등은 1949년 북대서양조약기구^{NATO}
를 결성했고, 사회주의 진영은 1955년 바르샤바조약기구^{WTO}를 출범시
켰다.

이와 같은 대치가 물리적으로 폭발한 것이 1950년 6월 25일 발발한
한국 전쟁이었다. UN 소속 16개 국가에서 파병한 자유 진영의 군대가

베를린 장벽 앞의 브란덴부르크 문

남한을 돕고, 소련과 1949년 공산화된 중국이 북한을 편들면서 3년 동안 치러진 전쟁으로 한반도는 초토화되었다.

유럽에서는 역시나 독일이 냉전의 핵심 지대였다. 1950년대부터 서독으로 망명하는 동독인들이 줄을 이었다. 주로 서베를린을 통해 이루어진 망명 러시를 차단하기 위해 1961년 동독 정부는 동베를린과 서베를린 사이에 두꺼운 콘크리트 장벽을 쌓았다. 이른바 베를린 장벽은 길이가 40킬로미터에 달했으며, 한국의 휴전선과 함께 냉전 시대의 대표적인 상징으로 자리하게 되었다.

동독이 베를린 장벽을 쌓은 그해, 미국 플로리다와 가까운 섬나라 쿠바에서는 사회주의 정권이 들어서고, 이듬해인 1962년에는 소련의 원조 아래 미사일 기지 건설이 시작되었다. 이에 반발한 미국이 소련의 무기 반입을 막기 위해 쿠바 해상을 봉쇄하는 강수를 두면서 미소 양국이 충돌할 수 있는 일촉즉발의 위기 상황이 조성되었다. 사태는 소련의 양보로 겨우 수습되었는데, 그사이 인류는 핵전쟁의 공포에 떨어야만 했다.

동유럽의 자유화 운동

미소 중심의 냉전 구도를 약화시키고 허무는 데 크게 기여한 지역은 동유럽 국가들이었다. 그 첫 테이프를 끊은 것은 유고슬라비아로, 초대 대통령인 요시프 티토Josip Tito는 소련의 간섭에서 벗어나 독자적인 사회주의 노선을 추구했다.

이에 소련은 1948년 유고슬라비아를 코민포름에서 제명하는 한편, 여타 동유럽 국가들이 유고슬라비아와 교류하는 것을 금지시켰다. 사회주의 진영 안에서 고립당한 유고슬라비아는 경제적 어려움을 타개하기 위해 서방 국가들과 교류하기 시작했다.

1956년 10월에는 헝가리 수도 부다페스트에서 소련의 지배에 반대하는 대규모 시위가 벌어졌다. 그 과정에서 개혁파 공산주의자 임레 나지가 스탈린주의자인 라코시 마차시를 축출하고 최고 지도자로 올라섰다.

나지는 반스탈린적인 개혁 조치를 과감하게 시도했으나 소련 군대의 침공으로 뜻을 이루지 못했다. 여타 개혁 인사들과 함께 체포당한 그는 결국 처형되었다. 이때 수많은 헝가리인들이 목숨을 잃거나 국경을 넘어 탈출했다.

1968년 8월 체코슬로바키아의 공산당 제1서기 알렉산데르 두프체크의 자유화 조치도 소련의 방해로 실패했다. 당시 두프체크는 '인간의 얼굴을 가진 사회주의'를 표방하면서 언론 자유의 보장, 비밀경찰의 권한 축소, 슬로바키아 지역의 자치권 확대 등을 추진했다.

이와 같은 개혁 조치들은 소련의 침공으로 정지되었고, 모스크바로 압송당한 두프체크는 자신의 정책에 역행하는 반동적인 조치들을 시행해야만 했다. 그의 측근들은 제거되었으며, 1970년에는 그 자신도 공산당에서 제명당했다.

체코슬로바키아의 자유화 움직임은 1977년에 들어와 다시 살아났다. 극작가 바츨라프 하벨의 주도로 지식인 241명이 민주주의 정부의 수립을 요구하는 지하 선언문인 '77헌장'을 발표한 것이었다. 이에 반체제 인사들에 대한 검거 열풍이 불면서 1979년 주동자인 하벨이 구속됨으로써 자유화 운동도 가라앉았다.

폴란드의 경우는 1950년대부터 시작된 노동자들의 투쟁이 1980년대에 이르러 일정한 성과를 거두게 되었다. 1980년 7월 육류 가격의 인상으로 촉발된 파업이 전국화하는 과정에서 레흐 바웬사^{Lech Walesa}가 이끄는 자유노조가 주도적인 역할을 담당했다.

사태 수습에 나선 정부를 상대로 바웬사는 노동자들이 소련과 헝가리 정부의 권위를 인정하는 대신에 정부도 자유노조를 인정할 것을 요구했다. 협상이 성사되면서 사회주의권 국가 최초의 자주 관리 노조가 헝가리에서 탄생하게 되었다.

하지만 이듬해 12월 계엄령 선포와 함께 바웬사 등 자유노조 간부들이 대거 체포되었다. 폴란드 정부는 1982년 10월 자유노조를 불법 단체로 규정했으며, 11월에는 바웬사를 석방했다. 그로부터 1년 후 바

레닌 조선소에서 파업을 주도한 레흐 바웬사

웬사에게는 노벨 평화상이 주어졌다.

한층 격렬하고 끈질겨진 자유노조의 반정부 투쟁으로 파업과 소요
가 계속되는 가운데, 1989년 4월 자유노조는 끝내 합법적인 지위를 쟁
취했다. 다시금 자유노조 위원장이 된 바웬사는 그해 6월 총선에서 자
유노조가 제1당으로 올라서자, 공산당 외의 정당들과 연대해 연립정
부를 구성했다. 또한 12월에는 사회주의 조항을 없앤 새 헌법을 만들
어 폴란드와 사회주의의 결별을 공식화했다. 그리고 1년이 지나서는
자유주의 국가 폴란드의 대통령으로 선출되었다.

이처럼 폴란드가 민주주의 국가로 탈바꿈하고 있을 즈음, 다른 동유
럽 국가들도 하나둘씩 사회주의 체제를 벗어던졌다. 1988년 12월 체

코슬로바키아가 공산주의와 결별하고, 이듬해에는 과거 77헌장의 주도자였던 하벨이 대통령으로 선출되었다. 그로부터 4년 동안 연방공화국 체제를 유지한 체코슬로바키아는 1993년 1월 체코 공화국과 슬로바키아 공화국으로 분리되었다.

형가리의 경우, 1989년 10월 40년 동안의 공산당 독재의 종식을 선언하고, 다당제와 대통령제 도입 등을 주요 내용으로 하는 새 헌법을 채택했다. 그리고 이듬해 3월 복수 정당제를 도입하는 한편, 외국 자본의 유치와 대외적인 개방 정책을 채택해 자본주의 국가의 길을 걷기 시작했다.

형가리의 탈공산화가 성사된 1989년, 동독에서도 에리히 호네커를 정점으로 한 공산당 지배가 붕괴되었다. 또한 동베를린과 서베를린 사이에서 우뚝했던 장벽도 함께 무너지면서 동서 냉전의 종식을 극적으로 보여 주었다.

소련의 해체와 독립 국가 연합의 수립

동유럽 자유화 운동의 좌절과 성공에는 소련의 간섭과 방임이 중요한 변수로 작용하고 있었다. 1980년대 말경에 소련이 동유럽의 탈공산화 러시에 제동을 걸지 않은 까닭은 스스로도 공사주의 체제로부터 벗어나고 있었기 때문이었다.

소련의 변화는 1985년 3월 미하일 고르바초프^{Mikhail Gorbachyev}가 공산당 서기장에 선출되면서부터였다. 1953년 스탈린이 죽고 차례로 당서기장에 오른 흐루시초프, 브레즈네프, 안드로포프, 체르넨코 등은 체제

몰타에서 회담하는 조지 부시와 고르바초프

유지에 충실했던 보수주의자들이었다. 하지만 체르넨코의 후임은 달랐다.

고르바초프는 서기장에 오르자마자 대대적인 개혁에 나섰다. 그는 대내적으로는 페레스트로이카(개혁)를 표방하고, 대외적으로는 글라스노스트(개방)를 추구했다. 당연하게도 보수적인 공산당 간부들의 반발이 있었지만, 꿋꿋하게 개혁 개방 노선을 밀고 나갔다.

1989년 12월 지중해에 위치한 섬나라 몰타에서 고르바초프는 미국 내통령 조지 부시와 함께 상호 군축에 합의했다. 그리고 1990년 3월에는 다당제 선거를 실시해 소련 역사상 최초의 대통령으로 당선되었다. 나아가 1991년 7월에는 마르크스-레닌주의의 포기를 명시한 강령을 새로 만들었다.

마르크스-레닌주의에 대한 포기 선언은 고르바초프의 개혁 개방 정

급진적 개혁론자로 대통령에 당선된 옐친과 부시가 무기 축소 및 제한에 관한 조약에 서명

책에 불만을 품어 온 보수 강경파의 심기를 결정적으로 자극했다. 그해 8월 쿠데타가 발발하면서 고르바초프의 권력이 정지되었다.

보수 반동 세력의 궐기로 세계인들의 시선이 소련으로 집중된 가운데, 새로 주목받기 시작한 인물이 보리스 옐친Boris Yeltsin이었다. 집권 초기 고르바초프에게 발탁된 이래 급진적 개혁론자로서 대중적 인기를 얻은 옐친은 1990년 러시아 공화국 대통령에 당선되어 반동적인 쿠데타 세력에 정면으로 맞섰다. 그는 쿠데타에 반대하는 총파업을 주도했으며, 이에 소련 국민들은 적극적으로 호응했다. 60여 시간 계속된 총파업 국면 속에서 민심을 잃고 고립된 쿠데타 세력은 결국 백기를 들고 말았다.

다시 대통령으로 복귀한 고르바초프는 공산당 해체를 선언했다. 그는 잠시 중단되었던 개혁 작업을 재개했지만, 소련을 움직이는 최고의 권력은 이미 옐친에게 넘어가 있었다. 옐친은 1991년 12월, 소련의 11개 공화국들을 끌어모아 독립국연합^{CIS}을 결성했다. 이렇게 됨으로써 1922년 12월 출범한 소비에트연방공화국, 즉 소련의 역사가 69년 만에 막을 내리게 되었다. 그리고 CIS 출범 4일 뒤에 고르바초프도 대통령직을 사임했다.

이후 CIS의 실질적인 지도자로 군림한 옐친은 주도권을 노리는 우크라이나의 도전, 경제 개혁의 실패, 보수 강경파의 반발 등 여러 정치적 위기를 넘기며 권력을 유지했다. 그러다 1999년 12월 건강 문제로 당시 총리였던 블라디미르 푸틴^{Vladimir Putin}을 대통령 권한대행으로 임명한 다음 은퇴했다.

한편, CIS 결성 당시 가입한 11개 공화국은 러시아를 비롯해 우크라이나, 아르메니아, 몰도바, 벨라루스, 카자흐스탄, 우즈베키스탄, 아제르바이잔, 타지키스탄, 키르기스스탄, 투르크메니스탄 등이었다. 이 중에서 우크라이나는 2014년 러시아의 내정 개입에 반발해 탈퇴했으며, 투르크메니스탄은 2005년 탈퇴해 준회원국으로 참가 중이다. 따라서 2017년 현재 CIS는 9개 공화국으로 구성되어 있다.

아일랜드의 독립과 아일랜드공화국군의 활동

1921년 12월, 아일랜드는 12세기부터 700년 동안 이어져 온 영국의 지배로부터 벗어나 독립했다. 하지만 전체 32개 주 가운데 북부의 6개 주는 여전히 영국령으로 남는, 부분적인 독립이라는 한계가 있었다.

아일랜드가 영국과 갈등하다 독립하게 된 주요한 원인은 민족과 종

제1대 아일랜드 의회 구성원들

교 문제 때문이었다. 아일랜드는 게르만족의 이동 이전에 대륙에서 건너온 켈트족이 대부분인 반면, 영국은 앵글로색슨족이 주류를 차지했다. 또한 아일랜드의 종교는 로마 가톨릭으로, 영국의 국교회와 달랐다.

그런데 과거 영국으로부터 대거 이민이 이루어진 북부의 6개 주는 국교회 신도가 가톨릭교도보다 많았기 때문에 독립 과정에서 영국 연방에 남는 쪽을 선택했다. 이런 상황에서 북아일랜드의 독립을 바라는 아일랜드 민족주의자들의 투쟁이 시작되었다.

투쟁의 중심에는 1919년 결성된 무장 투쟁 단체 아일랜드공화국군 IRA이 있었다. IRA의 창시자는 마이클 콜린스로, 영국-아일랜드 조약을 성사시키고 아일랜드 자유국의 초대 총리가 되었다. 하지만 북부 6개 주를 독립에서 제외시킨 데 분노한 IRA에 배신자로 낙인찍혀 1922년 암살당했다.

아일랜드 독립 전쟁에 참전한 아일랜드공화국군

1949년 영국 연방에서도 탈퇴해 완전한 독립국이 된 아일랜드는 헌법 개정을 통해 아일랜드 공화국으로 거듭났다. 그런 동안 여전히 영국의 일부로 남게 된 북아일랜드에서는 다수파인 신교도 주민과 소수파인 구교도 주민 사이의 충돌이 계속되었다. 그 때문에 1969년 영국군의 북아일랜드 주둔이 결행되자, IRA는 영국군을 표적으로 테러 활동을 전개했다.

경찰과 군인을 주요 테러 대상으로 삼았던 IRA은 1970년대에 접어들면서부터 민간인에 대한 테러도 지지르기 시작했다. 그 결과 1969년에서 1991년 사이에 테러로 희생된 사람들의 수가 3,000명 가까이나 되었다.

IRA의 정치 조직으로 1990년대 초부터 영국 정부와 협상을 벌인 신페인당은 1994년 8월 영국에 대해 전면적인 휴전을 선언했다. 이 선언을 영국 정부가 수용하면서 오랜 분쟁에서 벗어날 수 있는 분위기가 조성되었다.

1998년 4월, 영국과 아일랜드 정부, 북아일랜드의 구교회와 신교회 지도자들이 모여 합의한 평화 협정에 대해 찬반을 묻는 투표가 실시되었다. 북아일랜드와 아일랜드 공화국 주민들은 북아일랜드에 자치정부를 세우고 분쟁을 마무리 짓는 안건에 압도적인 찬성표를 던졌다.

그 결과 이듬해 북아일랜드 자치정부가 수립되었으며, 2001년에는 IRA의 무장 해제 선언이 뒤따랐다. 이로써 1919년 IRA 창설 이래 80여 년에 걸쳐 지속된 폭력 투쟁의 역사가 마감되었다.

유고 내전의 발발

제2차 세계 대전 당시 독일에 분할 통치된 유고슬라비아 왕국은 1945년 왕정을 폐지하고 민주연방, 연방인민공화국 등을 거쳐 1963년 유고슬라비아 사회주의연방공화국으로 자리 잡았다. 이 공화국의 초대 대통령은 소련의 간섭에서 벗어나 독자적인 사회주의 노선을 추구한 티토였다.

티토가 통치했던 유고 연방은 훗날 내전이 끝나고 세워진 신(新)유고 연방과 구분하기 위해 구(舊)유고 연방으로 불리기도 한다. 연방은 세르비아, 크로아티아, 슬로베니아, 마케도니아, 몬테네그로, 보스니아-헤르체고비나 등 6개 공화국과 보이보디나, 코소보 등 2개의 세르비아 자치주로 구성되었다.

구유고 연방은 복수의 공화국과 자치주가 한데 뭉쳐 이루어진 국가

유고슬라비아 인민군을 감독하는 슬로베니아 군대

인 만큼 민족 문제와 종교 문제로 갈등이 적지 않았다. 이런 분열적 요소들을 잘 커버했던 티토의 통치력이 1980년 5월 그의 죽음과 함께 사라져 버렸다.

이후 집단 지도 체제로 운영된 구유고 연방은 1987년과 1989년에 각각 공산당 서기장과 세르비아 공화국 대통령에 오른 슬로보단 밀로셰비치가 대(大)세르비아 민족주의를 주창하면서 위기를 맞았다. 그의 선언이 연방 내 민족 감정들을 자극하면서 내전의 불씨로 작용했기 때문이었다.

1991년 6월, 독립을 선언한 슬로베니아와 이를 막으려는 구유고 연방 사이에 무력 충돌이 발생했다. 하지만 충돌은 오래가지 않았다. 슬로베니아 인구의 절대 다수가 슬로베이나계 주민이라서 대세르비아 민족주의를 적용하기 어려웠던 까닭이었다. 그해 9월 독립에 나선 마케도니아도 슬로베니아처럼 세르비아계가 희박하다는 이유로 쉽게 독립할 수 있었다.

그리고 10월에는 크로아티아가 독립을 선언했다. 역시나 구유고 연방 군대가 출병했는데, 이번에는 슬로베니아나 마케도니아와 달리 치열한 전투를 벌였다. 제2차 세계 대전 당시 크로아티아계 극우 민족주의자들이 세르비아계 주민들을 집단 학살했던 사건이 독립 후에 재현될 수 있다고 판단한 때문이었다.

결국 UN 평화유지군이 파병되어 사태 수습에 나서게 되었다. 하지만 연방 측의 사주를 받은 세르비아계 주민들이 크로아티아계 주민들을 공격해 학살하는 등 내전의 피바람은 쉬 가라앉지 않았다.

슬로베니아, 마케도니아, 크로아티아 다음으로 독립을 선언한 것은 보스니아-헤르체고비나였다. 이 나라는 전체 인구 450만 명 가운데 투르크계가 43퍼센트, 세르비아계가 32퍼센트, 크로아티아계가 17퍼센트를 차지하는 데다, 종교도 이슬람교, 동방정교, 가톨릭교로 각각 달라서 민족 간의 갈등이 만만찮았다.

1992년 2월, 투르크계와 크로아티아계 주민들은 국민투표를 실시해 구유고 연방 탈퇴를 결정지었다. 세르비아계 주민들이 반발하는 가운데, 보스니아-헤르체고비나의 독립이 연방 해체로 이어질 것을 우려한 세르비아 대통령 밀로셰비치는 독립 움직임을 가라앉히는 방법으로 학살을 선택했다.

이른바 인종 청소를 위해 세르비아계 민병대와 연방의 군대가 보스니아-헤르체고비나를 안팎에서 공격하기 시작했다. 비(非)세르비아계 주민들을 상대로 자행된 반인륜적인 범죄 행위는 국제사회의 개입으로 1995년 종료되었다. 그러나 이 범죄로 20만 명이 넘는 희생자와 그

유고 내전 종식을 알리는 파리 평화 협정

열 배에 달하는 난민이 발생했다.

소속 공화국들의 잇따른 독립으로 구유고 연방은 사실상 해체되고, 세르비아와 몬테네그로만 남게 되었다. 이 두 공화국과 세르비아의 자치주인 보이보디나, 코소보 등이 뭉쳐 1992년 4월 밀로셰비치를 대통령으로 하는 신유고 연방을 결성했다.

유고 내전은 1995년을 기점으로 끝이 나는 듯했다. 내전의 종식을 알리는 평화 협정도 파리에서 개최되었다. 하지만 1998년 3월 터진 코소보 사태는 세르비아의 인종 청소가 아직 끝나지 않았음을 보여 주었다.

알바니아계 주민이 80퍼센트에 달하는 코소보에서 분리 독립을 주장하는 알바니아계 민병대가 세르비아 경찰을 습격하는 사건이 벌어졌다. 이에 세르비아 보안군은 사건의 범인들을 색출한다는 구실로 알바니아 주민들을 무차별 학살했다.

UN의 경고를 무시한 채 인종 청소를 계속 밀어붙이던 밀로셰비치는 나토 공군이 유고 연방을 폭격하는 등 군사적 압박이 가해지자, 1999년 6월 코소보에 대한 공격을 멈추었다. 그는 전쟁 범죄자로 국제형사재판소에 기소되었고, 2000년 민중 봉기로 실각한 이듬해 체포되었다. 그리고 전범으로 재판을 받던 중 2006년 3월 감옥에서 사망했다.

한편, 신유고 연방은 2003년 세르비아-몬테네그로로 국호를 바꾸었다가 2006년 세르비아와 몬테네그로로 각각 독립했다. 이로써 구유고 연방은 세르비아, 몬테네그로, 슬로베니아, 마케도니아, 크로아티아, 보스니아-헤르체고비나 등 6개 공화국으로 최종 분리되었다.

유럽연합의 탄생

1950년 프랑스 외무장관 로베르 쉬망의 제안으로, 이듬해 프랑스, 독일, 이탈리아, 네덜란드, 벨기에, 룩셈부르크 등 6개국이 석탄 및 철광석 채굴에 관한 조약을 체결하고, 유럽석탄철강공동체^{ECSC}를 출범시켰다.

ECSC는 유럽 안의 관련 산업을 관장하는 독립된 정부의 역할을 효과적으로 수행했다. 이처럼 부분적이지만 통합을 추진한 ECSC의 성공은 또 다른 분야의 통합을 자극했다. 그 결과는 1958년 유럽원자력공동체^{EURATOM}의 설립이었다. 그리고 같은 해 출범한 유럽경제공동체^{EEC}는 유럽 통합으로 가는 물꼬를 텄다.

EEC는 관세 동맹을 통해 회원국들 사이에 상품, 자본, 노동 등의 자유로운 이동을 보장하는 한편, 회원국 이외의 국가에 대해서는 공동 관세를 매겼다. 출범 초기 5년 동안 EEC는 6개 회원국의 국민총생산을 20퍼센트 이상 성장시키는 경제 효과를 발휘했다.

EEC의 성장에 놀란 영국은 1960년 오스트리아, 포르투갈, 덴마크, 노르웨이, 스위스, 스웨덴 등과 함께 새로운 경제 블록인 유럽자유무역연합EFTA을 만들었다. EFTA는 관세 적용을 EEC처럼 공동이 아닌, 회원국의 자율 결정에 맡겼다.

바야흐로 유럽은 EEC와 EFTA 등 두 경제 블록이 경쟁하는 체제가 되었는데, 결속력이 강한 EEC가 좀 더 우세했다. 그 때문에 1961년 EFTA의 주도국인 영국이 EEC에 가입을 신청했다. EEC의 주도권을 영국에 빼앗길 수도 있다고 우려한 프랑스 대통령 드골의 반대로 영국의 가입 신청은 반려되었다.

이에 영국은 1967년 또다시 EEC에 가입을 신청했다. 역시나 드골의 반대로 가입은 무산되었다. 하지만 1969년 프랑스 대통령이 드골에서 조르주 퐁피두로 바뀌면서 영국은 덴마크, 아일랜드 등과 함께 1973년 EEC의 회원국으로 가입하게 되었다.

1967년 EEC, ECSC, EURATOM 등 3대 경제기구는 집행부의 통합을 결의한 바 있었다. 그 결과로 생겨난 기구가 유럽 공동체EC인데, 여기에는 1973년 영국, 덴마크, 아일랜드, 1981년 그리스, 1986년 에스파냐, 포르투갈이 추가로 가입했다.

1991년, EC의 회원국 정상들이 네덜란드 마스트리히트에서 EC를 확대 개편한 유럽연합EU의 결성을 결의했다. 유럽의 경제적 통합을 넘어 정치, 군사적 통합까지 내다본 EU의 출범을 위해 EC 회원국들마다 마스트리히트 조약의 수용 여부를 묻는 국민투표가 실시되었다. 덴마크의 경우 재투표까지 가는 진통 끝에 조약을 수용하여 1993년 11월

유럽연합 출범을 서명한 네덜란드 마스트리히트 주 정부 청사

유럽의 정치, 경제, 사회, 문화, 군사 분야를 하나로 통합하는 거대 국가인 EU가 탄생했다.

이후 회원국이 속속 추가된 EU는 2002년 공동 화폐인 유로가 통용되기 시작했으며, 2004년 EU의 국회라 할 수 있는 유럽의회 선거가 실시되었다. 그리고 2009년 회원국 정상들이 참여해 역내의 주요한 정치 및 제도적 사안을 결정하는 EU 정상회의가 가동되었다.

2016년 EU 회원국의 수는 28개국인데, 6월 영국이 국민투표를 통해 EU 탈퇴를 결정하면서 관련 절차를 밟기 시작했다. EU의 역내 인구는 약 5억 1,000만 명이고, 국내총생산^{GDP}은 미국에 이어 두 번째로 많은 16조 4,000억 달러를 기록했다.

이처럼 경제적으로 통합의 효과를 톡톡히 누리는 한편으로, 2000년대에 들어와서는 EU의 성장을 저해하는 변화들도 조성되었다. 우선 동유럽 국가들이 EU에 대거 가입했는데, 이는 상대적으로 값싼 동유럽 노동력의 서유럽 진입을 촉진시켰다. 그에 따라 서유럽 노동자들이 일자리를 얻을 기회가 그만큼 줄어들었고, 동유럽의 경우는 자국의 우수 인력들이 서유럽으로 빠져나가 경제 발전에 차질을 겪게 되었다.

다음으로 회원국들 사이에 경제적 격차가 크고 주력 산업도 제각각인 상황에서 시행된 유로화의 통용은 환율에 따른 빈부 격차 심화라는 문제를 낳았다. 이런 와중에 2008년 미국의 서브프라임 사태로 촉발된 세계 경제 침체가 유럽을 직격했다.

이때 국가 부채가 높고 재정 상태가 부실했던 포르투갈, 이탈리아, 아일랜드, 그리스, 스페인 등 이른바 유럽의 돼지들[PIIGS]에 속한 나라들이 큰 타격을 받았다. 특히 그리스는 2010년 EU와 국제통화기금[IMF]으로부터 구제금융을 받는 등 국가 부도 위기 상황에 내몰리기도 했다.

경제 악화로 EU 체제의 여러 단점들이 부각되면서 정치적 우경화가 심화되고, EU 결성 이전으로 돌아가려는 움직임들이 조성되었다. 2016년 이른바 영국의 브렉시트[Brexit]로 현실화된 EU 탈퇴는 연쇄적인 추가 탈퇴의 우려를 고조시켰다. 이러한 우려를 씻어 내려는 EU 내부의 노력이 계속되는 가운데, 그 행보가 보다 진전된 통합으로 갈지, 혹은 분열로 갈지 여부에 세계의 시선이 쏠리고 있다.

《궁금해서 밤새 읽는 유럽사》

사진 출처

이 책에 사용된 사진 자료는 https://www.wikipedia.org/ 에서 찾았습니다.
저작권자가 확인되지 않은 사진에 대해서는
추후 저작권자가 확인되는 대로 정식 허가 절차를 진행하겠습니다.

027쪽, (CC BY-SA Darafsh Kaviyani)
353쪽, (CC-BY-SA 3.0 Bundesarchiv, Bild 183-H1216-0500-002)
355쪽, (CC-BY-SA 3.0 Bundesarchiv, 183-H28422)
357쪽, (CC BY-SA 3.0 Papamanila)
359쪽, (CC-BY-SA 3.0 Bundesarchiv, Bild 183-R69173)
360쪽, (CC-BY-SA 3.0 Bundesarchiv, Bild 146-1974-132-33A / Mensing)
362쪽, (CC-BY-SA 3.0 Bundesarchiv, Bild 101I-126-0350-26A)
364쪽, (CC-BY-SA 3.0 Bundesarchiv, Bild 183-W0506-316 / Georgii Zelma [2])
374쪽, (CC-BY-SA 3.0 Bundesarchiv, Bild 145-P061246 / o.Ang.)
385쪽, (CC BY 3.0 arhiv Vojaškega muzeja)